REINALDO ARENAS: ALUCINACIONES, FANTASÍA Y REALIDAD

Recopilación, selección, introducción, notas biobibliográficas y cronología

a cargo de

Julio E. Hernández Miyares
Kingsborough C. College
The City University of New York

y

Perla Rozencvaig
Barnard College
Columbia University

Scott, Foresman / Montesinos

Copyright © 1990
Scott, Foresman and Company
Glenview, Illinois U.S.A.

ALL RIGHTS RESERVED
The text of this publication, or any part thereof, may not be reproduced or transmitted in any form or by any means, electronic or mechanical, including photocopying, recording, storage in an information retrieval system, or otherwise, without the prior written permission of the publisher.

Derecho de propiedad © 1990
Scott, Foresman and Company
1900 East Lake Avenue, Glenview, IL 60025, E.U.A.

TODOS LOS DERECHOS RESERVADOS
El texto de esta obra o parte del mismo, no puede reproducirse o transmitirse por método o forma alguna, sea electrónico ó mecánico, incluyendo copias fotostáticas, cintas magnetofónicas, acumulación en un sistema de información con memoria o de ninguna otra forma, sin autorización por escrito de la editorial.

ISBN: 0-673-19330-6

Maqueta de cubierta: Elisa-Nuria Cabot, con diseño de Rifollés
12345678910   RRC   949392919089

Impreso en los Estados Unidos de América
(Printed in the United States of America)

AGRADECIMIENTO

A Dolores Koch, Roberto Valero y Enrico Mario Santí, nuestro más sincero agradecimiento por haber hecho menos ardua y más fructífera nuestra tarea.

Los Editores

E X O R D I O

Para Reinaldo Arenas

UNA SOGA Y UN RELOJ,
UN TENEDOR AL REVÉS,
EL TERCIOPELO Y EL BOJ
VISTOS EN NUBE AL TRAVÉS,
Y EL PICAFLOR EN SU ENVÉS
VA A SU SIESTA MILENARIA.
SIN PREGUNTAR POR SU ARIA,
EL CARBUNCLO DESCONFÍA.
¿EL FUEGO SERÁ UN ESPÍA
O LA ABUELA TEMERARIA?

José Lezama Lima

De *Fragmentos de su imán,*
(Barcelona: Lumen, 1977)

TABLA DE CONTENIDO

INTRODUCCIÓN	vii
CRONOLOGÍA DE REINALDO ARENAS	1
I EL MUNDO LABERÍNTICO DE REINALDO ARENAS, Emir Rodríguez Monegal	5
II ESCRITO SOBRE ARENAS, Severo Sarduy	14
III MATERNIDAD E INCESTO: *FANTASÍAS EN LA NARRATIVA DE REINALDO ARENAS*, Kessel Schwartz	19
IV VIDA Y MILAGROS DE REINALDO ARENAS, Enrico Mario Santí	29
V CONSTANTES TEMÁTICAS EN *TERMINA EL DESFILE*, Elio Alba Bufill	38
VI EL PAPEL DE LOS DOS REINALDOS EN *LOS HERIDOS*, Myron I. Lichtblau	45
VII TREINTA AÑOS DE SOLEDAD: *LA VIEJA ROSA*, William L. Siemens	51
VIII EL ESPEJISMO DEL TEXTO: REFLEXIONES SOBRE *CANTANDO EN EL POZO*, Nivia Montenegro	56
IX LA ECONOMÍA DE LO SIMBÓLICO EN LA NARRATIVA DE REINALDO ARENAS, Adriana Méndez Rodena	65
X INVENCIÓN Y REVELACIÓN DE LA REALIDAD EN *EL PALACIO DE LAS BLANQUÍSIMAS MOFETAS*, Esther P. Mocega González	80
XI LA CREACIÓN A PARTIR DEL SILENCIO EN DOS NOVELAS DE REINALDO ARENAS, Flora González	92

XII	OTRA VEZ ARENAS Y EL MAR, Roberto Valero	104
XIII	AUTORREFERENCIALIDAD EN *OTRA VEZ EL MAR*, Jorge Olivares	115
XIV	LA PARÁBOLA DEL DESQUITE, Alberto Gutiérrez de la Solana	126
XV	ELEMENTOS BARROCOS EN *EL MUNDO ALUCINANTE*, Dolores M. Koch	136
XVI	*EL MUNDO ALUCINANTE*, "EJEMPLAR DISCURSO DE LA LIBERTAD", Walter Rela	147
XVII	*EL MUNDO ALUCINANTE*: "HISTORIA Y FICCIÓN", Elzbieta Sklodowska	158
XVIII	LA IDEOLOGÍA DE FRAY FERNANDO, Raymond D. Souza	165
XIX	TRENZAMIENTOS ESTRUCTURALES EN "EL CENTRAL", Oscar Fernández de la Vega	171
XX	APUNTES SOBRE *ARTURO, LA ESTRELLA MÁS BRILLANTE*, Juan Goytisolo	179
XXI	*LA LOMA DEL ÁNGEL;* TRANSGRESIÓN, APROPIACIÓN Y RECONSTRUCCIÓN DE *CECILIA VALDES*, Carlos R. Narváez	182
XXII	CECILIA TRAVESTÍ: *LA LOMA DEL ÁNGEL*, Alfred Mac Adam	191

BIBLIOGRAFÍA DE Y SOBRE REINALDO ARENAS, Enrico Mario Santí y Roberto Valero   198

NOTAS BIOBIBLIOGRÁFICAS DE LOS AUTORES   224

INTRODUCCIÓN

Como el protagonista de su primera novela *Celestino antes del alba* (1967), Reinaldo Arenas de niño escribía en las hojas de los árboles que poblaban la finca familiar. También, como su personaje, sintió la urgencia de desdoblarse y multiplicarse en la instancia narrativa. El triunfo de la Revolución Cubana en 1959 facilita su desplazamiento de la zona rural a la capital. La Habana lo recibe en un momento de efervescencia cultural en el que él participa activamente. Los primeros cuentos y la primera novela burlan la censura, pero la crítica oficial cubana prohíbe la publicación de su segunda novela *El mundo alucinante* (1969) con el pretexto de considerarla inmoral por su tratamiento irreverente de la homosexualidad. Otra vez Arenas corre la suerte de su personaje y como Fray Servando de cárcel en cárcel, Arenas de la prisión de la Cabaña pasa a una granja de rehabilitación (campo de concentración) del que darán constancia años más tarde la voz poética de *El central* (1981) y Arturo, el protagonista de su noveleta *Arturo, la estrella más brillante* (1984).

La década del setenta lo alberga en una buhardilla de La Habana Vieja. A los intelectuales extranjeros que visitan el país y preguntan por él se les hace difícil (casi imposible a no ser a los más atrevidos) dar con su paradero. Reinaldo Arenas no existe en Cuba. Sus libros no circulan en el país. Mientras tanto, *El mundo alucinante* (1969) se publica en México; una colección de cuentos agrupados bajo el título de *Con los ojos cerrados* (1972) se publica en el Uruguay y la versión francesa de *El palacio de las blanquísimas mofetas* es publicada por Editions du Seuil en 1975. De golpe, Arenas se convierte en un escritor de renombre internacional. No cabe duda de que es *El mundo alucinante* la novela que lo ha situado entre las figuras más valiosas de la narrativa hispanoamericana contemporánea. En 1969, la crítica del diario Le Monde lo seleccionó como el mejor novelista extranjero publicado en Francia ese año.

Que se le conociera como el autor de una gran novela era un gran triunfo, pero no hay duda de que las dificultades para obtener sus otros libros en versión original impedían el conocimiento y apreciación cabal de su obra. Esta situación cambia repentinamente con la llegada de Arenas a los Estados Unidos en 1980, año en el que se publica la versión española de *El palacio*. Una nueva edición de *Celestino* con el título de *Cantando en el pozo* aparece en 1982. La *pentagonía* (así ha denominado Arenas a una serie de cinco novelas sobre el devenir político y social de Cuba a partir de los años cincuenta) afianza su corporeidad con la publicación de *Otra vez el mar* (1982). El niño narrador de *Celestino* y el adolescente de *El palacio* reaparecen en esta novela transfigurados en Héctor, un joven descontento y frustrado con la institucionalización de la revolución.

En 1981, se reeditan los cuentos de 1972 en un volúmen que incluye un nuevo cuento, "Termina el desfile", el cual le sirve de título a la colección. Por otra parte, Arenas se vuelca intensamente en el campo de la ensayística. En 1986 se publica *Necesidad de libertad,* libro que recoge un número extenso de ensayos políticos, filosóficos y literarios junto con cartas de contenido variado.

Todos los géneros parecen serle propicios para su continua búsqueda de un espacio liberador que le permita combatir los métodos empleados por la represión oficializada. En *Persecución* (*Cinco piezas de teatro experimental,* 1986), las formas de coacción que silencian la escritura se materializan en la relación perseguido-perseguidor, confundiéndose sus papeles hasta el extremo de que unos y otros se convierten en víctimas sin escapatoria del sistema que los absorbe o aniquila. Con *La loma del ángel,* Arenas se apodera de los personajes de la primera novela antiesclavista del siglo XIX, *Cecilia Valdés,* del escritor cubano Cirilo Villaverde, y los somete a transformaciones psicolingüísticas que no sólo delatan su carácter paródico, sino que también revelan otras preocupaciones que poco o nada tienen que ver con los personajes de Villaverde.

Constantemente lo autobiográfico en Arenas se entrecruza con la fantasía. El testimonio acoge a la ficción porque la verdad que proclaman sus libros no depende de la fidelidad al dato historiográfico. La historia se nutre de poesía y la poesía transgrede el espacio y el tiempo para acoplar en una misma página experiencias múltiples que dan constancia del compromiso ideológico del autor con su circunstancia histórica. Precisamente, tanto el distanciamiento de Arenas de la lógica convencional como la subversión generalizada a la que somete el acto de narrar son los que permiten la recreación de estas realidades en toda su riqueza y complejidad.

Los estudios que constituyen el presente volumen abordan la obra de Arenas desde una variada serie de perspectivas y modalidades críticas. La visión de conjunto que ofrecen los trabajos de Emir Rodríguez Monegal (texto póstumo), Severo Sarduy, Kessel Schwartz y Enrico Mario Santí parte de un interés en lo vivencial que desemboca en el análisis crítico del *corpus* narrativo. Seguidamente, aparecen los trabajos dedicados a los cuentos y a la noveleta *La vieja Rosa* por formar ésta parte del volumen de cuentos publicado en 1972. El de Elio Alba-Bufill señala las constantes temáticas que dan unidad a la cuentística del autor, mientras que Myron Lichtblau se concentra en el análisis de un cuento en particular, "Los heridos". William Siemens establece una comparación entre Rosa, la protagonista de *La vieja Rosa* y Úrsula, la protagonista de *Cien años de soledad* de Gabriel García Márquez.

Los trabajos dedicados a las novelas que pertenecen a la *pentagonía* aparecen en orden secuencial, puesto que hemos creído conveniente no separarlos para facilitarle al lector el análisis de esas obras sin interrupción. Primero, los que se ocupan de *Celestino antes del alba:* Nivia Montenegro utilizó la nueva edición del libro titulada *Cantando en el pozo*. En su trabajo analiza el quehacer poético del narrador-protagonista como reflejo del proceso creativo.

Adriana Méndez Rodenas en un estudio que abarca *Celestino* y *El palacio* utiliza parcialmente el modelo propuesto por Jean Baudrillard para abordar la economía de lo simbólico en ambos textos. Esther Mocega-González ofrece un análisis estructural de *El palacio de las blanquísimas mofetas*. Otro trabajo que abarca dos novelas—*El palacio* y *Otra vez el mar*—es el de Flora González. La autora destaca la importancia del silencio en la construcción de la voz poética. Los estudios de Roberto Valero y Jorge Olivares se centran en *Otra vez el mar*. Valero hace un recuento de las distintas versiones de *Otra vez el mar* junto con un análisis detallado de la psiquis de los personajes. Olivares, por su parte, contrasta la estructura bipartita del texto y aborda la novela como una muestra de carnavalización literaria.

Cinco son los trabajos dedicados a *El mundo alucinante*. El de Alberto Gutiérrez de la Solana se concentra en el discurso político de la novela. Dolores Koch destaca los elementos del texto que justifican su relación con la tradición neobarroca hispanoamericana. Walter Rela explora el concepto de libertad como generador de la dinámica narrativa. Elzbieta Sklodowska hace un deslinde entre la novela histórica "clásica" y *El mundo alucinante* como texto que a la vez que se apoya en la historia, la transgrede continuamente con el propósito de negar la existencia de una sola verdad histórica. Raymond D. Souza examina las estrategias narrativas utilizadas por Arenas en su presentación de la vida del fraile.

Para analizar la estructura de *El central*, Oscar Fernández de la Vega utiliza una serie de trilogías conceptuales en las que se trenzan lo "tridimensional" y lo "trilaterado". El trabajo de Juan Goytisolo sobre *Artur, la estrella más brillante* examina el valor del texto como exponente literario de las crueldades que padecen los que se desvían de las normas establecidas por la sociedad.

Los dos últimos trabajos han sido dedicados a *La loma del ángel*. Alfred Mac Adam aborda el texto como una muestra de reescritura, traducción y parodia.

Carlos R. Narváez también analiza las relaciones intertextuales de la novela con su paratexto *Cecilia Valdés,* sirviéndose parcialmente de las figuras retóricas de la intertextualidad propuestas por Laurent Jenny. Finalmente, se incluye una extensa bibliografía sobre el autor recopilada por Enrico Mario Santí y Roberto Valero.

Los editores

CRONOLOGÍA DE REINALDO ARENAS

1943 Nace Reinaldo Arenas en un poblado rural situado entre las ciudades de Holguín y Gibara, en la provincia de Oriente, Cuba. Apenas recién nacido, su padre abandona el hogar para no regresar jamás. Su niñez transcurre al lado de su madre, de sus tías y de sus abuelos maternos.

1948 Su primera instrucción la recibe de su madre, quien lo enseña a leer y a escribir. Cursa la enseñanza primaria en la escuela rural No. 91 del Barrio de Perronales, a la que había que acudir a caballo.

1955 Se traslada con su familia a la ciudad de Holguín (Oriente), en donde continúa los estudios secundarios en la Escuela José Antonio Saco de esa ciudad.

1956 Con apenas 13 años de edad, Reinaldo Arenas comienza a desarrollar su vocación literaria y escribe varias novelas de aventuras que hoy están perdidas.

1958 Continúa residiendo con la familia en Holguín hasta la edad de 15 años, cuando decide alzarse con los rebeldes castristas, a los que se une en la Sierra de Gibara, permaneciendo allí bajo las órdenes del comandante Eddy Zuñol hasta la caída del gobierno de Fulgencio Batista.

1959 Con el triunfo revolucionario, regresa a Holguín. El nuevo gobierno le concede una beca para estudiar Contabilidad Agrícola, lo que realiza en esa propia ciudad entre 1960 y 1961.

1961 Terminados sus estudios comienza a prestar servicios en la granja avícola "William Soler", situada en las inmediaciones de la Sierra Maestra, en su provincia natal. A los pocos meses, cansado de la monótona vida rural, decide partir para la Habana y trabaja en el Instituto de Reforma Agraria. A la vez, empieza sus estudios de "planificación" en la universidad, carrera que abandonará pronto.

1962 Participa en un concurso auspiciado por la Biblioteca Nacional. El cuento que presenta interesa mucho al jurado, entre cuyos miembros se cuentan Eliseo Diego y Cintio Vitier, quienes lo invitan a trabajar en la Biblioteca Nacional bajo las órdenes de la subdirectora de aquel centro Maruja Iglesias Tauler.

1964 Conoce a José Lezama Lima y a Virgilio Piñera con motivo de la lectura del manuscrito de su primera novela *Celestino antes del alba*. Comienza así para Reinaldo Arenas una amistad permanente, enriquecedora, pues a ellos debe, según propia confesión, gran parte de su sólida formación literaria.

1965 Se le otorga Primera Mención a su novela *Celestino antes del alba* en el **Concurso Nacional de Novela Cirilo Villaverde**. Esta obra aparecerá después publicada con el título de *Cantando en el pozo*.

1966 Sigue con sus estudios literarios que había comenzado en la Universidad de la Habana en 1964.

1967 Se publica en la Habana su primera novela *Celestino antes del alba*, la que fue también traducida al inglés y al francés.

1968 Comienza a prestar servicios como editor de *La Gaceta de Cuba*, revista literaria en la que aparecerán algunas de sus creaciones narrativas durante el período de 1968 a 1973. Reinaldo Arenas, también había actuado como editor durante 1967 en el Instituto Cubano del Libro del Ministerio de Cultura.

1969 Se publica en México su novela *El mundo alucinante*. Esta obra ha sido traducida, entre otros, a los siguientes idiomas: inglés, francés, holandés, alemán, italiano, portugués, japonés, sueco, danés y turco.

1972 Aparece en Montevideo, Uruguay, la colección de sus relatos *Con los ojos cerrados*. Años más tarde, en 1981, la editorial Seix Barral de Barcelona publicará con algunas supresiones y la adición del relato que da título al libro, el volumen *Termina el desfile*.

1973 Este año comienzan los problemas serios de Reinaldo Arenas con las autoridades cubanas. El escritor es detenido en la playa de Santa María del Mar. En la causa criminal No. 73/984 se acumulan cargos en su contra bajo los epígrafes de "inmoral", "corruptor de menores", "extravagante", "desacato y escándalo público", "contrarrevolucionario" y "diversionista ideológico", entre otros. Al poco tiempo, Arenas logra escaparse y permanecer prófugo unos 4 meses.

1974 En enero de este año Reinaldo Arenas es arrestado nuevamente, esta vez en el Parque Lenin de la Habana y conducido a los calabozos del Morro. Allí, después de sufrir incomunicación y torturas por varios meses, "confiesa y se arrepiente" de sus delitos, y comienza a cumplir su condena en diversos establecimientos penales.

1976 Pasa a una granja de rehabilitación, especie de campo de trabajo forzado, donde termina el cumplimiento de su sentencia. Para fines del año sale del campo y regresa a la Habana, donde comienza a vivir una vida casi anónima, dedicado a re-escribir algunas de sus obras perdidas a manos de la Seguridad del Estado.

1979 Durante este año Reinaldo Arenas cambia de domicilio en diversas ocasiones, hasta pasar a residir en un hotelucho llamado Hotel Monserrat, lugar donde lo entrevista Cristina Guzmán para el *Diario de Caracas*. Fue esta entrevista la que trajo al mundo de las letras las últimas noticias de las actividades literarias de Reinaldo Arenas, después de varios años de ostracismo y silencio forzado.

1980 Reinaldo Arenas logra escapar de Cuba por la vía del Mariel el día 5 de mayo de este año en un bote llamado "San Lázaro". A los tres días de su partida de Cuba es rescatado por un guardacostas norteamericano, que encuentra el bote a la deriva. Este mismo año, Reinaldo Arenas recibe por primera vez la beca Cintas, la que volverá a recibir en 1986.
Participa en el documental fílmico *En sus propias palabras*, dirigido por Jorge Ulla y dedicado al tema del éxodo del Mariel.
Participa de manera elocuente en el *Segundo Congreso de Intelectuales Cubanos Disidentes*, celebrado en Columbia University durante los días 28 al 31 de agosto. Su ponencia titulada "La represión intelectual en Cuba" constituye una de las más precisas y valerosas denuncias del actual régimen totalitario de Cuba. Publica en Caracas *El palacio de las blanquísimas mofetas (novela)*.

1981 Este año recibe la beca Guggenheim, que le permite continuar su carrera de escritor en los Estados Unidos. Durante el año, publica en Barcelona el volumen de relatos *Termina el desfile* y su poema *El Central*, ambos bajo el sello de la editorial Seix Barral. También aparece en Caracas su noveleta *La vieja Rosa* en una bella edición de **Cuadernos del Caribe**

1982 Se publica en España su novela *Otra vez el mar*, traducida ya al inglés, francés y alemán. Dicta conferencias en las universidades de Vanderbilt y Tulane.

1983 Por primera vez viaja a Europa. Visita Suecia, donde fue invitado a dar varias conferencias en la Universidad de Estocolmo. Sigue para Madrid, ciudad que le causa una impresión muy profunda. En sus propias palabras, Reinaldo Arenas lo describe así: ". . .al llegar a Madrid me sentía como si hubiese vuelto a la Habana. Al caminar por las calles del viejo Madrid me hacía la ilusión de haber recuperado mi ciudad perdida. Pero no, luego uno se da cuenta de que no se puede recuperar una ciudad y que es mejor disfrutar de lo que ofrezca cada pueblo sin intentar ponerle la máscara del que perdimos. . . " También es invitado por la Universidad de North Carolina, Chapel Hill, a dictar conferencias y el Center for Interamerican Relations lo designa como **Escritor en Residencia** por ese año. También participa en *L'altra Cuba*, un documental de Jorge Ulla para la televisión italiana.

1984   Se publica en España su novela *Arturo, la estrella más brillante*, la que ya ha sido traducida al francés. Dicta conferencias en la Universidad de Puerto Rico y nuevamente en la Universidad de Tulane. Tomó parte entre los intelectuales y escritores incluidos en el documental de Néstor Almendros, *Conducta impropia*.

1985   Es designado Profesor Visitante en la Universidad de Cornell (Ithaca, New York). Dicta conferencias en esa misma universidad, en la Universidad de Notre Dame y en la Universidad de Kansas.

1986   Publica en México su volumen de ensayos *Necesidad de libertad*. En Miami, Florida se publican sus primeras producciones dramáticas coleccionadas en un volumen titulado *Persecución*.

1987   Se publica su novela *La Loma del Ángel*, que también es traducida al inglés por el profesor Alfred Mac Adam.

1988   Recibe el Woodrow Wilson Fellowship y se traslada durante este año al Wilson Center en Washington D.C. Aparece publicada primero en francés, su novela *Le portier*, cuya trama se desarrolla en los Estados Unidos. La traducción francesa de la versión original de la novela la llevó a cabo Gean Marie Lu, publicada en París, por la Ed. Presse de la Renaissance. Pronto empezará a circular la versión original que se titula *El portero*.

También aparece en París, bajo el mismo sello editorial anterior, el volumen *Fin de defilé*, que es la traducción francesa del volumen de relatos titulado *Termina el desfile*.

Durante este año, Reinaldo Arenas ha podido completar el manuscrito de *Viaje a la Habana*, volumen aún inédito que reúne tres novelas cortas. También ha dado término a la novela *El asalto*, que había comenzado en Cuba en 1974 y con la que pone punto final al siglo novelesco integrado por *Celestino antes del alba*, *El Palacio de las blanquísimas mofetas* y *Otra vez el mar*.

I
EL MUNDO LABERÍNTICO DE REINALDO ARENAS

> Dejo a los varios porvenires
> (no a todos) mi jardín de
> senderos que se bifurcan.
>
> Ts'ui Pen, citado por Borges

Ni siquiera la ortografía de su nombre era segura. Lo he visto escrito Reinaldo y Reynaldo. El anónimo escriba que redactó la tapa posterior de la traducción francesa de *El palacio de las blanquísimas mofetas* (*Le palais des tres blanches mouffettes*, Paris, Seuil, 1975) afirma que su primera novela es *El mundo alucinante* (México, Diógenes, 1969) pero ya en 1967 yo era el orgulloso dueño de un ejemplar de su primera novela de verdad: *Celestino antes del alba* (La Habana, Unión, 1967), y lo usé para reproducir un capítulo de la misma en *Mundo Nuevo* (París, núm. 21, Marzo 1968, pp. 33–40). En la misma confusa tapa posterior de Seuil se menciona una segunda novela, *Le Puits* (1973), que no es otra que *Celestino* bajo un título anterior: *Cantando en el pozo*.

Confusión y contradicción proliferan también en su corta biografía. Nacido en 1943 en esa provincia que tan imaginativamente ha descrito en sus textos; educado por sus abuelos en una casa similar a la de los de García Márquez en Aracataca, Arenas llega a La Habana a los dieciocho años, en pleno triunfo de la Revolución, y en vez de estudiar Planificación, cae bajo la influencia personal y literaria de Virgilio Piñera, uno de los más importantes y olvidados narradores cubanos anteriores al socialismo. Precoz, Arenas obtiene a los veintitrés años una primera mención en el concurso de la Unión de Escritores Cubanos (UNEAC) con *Celestino*. En 1966 obtiene otra mención con *El mundo alucinante* pero aquí comienzan sus problemas. El libro no es autorizado en Cuba por razones que no resultan claras. Es publicado en México: (Diógenes, 1969), reimpreso en la Argentina y traducido al francés, inglés, alemán, holandés, italiano y portugués. La versión inglesa (New York, Harper and Row, 1971) casi no es reseñada. Sin embargo, escapa al destino bastante común de las novelas latinoamericanas, más festejadas por los críticos que por los lectores. Se agota a pesar del silencio y se salva de las librerías de saldos a bajo precio en que terminaron tanto *La ciudad y los perros,* de Mario Vargas Llosa, como *Cambio de piel,* de Carlos Fuentes, en sus versiones norteamericanas.

La fama de *El mundo alucinante* ha fomentado otras confusiones. En cierto sentido, es un libro singular y único, y que no representa a Arenas en su totalidad. Pero como es el que ha sido leído y discutido en casi todo el mundo occidental, es el libro por el que Arenas ha sido juzgado. Las otras novelas y un libro de cuentos publicado originariamente en edición pirata por una editorial uruguaya (*Con los ojos cerrados*, Montevideo, Arca, 1972; reeditado y ampliado en *Termina el desfile*, Barcelona, Seix-Barral, 1981), fueron hasta hace poco desconocidos por el público en general y aún por la mayoría de los críticos. A pesar de contar con varias ediciones y más de un título, *Celestino* pasó inadvertido hasta su publicación en Venezuela (Caracas, Monte Ávila, 1980). En cuanto a las otras novelas de lo que será una serie de cinco—*El palacio de las blanquísimas mofetas, Otra vez el mar*—sólo recientemente han salido en ediciones de circulación hispánica.

Para aumentar y hasta perfeccionar la confusión, el estatuto de Arenas como ciudadano cubano fue muy discutible por más de una década. Se sabía que residía en La Habana pero como su obra no era autorizada en Cuba, y no tenía un empleo fijo, era difícil saber qué pensaba realmente. Con la expulsión de indeseables por el puerto de El Mariel, en 1980, la posición de Arenas quedó aclarada. Refugiado en los Estados Unidos, ha sido elocuente en denunciar las persecuciones políticas de que fue objeto en la isla.

Debido al éxito de la burocracia cubana en silenciar a Arenas durante un largo tiempo, no hubo un caso público como el de Heberto Padilla. Escritores y críticos latinoamericanos que solían seguir la línea oficial de la isla trataron de ignorar, como el emblemático avestruz, la situación anómala de este notable narrador. Su nombre no fue jamás objeto de esas elocuentes defensas que organizaron alguna vez Julio Cortázar y Gabriel García Márquez en beneficio de escritores indudablemente menores. Muchos profesores de las universidades norteamericanas esperaron prudentemente a que Arenas hubiese salido de Cuba para descubrirlo, y (hasta) protegerlo. La cobardía y la ignorancia lo mantuvieron marginado por una década. Ahora que su obra no sólo ha sido reimpresa sino que continúa desarrollándose con renovado vigor, parece adecuado examinarla en su contexto estrictamente literario.

La pre-eminencia acordada por las circunstancias a *El mundo alucinante* dentro del canon de Arenas ha distorsionado el punto de vista sobre el autor. El hecho de que, además, se trata de un texto más o menos histórico, ha contribuído a la confusión. Presentado como una re-escritura de las *Memorias* del mexicano Fray Servando Teresa de Mier, el libro de Arenas parece participar del hibridismo característico de una parte sustancial de la obra de Alejo Carpentier: *El reino de este mundo* (1949), *El siglo de las luces* (1962), *Concierto barroco* (1974), en que es posible reconocer la influencia del uso anacronístico del tiempo que ya realizaba Arenas en su libro; y *El recurso del método* (1974), aún más influido por el enfoque paródico del supuesto discípulo. Basado en las memorias de un personaje histórico, *El mundo alucinante* las sigue hasta el punto de la paráfrasis y de la cita directa. Pero *no* es, enfáticamente, una novela histórica.

Sólo en un sentido superficial puede ser vista como tal. Es cierto que preserva los datos más conocidos de la biografía de Fray Servando, pero esa misma biografía ya está altamente novelizada en el original. Más importante aún: en la selección de los episodios y en la manera de narrarlos, Arenas demuestra que los textos de Fray Servando son para él, real y literalmente, *pre*-textos. Es decir: textos sobre los que él escribe y re-escribe, borra y oblitera, agrega y distorsiona, hasta lograr una destrucción paródica total del original. No sólo los más notorios anacronismos marcan esa actividad de destrucción (hay un pasaje en que Fray Servando pasea por la calle de Fray Servando); también la manera de tratar abiertamente la reticente o enmascarada sexualidad del original es señal de esta intención de desconstruir: lo que Fray Servando calla o apenas insinúa es transformado aquí en alegoría carnal en un jardín (¿o Jardín?). Donde más se ve el trabajo de desconstrucción es en la textura narrativa misma. El primer capítulo aparece en tres versiones, todas llamadas parcialmente Capítulo Primero. También hay tres capítulos Segundos. La narración pasa sin solución de continuidad de la primera a la segunda o tercera persona (el original, naturalmente, usaba la primera consistentemente). Algunos títulos de capítulos se repiten: un examen atento revela mínimas e interesantes variaciones dentro de la repetición.

Como ha demostrado Alicia Borinsky en el mejor trabajo que conozco sobre este libro ("Rewritings and Writings," *Diacritics,* IV, 4, 1974, pp. 22–28), este desplazamiento de la voz narrativa intenta crear un "discurso descentrado" en que no hay verdad (ni siquiera una verdad ficticia), y toda historia es imposible. Los textos dentro de los textos se contradicen unos a otros y (como en las banderas de Jaspers Johns) borran y cancelan su propia validez. Correctamente, Borinsky vincula la operación que Arenas practica con la de dos de sus precursores: Macedonio Fernández y Borges. Al analizar el famoso cuento de este último, "Pierre Menard, autor del Quijote", ella prueba que el "básicamente inestable sistema del texto" (p.27, col. 1) puede ser vinculado con las teorías sobre la lectura como escritura que expone Menard. Por eso aporta la conclusión de que la novela de Arenas "se convierte en un movimiento que no lleva a ninguna parte en línea recta sino que se difunde en múltiples direcciones". Su argumento podría haberse reforzado si en vez de vincular a Arenas con Pierre Menard lo hubiese hecho con Ts'ui Pen, el autor secreto de "El jardín de senderos que se bifurcan", otro famoso cuento de *Ficciones* (1944).

En efecto, en este cuento, el desdichado sinólogo Stephen Albert explica cuál era el método narrativo de Ts'ui Pen, autor al que ha dedicado años de estudio. En una carta, Pen (en inglés, *pluma,* qué broma) había declarado: "Dejo a los varios porvenires (no a todos) mi jardín de senderos que se bifurcan". Después de muchas conjeturas y algunos delicados errores, Albert llega a la conclusión de que ese jardín era la novela caótica; la frase *varios porvenires (no a todos)* me sugirió la imagen de la bifurcación en el tiempo, no en el espacio. La relectura general de la obra confirmó esa teoría. En todas las ficciones, cada vez que un hombre se enfrenta con diversas alternativas, opta por una y elimina las otras; en la del casi inextricable Ts'ui Pen, opta—simultáneamente—por todas. *Crea,* así, diversos porvenires, diversos tiempos, que también proliferan y se bifurcan. De ahí las contradicciones de la novela. Fang, digamos, tiene un secreto; un desconocido llama a su puerta; Fang resuelve matarlo. Naturalmente, hay varios desenlaces posibles: Fang puede matar al intruso, el intruso puede matar a Fang, ambos pueden salvarse, ambos pueden morir, etcétera. En la obra de Ts'ui Pen todos los desenlaces ocurren; cada uno es el punto de partida de otras bifurcaciones.

Aquí está sintetizado el secreto modelo de Arenas. Al re-escribir las *Memorias* de Fray Servando, Arenas encontró una solución económica a la laberíntica novela de Ts'ui Pen. Sin embargo no es en este libro en donde llevaría hasta el extremo alucinatorio las posibilidades de este método. A pesar de los desplazamientos de las voces narrativas y de las personas dramáticas (Fray Servando se encuentra hasta con el Orlando de Virginia Woolf en su paso por Londres), a pesar de las delirantes interpolaciones, *El mundo alucinante* no deja de avanzar narrativamente. Alicia Borinsky tiene razón cuando subraya la "imposibilidad de elegir entre alternativas opuestas y no ordenadas en un sistema jerárquico" dentro de cada capítulo (p. 27, col. 1). Esto, por supuesto, destruye toda perspectiva centralizada de la historia (o de la Historia, como les gusta mayuscular a los marxistas). También tiene razón Borinsky en indicar más adelante que esta imposibilidad de elegir "pone entre paréntesis la noción de "progresso narrativo". (Otro golpe mortal a la escuela de pensamiento "progresista" de los regímenes que se auto-proclaman socialistas). Pero a pesar de esos aciertos, ella no consigue advertir que el esquema autobiográfico fuerza a la narración a moverse hacia adelante. En otras novelas y cuentos, Arenas ha intentado (a veces con éxito notable) escribir narraciones verdaderamente laberínticas.

Hasta cierto punto, el método de Arenas es más evidente en el libro de cuentos que en sus dos primeras novelas. Uno de los relatos, "El hijo y la madre", es particularmente explícito, casi didáctico, en su aplicación. La forma es clásica: ocho frases, cortas y anafóricas (todas comienzan con las dos palabras, "La madre") constituyen el texto básico que es más adelante desarrollado en unas seis páginas de narración. Las ocho frases, ligeramente modificadas en detalle, aunque básicamente iguales, están tejidas en la narración y aparecen en el mismo orden en que fueron enunciadas por primera vez. Estas ocho frases funcionan como epígrafe y, también, como punto de partida de una glosa; la narración subsiguiente puede ser definida como una glosa de las ocho frases. Si este formato parece (y es) algo mecánico, el punto de vista narrativo y las voces que resultan fundidas en las ocho frases no lo son. Éste es el texto básico:

> La madre se paseaba del comedor
> a la cocina.
> La madre caminaba dando salticos
> como un ratón mojado.
> La madre estaba sentada en la sala
> y se balanceaba en el sillón.
> La madre miraba por la ventana.
> La madre tenía las manos llenas
> de pecas diminutas.
> La madre dijo: Ah.
> La madre se puso de pie y caminó
> hasta la cocina.
> La madre estaba muerta.
> (ed. 1981, p. 105)

Sólo al leer la última frase, se advierte que las frases anteriores no describen necesariamente una sucesión (o progreso) en el tiempo, como es habitual en toda narrativa. El uso del verbo en el imperfecto ("estaba") no sólo aumenta la ambigüedad del pasaje sino que sugiere una simultaneidad de los acontecimientos en vez de una sucesión. Si se hubiera tratado de una narración realista, el verbo en la última frase parecería una anomalía. Pero en el contexto de la ficción de Arenas ese verbo no es anómalo; por el contrario, marca la norma. En el artículo de Borinsky, ella cita una frase de *Celestino* en que el protagonista busca a su madre entre las palmas puntiagudas, en tanto que ésta se encuentra desfibrando algodón (en casa, tal vez) para hacer un tejido. El pasaje culmina con la frase: "Además, también estaba muerta" (p. 26, col. 1). En Arenas, como en la novela laberíntica de Ts'ui Pen, todas las posibles variantes de una historia están simultáneamente presentes y en el mismo texto.

Esto no significa que sus novelas no cuenten también una historia. Desde este punto de vista, *Celestino* inicia realmente una pentalogía en que el autor quiere mostrar cómo se forma, o deforma, un poeta, el poeta, en la Cuba de la Revolución. Suerte de *Portrait of the Artist as a Young Man*, de *A la recherche du temps perdu*, de *Paradiso*, *Celestino* inaugura un *BuildungsRoman* en varios volúmenes. Es la narración de un aprendizaje. Pero en tanto que los héroes de Joyce, Proust y Lezama pertenecían a la alta o media burguesía, éste de Arenas (que en la segunda parte de la pentalogía se llama Fortunato) es hijo de miserables campesinos. Su aprendizaje está marcado por el hambre, la ignorancia y la brutalidad. De ahí que Celestino parezca loco. O mejor dicho: lo sea. Porque Celestino es sólo una de las dos personas que forman la personalidad del protagonista. Celestino es el otro, el cómplice, el poeta que escribe en las hojas de los árboles. Y es contra Celestino y sus locuras que la familia entera de miserables criaturas se alza enloquecida.

La técnica es surrealista aunque también recuerda el monólogo alucinatorio de Benjy en *The Sound and the Fury*, de William Faulkner, libro que Arenas debe haber leído con pasión. La construccción de una visión plural y difusa, contradictoria y paradójica, es lo que caracteriza al libro. Las cosas suceden y no suceden aquí; los personajes mueren y no mueren; la realidad es y no es. En ningún momento es posible saber quién hace qué, a quién y cuándo. Todo ocurre y no ocurre al mismo tiempo. Pocas veces se ha llevado a extremos tan increíbles el privilegio del narrador de moverse en una dimensión no disyuntiva de la realidad (para apropiarse de la distinción de Julia Kristeva). En esta novela no hay alternativas: todas son posibles (o imposibles) al mismo tiempo.

La segunda novela de la pentalogía, *El palacio de las blanquísimas mofetas*, no sólo es una continuación sino también es una ampliación de *Celestino*. La familia ya ha abandonado el campo y se ha mudado a una pequeña ciudad; las tropas de Batista persiguen a los revolucionarios; Fortunato quiere unirse a Fidel. Otra vez, no hay alternativas; todo ocurre y no ocurre al mismo tiempo. La circularidad, el eterno retorno, el infinito malo (en el sentido de Hegel): esos recursos de Borges son los recursos de Arenas. Hasta cierto punto, *El palacio* desarrolla y amplía los cuentos. Seis de ellos por lo menos contienen material que será reelaborado en la segunda novela de la pentalogía. Es posible imaginar que en los cuentos, Arenas estaba ensayando materiales que luego ampliaría en la narración más extensa: la entrada del ejército rebelde en la pequeña ciudad en que reside el muchacho; la triste historia de la tía Rosa que anticipa la de una de las tías del protagonista en *El palacio*; la locura de Bestial entre las flores que también contiene un eco de la de Fortunato, etcétera, etcétera. El libro de cuentos puede así ser visto como un cuaderno de apuntes para la novela. O, también, ésta puede ser vista como un desarrollo hasta el infinito, por medio de un laberíntico sistema de permutaciones, del mismo material básico de los cuentos.

Tal vez haya otra explicación. Se la podría encontrar en el método de composición de Arenas. De hecho, puede decirse que hasta 1982 con la publicación de *Otra vez el mar*, Arenas ha producido un texto único, separado en distintos volúmenes por razones que todavía no son muy claras. No sólo *Celestino*, *El palacio* y *Otra vez el mar* son un solo libro, sino los cuentos pueden ser vistos como ensayos o anticipos, en tanto que *El mundo alucinante* (aparentemente autónomo) contiene una re-escritura de los mismos tópicos aunque en clave diferente. Ese texto único, o central, se basa en un concepto de la narración que difiere del habitual. En vez de *progresar,* la narración se mueve en varias direcciones simultáneamente; en vez de una visión ordenadora (una voz autorizada y central) hay una miríada de voces que se solapan y se desplazan a través de una permutación de pronombres (el mismo "yo" es usado para borrar la noción de una narrativa en primera persona que permita la localización de una voz individual); en vez de un discurso centralizado, establece uno proliferante y contradictorio. Cada fragmento borra y oblitera parcialmente el anterior. Desde este punto de vista, *El palacio* es una verdadera pesadilla: los personajes mueren y renacen sin ninguna intención de verosimilitud; diferentes versiones del mismo suceso son reiteradamente pesentadas al lector para su mayor confusión; el protagonista muere y al mismo tiempo sobrevive para contar su cuento. Pero es incorrecto hablar de "personajes", y de "acontecimientos", de una "historia". La única realidad del texto es el texto mismo, y el texto es alucinatorio. En las últimas páginas (¿pero son las páginas impresas al final del libro las últimas?) Fortunato corre y corre, y corriendo alcanza la beatitud de comprender que no podrá encontrar jamás nada auténtico fuera de la violencia o la alucinación. La última palabra es la clave del pasaje, y del método de Arenas. Una incesante metamorfosis textual, una transfiguración de la realidad ficticia, definen su propio mundo alucinatorio, y no sólo el de su escritura.

Una palabra sobre la textura de *El palacio*. En tanto que Borges geometriza todo en sus cuentos ("El jardín de senderos que se bifurcan" es tal vez su más exitoso experimento en esta técnica), el joven surrealista que hay en Arenas se abandona a la asociación poética, a la hipérbole a lo Lautréamont (otro latinoamericano), a la fiesta del lenguaje y de la imagen. Discípulo de Borges pero también discípulo de Lezama, Arenas demuestra ser en estas novelas ya su propio maestro. Ellas construyen su mundo y lo fundan en una palabra que se dice múltiplemente y en una palabra que no se dice (ni se puede decir) pero que contiene la clave de todo.

La tercera novela de la pentalogía, *Otra vez el mar* (Barcelona, Argos Vergara, 1982) es sólo aparentemente más simple. Su estructura binaria (dos partes, ambas divididas en seis fragmentos: "días" o "cantos") es clásica y contiene reminiscencias de la *Ilíada*. (No sólo el protagonista se llama Héctor; también Helena de Troya juega un papel simbólico en ella.) La misma historia es contada dos veces. En la primera, aunque no hay un foco narrativo, predomina la voz de la mujer de Héctor. Ella cuenta una breve vacación de seis días en la playa con su marido y un niño pequeño. Aunque la narración va y viene del pasado al presente, con la libertad de las dos novelas anteriores, hay mucho menos material alucinatorio y los datos básicos de la pareja, así como los de los dos vecinos cercanos (una madre con un hijo adolescente que parece homosexual), son más estables, lo cual da un cierto aspecto de narración realista a esta primera parte.

En la segunda, centrada primordialmente en Héctor, el elemento alucinatorio es más pronunciado; la prosa alterna con el verso, un versículo a ratos whitmaniano, en una distribución tipográfica que a veces recuerda el poema *Blanco*, de Octavio Paz. Comparando las dos partes, es posible entender que la primera ofrece una versión heterosexual de un conflicto que en la segunda es francamente homosexual. Incluso al terminar el libro, con la revelación de que Héctor está solo, de que siempre estuvo solo, que nunca hubo una esposa y un hijo a su lado, se entiende mejor que la pareja inicial era un doble, semejante al de Celestino y el protagonista en la primera novela de la pentalogía, o de Fortunato y el protagonista en la segunda. Sólo que en *Otra vez el mar,* el doble del protagonista es femenino para acentuar así la dualidad homosexual que subyace en toda la pentalogía.

Este aparente cambio de perspectiva permitiría leer la voz femenina de la primera parte como mero doble homosexual, lo que no es extraño si se tiene en cuenta que algunos homosexuales hablan de sí mismo usando la voz femenina. Esta relativización de la sexualidad que finalmente la novela instaura está en la mejor tradición literaria. Desde Shakespeare a Tennessee Williams se ha desplazado frecuentemente a las relaciones heterosexuales las tensiones y conflictos de la relación homosexual. En el Canto Sexto de la segunda parte, la carnavalización llega a su apoteosis en una escena que amplía hasta el delirio rabelaisiano la orgía del jardín en *El mundo alucinante.*

El nuevo elemento en *Otra vez el mar* es la protesta explícita contra la represión del régimen fidelista. Ese capítulo y el libro entero se convierten en una denuncia feroz de un régimen que trató de convertir a los homosexuales en chivos expiatorios en su afán de fiscalizarlo todo. En este sentido, la novela se vincula profundamente con dos textos publicados por Arenas recientemente: el relato, "Termina el desfile" (1980), con que se cierra ahora la segunda edición de sus cuentos, y que reconstruye alucinatoria y poderosamente el episodio de la Embajada peruana, de La Habana, donde se refugiaron unas diez mil personas ávidas de escapar al régimen: y *El Central* (Barcelona, Seix-Barral, 1981), largo poema narrativo que relata las torturas y opresiones de un campo de trabajo forzoso de la Isla que Arenas conoció por experiencia propia. Escrito en 1970, sólo pudo ser publicado a su salida de Cuba.

Se sabe que Arenas, mientras vivió en Cuba, no tuvo éxito alguno en engañar o distraer a los implacables censores que lo tuvieron preso en la misma cárcel en que estuvo Fray Servando a su paso por la isla, y que dos veces le sustrajeron el manuscrito de *Otra vez el mar,* para minar su rebeldía. Sólo a partir de su llegada a los Estados Unidos pudo escribir por tercera (y definitiva) vez el texto condenado. Libre de la burocracia estalinista que ha destruido la cultura cubana con la misma vieja eficacia de Zhdanov y compañía, Arenas puede ahora completar su pentalogía.

Con la perspectiva que ofrece su obra hasta la fecha, es posible comprender por qué un régimen que se cree progresivo e histórico como el fidelista no sólo haya censurado, sino encarcelado y finalmente expulsado como indeseable a Reinaldo Arenas. La motivación homosexual funciona aquí como una distracción o pretexto.

Lo que hace a Arenas peligroso no es su preferencia sexual (hay demasiados homosexuales en altos cargos de la burocracia cubana para tomarse esta acusación en serio). Es el hecho de que su actitud narrativa y antihistórica es profundamente contrarrevolucionaria porque sus textos socavan la ideología oficial del régimen, se burlan de la visión progresiva de la Historia y desconstruyen la realidad. Más peligroso que Lezama Lima (con el que tiene tantas afinidades poéticas), más eficaz que Heberto Padilla (un blanco más fácil ya que en parte usa el mismo lenguaje del régimen), Reinaldo Arenas es casi la única voz que dentro y fuera de Cuba se ha atrevido a cuestionar los fundamentos de la realidad política y de la realidad ficcional. Por esta doble hazaña, su obra, aún breve pero densa, se inscribe en la mejor línea de la narrativa latinoamericana contemporánea.

Emir Rodríguez Monegal
Yale University

Nota

Para la redacción de este trabajo me he servido de tres textos anteriores: La presentación de un fragmento de *El mundo alucinante* que incluí en mi libro, *The Borzoi Anthology of Latin American Literature* (New York, Knopf, 1977. V. I, pp. 977–78); la reseña de *Celestino antes del alba,* publicada en *Vuelta,* México, núm. 53, abril 1981, pp. 33–34; un artículo de conjunto, "The Labyrinthine World of Reinaldo Arenas", que se publicó en el número especial sobre literatura del Caribe de la *Latin American Literary Review* (Pittsburgh, VIII: 16, pp. 126–31). He revisado, refundido y ampliado drásticamente todo este material.

II

ESCRITO SOBRE ARENAS

ESCRITO SOBRE ARENAS

Borrado de un manotazo. Vuelto a escribir. Descifrado en los bordes: apuntes breves, garabatos, frases dispersas, dibujos nocturnos o apresurados pasos de pájaros que humedece, que lame, que borra furioso el mar.
Como el diario de un lector discontinuo, atareado o lejano. Para desmentir la proximidad de escucha, el común origen, la complicidad total.

ANIMITAS

Como el aire cubano, en la última noche de Martí, el vasto relato recurrente y musical de Arenas aparece poblado de animitas. Pero no se trata de diminutos pájaros, que imagino irisados, fijos en su vuelo, como el zunzún, sino de verdaderas almas, regionales y localizadas, que entusiasman con su parcela de divinidad, o con su respiración acezante, los seres y *las cosas* todas. Desde *Celestino antes del alba*, escrita en 1964, hasta *Arturo, la estrella más brillante*, todo el paisaje cubano los fragmentos mexicanos o europeos no son más que transposiciones al ocre o al rojizo del persistente gris insular—se va electrizando, demonizando, llenando de encantaciones, de conjuros roncos, de voces sin amo, como si en esos libros—así sucede en el sueño—todo dijera *yo*. Las matas de corojo gritan y agarran por las manos; los alacranes cantan alegremente "ahí viene el niño Jesús"; un mulo "casi no habla", o bien grita que se lo llevan; de una carreta tira otro mulo cantor y hasta los sargazos se envalentonan y arremeten sin piedad. Cada cosa exige un pronombre, todo reivindica su *acceso al ser*. Hasta lo más nimio pide la palabra, hasta lo más mudo.
Recurrente y musical: detecto las variaciones, los retornos, la desmesura simbólica, el derroche y la insistencia de un sistema de mitos; escucho un conjunto rural de la isla, con marimbas de atardecer camagüeyano, maracas, un tres, claves

que toca un mulatón de párpados pesados, siempre atento a sonreir; una voz algo nasal y arcaica, como venida del sur de España o de monte adentro. Guayaberas de hilo con alforzas: el blanco escarchado de Abela, o de Víctor Manuel.

MUERTE DEL SOL

Había que alimentar el tiempo, en el México precortesiano, impedir, recurriendo a la edificación compulsiva o a la ofrenda diaria, a la quema del calendario o al sacrificio humano, que el tiempo se fijara, fobia de toda una raza, que, en su periplo ya cifrado, el Sol se detuviera, cayera exhausto, pálido, sin fuerza para alumbrar los códices y renovar las cosechas.

El tiempo de Arenas, en el México de Fray Servando Teresa de Mier, es igualmente ritual y exigente, devorador y efímero, pero más tragicamente desprovisto de toda *substancia*: un concepto activo, que acelera o frena los hechos o disloca la historia, pero vacío, una simulación minuciosa que la muerte viene a desenmascarar. "Así pasaba el tiempo, y así pasó hasta descubrir que no existía y que sólo era una noción falsa con la cual empezamos a temerle a la muerte, que, por otra parte, puede llegar en cualquier momento y detenerlo".

El *descrédito* del tiempo, incesante y diverso, o su anulación, invalida la Historia, la rancia cronología en miriñaque, su dogma progresista, como una dueña solícita, la ringlera de datos que las acompañan, enanos de ojos saltones, con chaquetillas de terciopelo rojo cosidas de monedas doradas. "Porque el hombre es, en fin, la metáfora de la Historia, su víctima, aun cuando, aparentemente intenta modificarla y, según algunos, lo haga".

En ese tiempo sin tiempo, o más bien, en ese *logos* sin autoridad ni rescate final, leo hoy a Arenas.

En el tiempo envolvente y denso de la siesta, a la luz (inventada, en este lugar que pintó Corot y que sigue fiel a esa paleta apagada, a ese gris mustio; aciago amanecer del otoño en el estanque sin reflejo) de un medio-punto colonial: punzó, amatista, azul cobalto, azul del Caribe. Una raya morada marca el canuto de la caña, el poliedro del anón. Olor a llovizna fresca. Manzanas quemadas para un dios.
El tiempo se ha retraído.
La Historia es una farsa seria.
Despliegue en presencia: inunda las cosas, excesivo, burlón casi, desbordante en su elocuencia, el ser.

EL ESTRUENDO

Fue cuando oí hablar a Reinaldo Arenas en persona que comprendí su obra, o que la disfruté mejor. Arenas subraya palabras al hablar, o las dispone en otra tipografía, o las agranda hipertróficamente, o las dice y enseguida las tacha: se trata de un conversador gráfico. Así sucede con su escrito; lo que esa larga frase ininterrumpida que forman todos sus libros, con sus apoyaturas y sus oleajes, nos ofrece, no es ni *una imagen,* como la que imanta, centro de las órbitas y de las metáforas, la cosmología de Lezama—ni *un desequilibrio*—como el que se apodera de súbito de los personajes de Piñera y los reduce, bajo presión del medio, a un desgarramiento o a un puro sofoco, ni una cuidadosa *voluta,* como la que trazan, en la Historia, los ciclos de Carpentier, ni una *sacudida del lenguaje,* como la que logra, sometiendo las palabras a ligeras presiones o permutaciones, en sus lúcidos ejercicios de estilo, Cabrera Infante, ni siquiera una metamorfosis continua, *un simulacro generalizado* donde todo es trompe-l'oeil; sino *una escucha* fuerte, un trabajo de oído, y aún más, un habla específica, precisa: la del interior rural de la isla, la palabra de tierra adentro, un *deje,* un acento particular, como una voluptuosidad o un descuido en el manejo riguroso de la fonética estricta del español. Arenas nos invita—como los poetas románticos de la isla—a un disfrute sonoro, a una reconstitución oral. De allí quizás, de esa meticulosa atención al sonido, el hecho de que sus frases son como la reproducción ortofónica de todas las gamas de la escucha, de todos los matices del habla desde el rumor y el murmullo, pasando por el nocturno susurro, hasta el parloteo, la oratoria y la jerigonza, la palabrota y el escándalo. Todo el arcoiris elocutorio y vocal, con sus impostaciones y sus coloridos según la ubicación del personaje y según la retórica propia de cada locutor. No olvidemos que la intriga de *El mundo alucinante* parte de un sermón; el fraile disidente declara luego y apostrofa en puro latín.

Las novelas de Arenas trazan también una progresión *decibélica:* la palabra *estruendo* regresa a cada página de *Otra vez el mar.* Pero, desde *El mundo alucinante,* ya todo es *audio;* pura adivinación, muy cubana, de oyente, *manteia* de lo sonoro que pasa raudo, como el vuelo de la torcaza bajo la luna, como el viento prendido a las ramas del flamboyán: "Es esta hora en que los sonidos se transforman y adquieren resonancias extrañas, que parecen clamar (aunque muy discretamente) por la piedad o la melancolía. Desde la jaula te llegan voces, convertidas en susurros respetuosos, y ves hasta el mismo finalizar de la ciudad, y más allá la llanura, replegándose hasta formar un solo límite con el cielo".

CLAVADAS EN UN TRONCO

Mas, si un mismo tono, un mismo acento aúna todas las proezas de los personajes, las sorpresas constantes y la *zafazón* tan cubana de la intriga, como la voz de un mismo juglar o el desenfado de un recitante de la Guantanamera, no ocurre lo mismo con el *discurso* de cada uno, con la misión diegética que se impone, como si a cada actuante correspondiera una retórica, a cada héroe una constelación de figuras, a cada loco un tema.

Así, aunque encubiertos por la facundia o acribillados por la sorna de un narrador omnisciente y común, desfilan los personajes como en un catálogo de tropos que es a la vez un rápido boceto de algunos tipos cubanos, como los que pueblan, entre volantas y quitrines, los grabados coloniales y fundadores de la nacionalidad, o transpuesto a lo insular, como un breugheliano encuentro del Carnaval y la Cuaresma. Pasan, el fraile con sus visiones y espantos, los cejijuntos inquisidores, las monjas vesánicas, los pintureros judíos de Burdeos, los franceses napoleónicos y atarantados, la facundia del propio narrador, y más allá, en el más allá de la noche de tinta, en el tiempo de papel, revolucionarios premiados aunque puros, un líder orate, una galaxia orwelliana, la visión de un despilfarro de órdenes, de consignas eficaces porque desobedecidas, de disidencias y fugas: desfile de un Tropicana pesadillesco, mórbido; deshilachado San Juan; derretido museo de cera, algo que extiende su red—en la visión del personaje que regresa a la Capital, en medio de una procesión de dinosaurios y de banderoles, en *Otra vez el mar*—entre la electrónica y el Bosco, entre el infierno programado y el delirio teológico medieval.

El tronco común del *tono* une a todos estos maromeros, como en el teatro javanés de sombras en el tronco de un plátano gigantesco vienen a clavarse, después de la chirriante representación, exhaustos de combates y volteretas, las figurillas caladas, filigranas en la hoja, que manejó un mismo titiritero, al que un mismo demiurgo con turbante morado dio vela en el entierro y voz.

UNA ESCENOGRAFÍA FOCAL

El espacio y la mirada del Maestro que representa, y más tarde, los del espectador que contempla los múltiples espacios yuxtapuestos de las *Demoiselles d'Avignon,* quedan integrados, con sus leyes propias, al poliedro opaco del cuadro, se anexan a la tela, atrapados, fagocitados por su gravedad: somos, de repente, una abigarrada *demoiselle* más, hecha de la madera de las máscaras y del tachonazo furioso: volúmenes grises, apagados del ocre de la tierra, nos prestan su textura y densidad.

Al terminar la lectura de Arenas la voz del narrador, su acento propio que parecía totalizar las entonaciones, modular las bruscas estridencias de coro, se ha integrado en él: canta con las otras en lo que va siendo un *rumor de fondo,* simetría y reverso del *enemigo rumor.*

Más: nuestra voz de lector, el registro nasal y lacónico de los viejos lectores vueltabajeros, que en el aroma de las grandes hojas de nervios abultados, frente al paisaje mustio de la vega, prodigan asaltos y espadazos, lagrimones de Emma, desplantes de Sancho o hacen volar sobre la tabaquería boquiabierta un sombrerón bordado de Cecilia Valdés, esa voz nuestra, queda confundida en el coro chillón de los personajes, en sus aparatosos requisitorios, en sus vistosas murumacas y sus visajes.

Reinaldo Arenas nos devuelve con su obra a la conversación cubana, en que los interlocutores no toman la palabra sucesiva y pausadamente, para abundar o argumentar en un solo sentido y escuchar luego, asintiendo versallescamente; en nuestros *polílogos* todo el mundo interviene a la vez y con su propio ritmo, como en un frenético ritual de iniciación o una fiesta propiciatoria. El coro de conversadores cubanos invoca y apostrofa a los dioses siesteros, les exige que acudan, los llega a insultar por su pereza.

Al coro que formamos con los personajes de Arenas, y con su propia voz cantante, siempre acuden.

Severo Sarduy,
Saint Léonard, París

III

MATERNIDAD E INCESTO: FANTASÍAS EN LA NARRATIVA DE REINALDO ARENAS

Reinaldo Arenas, en todas sus obras, se aprovecha de una realidad, en el caso de *El mundo alucinante* (1969) de la *Apología y relaciones de su vida* de Fray Servando Teresa de Mier, y en otras obras de su propia experiencia en Cuba, para crear una capa sobrepuesta imaginativa o una ilusión o alucinación interpretativa, un mundo en el que la realidad y la fantasía o aún la vida y la muerte puedan ser idénticas. En *Celestino antes del alba* (1967) el autor una vez máz aniquila la lógica en su representación de la destrucción de un mundo fantástico e inocente. La creación de un muchacho solitario y analítico que inventa otra versión de sí mismo, se asocia con entidades invisibles, y resuelve problemas psicológicos en el contexto del realismo mágico. En *El palacio de las blanquísimas mofetas* (1980) y *Termina el desfile* (1981) nos enteramos de varios aspectos de los lazos familiares y de la vida triste del autor, proyectados a través de descripciones de desolación, desesperanza y locura en un universo atemporal. Sin lugar a dudas Arenas trata de acontecimientos históricos y de una corrupción y persecución auténticas, pero nos presenta también un mundo poético y alucinador, un mundo cuyas voces narrativas se esfuerzan a la vez por transformar en verbo muchas de las neurosis que el autor posee en común con otros seres humanos. Poco a poco el lector se da cuenta de que las nuevas realidades e incidentes no plausibles, sintomáticos de la condición humana más bien que exógenos, son proyecciones subconscientes y que los avatares femeninos y maternales tanto como los arquetipos de Arenas revelan los propósitos que persigue el autor, quien se sirve de imágenes pertinentes, impulsos apenas disfrazados, motivaciones inconscientes y deseos narcisistas. Aunque el autor presenta su obra como mito o sueño, ésta refleja también materia inconsciente y vivencias auténticas.

Una lectura cuidadosa de las obras de Arenas nos muestra una plétora de representaciones fálicas y fantasías homoeróticas (con una concomitante denigración y temor a la mujer con la cual, sin embargo, se identifica), pero el leitmotif

19

psicológico esencial, vinculado con las manifestaciones ya mencionadas, tiene que ver con los sentimientos incestuosos y las ansiedades respecto a la madre y su relación patológica con un hijo joven. La madre, muy a menudo dominante, también se muestra cariñosa, y esta oscilación entre la segunda imagen de la madre, compendio de todas las virtudes, y la primera, un arquetipo negativo, nos comunica la vuelta del autor a un período temporal anterior en el cual podía manifestarse abiertamente su fantasía sexual.

Arenas, mientras nos pinta el retrato de una madre buena y amorosa que le compra regalos a su pequeño hijo (quien a su vez lo convierte en objeto amado) crea al mismo tiempo un universo fantástico en el que disfraza y deforma varios símbolos para evitar enfrentarse con represiones más fuertes. Proyecta estas fantasías como reflejos de deseos generales subconscientes.[1] Durante la pubertad el guardián del sueño, como medida defensiva, puede ser asediado por pensamientos incestuosos perturbadores y una erotomanía progresiva, y las emociones intensas aparecen cabalmente en el contenido manifiesto del sueño.[2] Epítome de esta situación es el caso de Fortunato, el hijo sin padre de Onérica. Ve a su madre amada con el padre de ésta, Polo, y el odio del niño (desplazado a su abuelo) crece tanto que decide matarle: "Y al éste volverse Fortunato vio su enorme sexo balanceándose en medio de dos bultos enmarañados . . ." Asustado por la implícita agresión fálica del abuelo, mira a éste como un bulto enorme que se acerca a su madre: "Y él ya veía el grueso instrumento alcanzándola, tumbándola, traspasándola. Y ella sin protestar, casi riéndose, soportaba la agresión, mientras él seguía sin poder hacer nada contemplando". Al recordar la escena, él siente "un deseo violento e inaplazable de poseer a su madre, así como en su imaginación la poseía allí, a un extremo de la explanada por donde él sangrante corría, su abuelo . . ." Y al correr él hacia su madre, algo gigantesco, azul, peludo se interpone: una mosca imposible de detener que rechaza la posibilidad de chupar la sangre para atacar la punta de la nariz. Fortunato, al perder su objeto amoroso y al ser penetrado constantemente por otro, siente que la situación conlleva su propia condena, pero representa al mismo tiempo la posibilidad de la salvación.[3] Fortunato sueña que su madre lo "acariciaba, pero la mosca, terca, azul, impertinente, seguía encaprichada en ir a posarse en su nariz" (PBM, pág. 113), una fantasía que se repite constantemente en el texto. Y así el muchacho al masturbarse sueña con su madre, y su propia mano llega a ser la de su madre mientras él persiste hasta obtener el orgasmo: "La mano acariciándolo; complaciente, siempre aceptándolo todo, pasaba por su cuerpo por su piel húmeda, rojiza, y espantaba la mosca que terca ya volvía" (PBM, págs. 114–15). Con una gran sensación de alivio (detumescencia) también aparecen cansancio y asco porque el niño asocia la imagen de su madre con un sentimiento de pérdida, de frustración, de angustia y aún de terror.

El abuelo también tuvo una fijación semejante respecto a su propia madre y así mismo lo sueña Polo: "Qué sabroso es tocarle una oreja a mi madre ... En cuanto ella se empieza a quedar dormida, yo me le arrimo y empiezo a tocársela" (PBM, págs. 60–61). Al principio utiliza un dedo, después dos, y por último la mano entera. En muchos de los cuentos de Arenas ocurren incidentes semejantes. Cuando Arturo se sentía intranquilo por la noche, su madre "lo abrazaba; él se iba quedando dormido muy arrebujado al cuerpo de la madre".[4] En estas relaciones seductivas, el deseo del hijo de poseer a la madre implica el deseo de eliminar al padre, sentimientos muy a menudo acompañados de un temor de castración.[5] En *Celestino antes del alba,* por ejemplo, el abuelo, hacha en mano, amenaza constantemente al hijo, y éste fantasea que es azotado y ensartado en un palo o lanza. En una alucinación sueña con sacarle los ojos al abuelo (padre).[6] El abuelo le proporciona la soga para ahorcar a la madre, pero es el hijo quien hace el nudo que la madre anhela.[7] El abuelo utiliza un hacha para derribar todos los árboles que Celestino usa para producir su escritura (semen), y que el protagonista identifica consigo mismo (CA, pág. 20). En "Bestial entre las flores", Bestial se transforma en una planta que el abuelo arranca de raíz y se traga entera (TED, pág. 142).

A veces un mecanismo de defensa implica un retorno a la madre, algo que rechaza la idea de ser devorado, de ser desplazado por el padre y de identificar el propio cuerpo con un falo (una fantasía pasiva femenina). La identificación con el estado fetal proviene de una incorporación oral y del miedo a la castración.[8] En *El mundo alucinante,* el protagonista, con el cual se identifica Arenas, se traslada en una escoba a una cueva, y Borunda, cuya boca sirve de portal para los murciélagos que entran y salen, "como una gran pipa que se movía ... abrió más la boca y metió toda mi cabeza dentro de ella ... "[9] El protagonista, que constantemente se ve atrapado en el transcurso de la novela, trata de escaparse: "Encerrado allí di un brinco queriendo alcanzar la ventana que tocaba casi las nubes. Pero nada. Di otro salto y tampoco. Y entonces empecé a dar chillidos". Se abre la puerta, y aparece el profesor, en forma de buitre y con "la vara de membrillo encendida y dispuesto a metérmela por la boca para que me callara". El protagonista, con un empujón tremendo es expulsado: "la cabeza rompió las tejas y me elevé más arriba del techo ... " (EMA, pág. 12). En otro lugar, entre las muchas situaciones que tratan del parto, el protagonista, deja atrás pedazos de la piel en la abertura estrecha, y pasa a través del túnel: "al fin vi la luz", y se refugia dentro de "una gran prensa". Mientras tanto, "dos ancianas beatas ... corrieron a prestarme ayuda" (EMA, págs. 183–84).

En muchos casos el padre queda desplazado por un animal singular. Fortunato sueña con "Caballos ... altos, briosos, brillantes ... gigantes e inapresables como peces" (PBM, pág. 47). En estas situaciones los sentimientos antagónicos del amor y del odio se distinguen claramente, y, como señala John C. Flugel, en los sueños, tan frecuentes en la infancia, del niño que es cazado por algún animal salvaje y peligroso, éste casi siempre representa al padre.[10] Los ataques de los peces, específicamente, pueden simbolizar un asalto contra el miembro viril del padre[11], pero también pueden representar un símbolo de la mujer.[12] En todas sus novelas Arenas utiliza estos símbolos y transformaciones en varios animales, específicamente el pez en algunos casos (EMA, pág. 53). En la escena incestuosa ya referida, Arenas nos presenta la mosca como animal fornicador (PBM, pág. 22). Es de especial interés que en muchas de las situaciones que tienen que ver con la ansiedad respecto a un animal devorador o amenazador, aparece una mosca o un insecto equivalente.[13]

A veces los celos que tiene el hijo del padre ceden en importancia a los temores que tienen que ver con la hostilidad hacia la madre, su objeto amoroso "superpuesto".[14] La madre, disfrazada de muchas maneras, puede ser también una figura amenazadora y castradora, reflejo de fantasías sexuales prohibidas. En un episodio, una araña enorme con cara de mujer exige que el protagonista mate a sus hijos, los cuales a su vez le invitan a matar y a comerse a la madre (CA, págs. 77–78). Según Jung todos los animales pertenecen a la Gran Madre y matar a uno es una transgresión; de la misma manera que al niño la madre le parece gigantesca. Este atributo de tamaño forma parte de la Gran Madre como arquetipo.[15] La araña, en su papel de hembra amenazadora y castradora, idea muy común en la literatura psicoanalítica, puede representar el órgano fálico dentro del sexo femenino, y como Madre, al estar en contacto con el hombre, lo mata y le chupa la sangre.[16]

Reinaldo Arenas, en sus visiones soñadas, basadas en su propia infancia desdichada, nos presenta una madre que se vuelve lagarto y también buitre amenazador (CA, pág. 110). Su madre quiere devorarlo, pero ella y la abuela se comen, en su lugar, al abuelo; así el protagonista se libera del deseo de matar (CA, pág. 127). Durante el proceso, la madre se convierte en un animal parecido a un alacrán con dos culebras ciegas por ojos: "Mamá, dije yo, y las culebras escondieron la lengua, pero no dejaron de mirarme" (CA, pág. 132). En "El hijo y la madre" el niño trata de alcanzar a la madre soñada, pero ésta se transforma en un pájaro gigante que lo lleva al pecho, un sueño que se relaciona con una visión anterior en la que el pomo de la puerta que el muchacho quiere asir cambia de tamaño y desaparece. Precisamente en el mismo momento su madre se transforma en un pájaro aun más gigantesco. El muchacho cree que ella está "disminuyéndolo, acosándolo, eliminándolo" (TED, pág. 11). Parecen obvias, en estas conjeturas, las asociaciones con los símbolos fálicos y el temor a la castración. En "Bestial entre las flores" la madre del protagonista "era como un pedazo de tierra adonde lo mismo se podía lanzar un escupitajo que sembrar un árbol". Proyectando su ansiedad hacia la abuela ("mucho había de semejanza entre abuela y mi madre"), el muchacho en sus sueños escucha un enorme pájaro que le amenaza, el cual le dice: "Creo que voy a tener que matarte" (TED. págs. 120-23).

En estas fantasías zoomórficas los animales representan la proyección de los deseos de destruir los objetos sexuales deseados y temidos a la vez, sobre todo al tratarse de un joven que se siente muy falto de cariño. En *El mundo alucinante*, el fraile, atrapado como siempre, trata de escapar de un "infierno húmedo" por una grieta estrecha; un cangrejo, al cual después le muestra gran cariño, le muerde los dedos; aunque responsable de su muerte, él se lo come (EMA, págs. 44-45); aquí se combinan con los temores fálicos de una castración retribuyente por haber tenido deseos ilícitos sexuales y claramente representan una incorporación oral: "El deseo de ser devorado surge durante la lactancia. En esta etapa la sensación de ser tragado y rodeado por el seno materno o de ser sostenido por la madre durante la relajación que precede al sueño conlleva también el deseo de hundirse en masas blandas que ceden como el agua. Las fantasías claustrofóbicas parecen ser secundarias pero representan una fuga de los peligros sexuales originados interiormente.[17]

Pero la amenaza de la madre fantaseada no se relaciona siempre con lo zoomórfico. En *Celestino antes del alba* la madre se transforma en una espiga de maíz; él se la come y ella le da latigazos (CA, págs. 61-74). Estos símbolos están en desacuerdo con lo que él piensa de su madre, en esencia que es buena y bondadosa. En otros incidentes ella, sin embargo, es igualmente amenazadora: "me voy dando cuenta de que mi madre no es mala. La veo así, enorme sobre mí, y se me parece un tronco de úpito" (CA, págs. 26-27). A través de toda la narración la madre le ataca con una garrocha: "El filo de la garrocha que ya me traspasaba... sin que ella me empezara de nuevo a jurgar con la garrocha" (CA, págs. 26-28); y no es necesario aclarar el símbolo fálico de "la lanza de mi madre ya corre y resbala en un no sé qué tipo de cosquilla tan pujante y caliente" (CA, pág. 78). En "El hijo y la madre" el niño se da contra la ventana en la nariz: "golpeó la nariz del hijo, reduciéndosela. La madre soltó la risa" (TED, pág. 107). Arenas continuamente duplica semejantes visiones; casi siempre el muchacho se siente avergonzado al comparar su miembro viril inadecuado con el de los adultos; le causan vergüenza también sus sentimientos prohibidos. Inevitablemente tal situación le produce gran frustración, así como un sentimiento de culpabilidad hacia la madre, a quien quiere amar.

En "A la sombra de la mata de almendras" el protagonista, al identificarse con el tronco de un árbol, sueña que su madre desnuda le está atacando. En "Los heridos" el muchacho se encuentra, en un autobús, con varias mujeres que le atacan con sus carteras y le abruman: "Las mujeres provistas de carteras de dimensiones increíbles no cesaron de atropellarme..." (TED, pág. 85). En "Bestial entre las flores", al confrontar una situación difícil producto de un estado libidinoso reorganizado,[18] el joven tartamudea: Recuerda el niño. "Tartamudeé un poco, tratando de hablarle; pero ella volvió a extender la otra mano de tierra, y, poniéndola sobre mi cara, dijo: "Creo que voy a tener que matarte". Su abuela, le da un latigazo en el ojo (símbolo repetido constantemente) y exclama: "Oye como llora tu madre" (TED, págs. 123–24). En *El mundo alucinante* ocurren cambios transexuales (págs. 159–62); una mujer se transforma en "hombre barrigón y mofletudo de grandes colmillos y brazos como pilares" (EMA, pág. 98). En la casa de la bruja, él la asocia con unas canciones de cuna y con una madre que se transforma en un padre perseguidor. Los poderes demoníacos de la madre pueden vincularse fácilmente con la idea de la *vagina dentata*. Aunque el narrador dice que cita la crítica de Fray Servando contra la corrupción de la iglesia española y del gobierno español para compararla con la situación cubana, el lector se da cuenta que el narrador está revelando a la vez su ansiedad sexual, la cual se deriva de la relación tan especial que él tiene con su madre.

El rechazo y el temor pueden convertir el auto-castigo y el remordimiento en odio, y las novelas de Arenas, llenas de arquetipos femeninos negativos, describen muchas escenas violentas cuyos protagonistas son mujeres. Aun cuando el personaje se identifica con el papel sexual de la mujer, sobre todo en *El palacio de las blanquísimas mofetas* (págs. 119, 228, 262), éste glorifica al mismo tiempo el poder fálico y sus características eudemónicas. Mientras tanto, a la mujer, sin pene y por lo tanto supuestamente inferior, le apetece el contacto carnal con el órgano masculino para satisfacer sus necesidades sexuales. Madame de Staël, por ejemplo, insiste: "Demuéstrame que mi opinión sobre los americanos es verdadera" (EMA, pág. 128). Aún más gráfico es el episodio del Padre Terencio y su pene monumental, el don de Príapo, el cual introduce en la boca de una serie de señoras arrodilladas en corro. Aparte de la blasfemia de la Comunión, esta escena de unas damas que adoran el miembro erecto de proporciones increíbles del cura denigra a todas las mujeres: "Ellas miraban extasiadas y a cada momento sus rostros reflejaban la ansiedad y la lujuria" (EMA, pág. 74). Miran el miembro como algo reverencial y se lo tragan con gozo, como si se les ofreciera, en el sacramento de la cena del Señor, la posibilidad de una comunión espiritual con Dios. Este tipo de papel lujurioso y antagónico asignado a las mujeres en la obra de Arenas,[19] refleja el temor masculino causado por la pérdida del semen durante el acto sexual a diferencia de la mujer que conserva el semen y supuestamente llega a ser una persona más completa.[20]

Las mujeres, por lo tanto, sirven de objetos sexuales y son constantemente denigradas. En *El mundo alucinante*, por ejemplo, aunque no faltaban mujeres que daban gritos de gozo al contacto con los marineros lujuriosos, éstos se lanzaban sobre una sola, casi siempre, una niña, y "guardaban turnos para disfrutar de su cuerpo ultrajándola y volviéndola a ultrajar" (EMA, págs. 50–51).[21] En general, por lo tanto, la relación con la mujer (madre) es ambivalente; el niño, en vez de reconocer a la madre como "única", la considera como la representante de dos tipos de hechos muy diferentes, unos buenos y otros malos. Las dos actitudes contrarias en la relación (amor-odio), producen y justifican toda una serie de acciones agresivas que incluyen el pegarle y el matar a la mujer. En "Bestial entre las flores" un protagonista, al enterarse que su amigo tenía madre "empezó a vomitar" (TED, pág. 114). Tal actitud negativa con respecto a la mujer se repite frecuentemente en la narrativa del autor. Por su parte, los personajes maculinos se sienten frustrados en su búsqueda del amor maternal absoluto, pero, paradójicamente, destruyen la posibilidad de alcanzarlo al atacar violentamente al objeto de su amor.[22]

Con respecto a la relación madre-hijo que se plantea en el nivel textual, nos interesa señalar aquellos aspectos relacionados con el llamado fenómeno de Isakower. Esto se manifiesta en ciertos adultos, momentos antes de quedarse dormidos. Es entonces cuando éstos "repiten" los estados imprecisos del yo del lactante, al sentir el contacto de grandes masas con las que se llenan la boca mientras se quedan dormidos. Como los límites del yo se confunden, les es entonces imposible distinguir entre su propio cuerpo y las masas que reproducen las sensaciones del bebé al dormirse al pecho. Estos fenómenos son acompañados por varias manifestaciones *hipnagógicas* visuales, auditivas, o táctiles y por sensaciones incorpóreas y de hundirse o de flotar.[23]

La criatura rodeada por el seno materno en estado de calma también se siente como si fuera a ser tragada por él. Estas imágenes hipnagógicas y oníricas se encuentran en todas las novelas del autor cubano, sobre todo en *El mundo alucinante:* "Luego viene el sueño, y el planteamiento de las nuevas huidas" (EMA, pág. 213). En algunos de estos sueños Fray Servando se funde con el océano, apoyado y a la vez amenazado por las olas. Todo esto se relaciona con el temor a la incorporación oral, a ser comido o, en otras palabras, a encontrarse de nuevo en el útero materno.[24] Fray Servando muy a menudo se hunde en una masa, un fenómeno que junto a las agresiones animales mencionadas antes, parecen, hasta cierto punto, relacionarse con el esfuerzo de la criatura para obtener deleite oral del amamantamiento.

De todos modos, *El mundo alucinante* cumple con todos los requisitos del fenómeno Isakower. Por todas partes se halla una realidad alucinante llena de "niebla", "tiniebla", "penumbra", "bruma", estados oscuros que Arenas utiliza, casi obsesivamente, en su transformación de una realidad llena de cadenas, jaulas, niebla y oscuridad. Como el narrador mismo declara: "Era el momento de las transformaciones. Y los objetos más corrientes, sumidos en la penumbra, adquieren dimensiones irreales. Y las voces en ese momento en que las sombras se abalanzaban tomaron matices mágicos no identificados" (EMA, pág. 215). La niebla, en cuanto a lo que implica psicológicamente, bien puede relacionarse con la interposición del fantasma del pecho maternal a través del cual uno mira el mundo.[25]

En sus novelas, Arenas hace hincapié en los leitmotifs de la sumersión y de la salida del agua. En *Celestino antes del alba* el protagonista flota en el agua con su madre, "flotando siempre sobre el agua que a mí me parece que se está poniendo verde-olorosa" (CA, pág. 207). Fray Servando se hunde en las olas del mar para salir finalmente desnudo "como mismo vine al mundo, y con un hambre que al momento me va adormeciendo" (EMA, pág. 178). Se hallan constantemente escenas semejantes en las que el agua es un factor importante (EMA, págs. 149, 162). El agua, el mar, y el océano en los sueños, como ya hemos dicho, por lo común simbolizan la madre, y muchas veces el sentido de ser incorpóreo y pequeño en presencia de algo indefinido y de una dimensión enorme se relaciona con la pantalla del sueño, interpretada por el narrador, como "la superficie en la cual el sueño se proyecta. Es como una pared en blanco, presente en el sueño, aunque no tiene necesariamente que verse; y las acciones percibidas visualmente en el contenido manifiesto del sueño ordinario tienen lugar delante de la misma o sobre ella".[26] Fray Servando yace en el mar que se transforma en una bola de fuego, "que se iba resolviendo en una niebla blanquísima que se dispersaba", y él está preparado para "habitar un tiempo donde no existía la memoria". Con gran ansiedad y con "miedo a quedarse flotando en un vacío infinito", Fray Servando asocia su estado con la presencia de Dios: "Voy hacia Dios" (EMA, pág. 209). Las numerosas asociaciones anagógicas que encierran la promesa de Dios, el vacío potencial, y sus emociones nebulosas pueden considerarse análogas a las percepciones no bien definidas que el niño experimenta durante el amamantamiento. Ésto reproduce la primera sensación de inmortalidad, de intemporalidad. Dios es intemporal e inmortal y la experiencia interna, restos de recuerdos de nuestra primera infancia, se proyectan hacia el cielo. El estado de calma y abandono previo al sueño, con su deseo de unirse con la madre, puede llevar al cielo.[27] La madre y el estado pre-natal, tanto como el período de amamantamiento, metaforizan, en el plano literario una tranquilidad y felicidad que Arenas, según algunas entrevistas, nunca llejó a tener como adulto en Cuba.

Arenas proyecta sus conflictos y angustias a través de extrañas visiones donde se funden lo real y lo fantástico. Aunque su interés no sea abiertamente catártico y aunque su facultad creadora y el proceso figurativo sobrepujan, en su realismo mágico los ímpetus libidinosos y sus sueños o alucinaciones parecen provenir tanto de conflictos inconscientes como de una creación consciente. Utilizando una serie de transformaciones para dar vida a las memorias de su niñez filtradas por la mente falsificadora del adulto, él pinta, en forma simbólica, un cuadro amplio de aquellas visiones tétricas y valores huidizos, que, vistos mediante ilusiones e imágenes confusas, ponen a prueba los conceptos previos del lector junto con sus proposiciones interpretativas para mostrarle una vez más la soledad metafísica y el aislamiento psicológico que todos sufrimos en un mundo deshumanizado.

Kessel Schwartz
University of Miami

Notas

[1] Sigmund Freud, "Formulations on the Two Principles of Mental Functioning," *The Standard Edition of the Complete Psychological Works of Freud* (London: Hogarth Press, 1958), XII, pág. 224.

[2] Bertram D. Lewin, "Mania and Sleep," *Selected Writings of Bertram D. Lewin*, ed. Jacob A. Arlow (New York: The Psychoanalytic Quarterly, 1973), págs. 125–26.

[3] Reinaldo Arenas, *El palacio de las blanquísimas mofetas* (Caracas: Monte Ávila, Editores, 1980), págs. 49–50. Las citas en el texto corresponden a la misma edición, representada por las siglas PBM.

[4] Reinaldo Arenas, "La vieja rosa", *Termina el desfile* (Barcelona: Seix Barral, 1981), pág. 41. Los cuentos que aparecen en el texto corresponden a esta edición, representada por las iniciales TED.

[5] Para una elucidación de esta idea, ver, Karl Abraham, *On Character and Libido Development* (New York: W. W. Norton & Company, 1966), pág. 190.

[6] Karl Abraham, *Selected papers of Karl Abraham*, tr. by Douglas Bryan and Alix Strachey (New York: Basic Books, 1968), pág. 180, nota que espetar un cuerpo o sacar un ojo significa la castración del genital.

[7] Reinaldo Arenas, *Celestino antes del alba* (Caracas: Monte Ávila, editores, 1980), pág. 137. Todas las referencias han sido tomadas de esta edición, citada como CA.

[8] Para una discusión más amplia, véase, Bertram D. Lewin, "The Body as Phallus," *Selected Writings*, págs. 28–47.

[9] Reinaldo Arenas, *El mundo alucinante* (Buenos Aires: Editoral Tiempo Contemporáneo, 1970), págs. 32–33. Futuras referencias corresponden a esta edición, citada como EMA.

[10] *The Psychoanalytic Study of the Family* (London: The Hogarth Press, 1972), págs. 139–40.

[11] Melanie Klein, *The Psychoanalysis of the Child* (London: Hogarth Press, 1949), pág. 211.

[12] Carl Jung, *Psychology of the Unconscious,* tr. by Beatrice Hinkley (New York: Dodd, Mead, and Co., 1944), pág. 223.

[13] Abraham, *Selected Papers,* págs. 288ff.

[14] Abraham, *On Character and Libido Development,* págs. 109–13.

[15] Ver Carl Jung, "Symbols of Transformantion," *Collected Works,* V (New York: Pantheon, 1956), 327.

[16] Abraham, *Selected Papers,* págs. 326ff.; ver también, Erich Neumann, *The Origin and History of Consciousness* (New York: Pantheon Books, 1954), pág. 87.

[17] Bertram D. Lewin, "Addenda to the Theory of Oral Erotism," *Selected Writings,* págs. 130ff.

[18] Lewin, "The Body as Phallus," *Selected Writings,* pág. 42.

[19] Entre los muchos ejemplos de lujuria y fuego sexual de las mujeres, véanse, "Comienza el desfile" (TED, pág. 17); "La vieja rosa" (TED, pág. 36); PBM, págs. 12, 34–35; EMA, págs 85, 125, 153, 158–59, 162.

[20] Ver Ernesto Sábato, *Ensayos* (Buenos Aires: Losada, 1970), pág. 326.

[21] Entre las muchas muestras, véanse "Termina el desfile" (TED, pág. 154) y EMA, págs. 50–51, 84, 85, 86, 210.

[22] Ver Lewin, "The Body as Phallus," *Selected Writings,* págs. 32–33.

[23] Otto Isakower, "A Contribution to the Patho-Psychology of Phenomena Associated with Falling Asleep." *International Journal of Psychoanalysis,* XIX (1938), 331–45.

[24] Lewin, "Phobic Symptoms and Dream Interpretation," *The Psychoanalytic Quarterly.* XXI (1952). 313.

[25] Véase Joseph G. Kepeks, "A Waking Screen Analogue to the Dream Screen." *The Psychoanalytic Quarterly.* XXI (1952), 158.

[26] Véase Lewin, "Sleep, the Mouth, and the Dream Screen," *The Psychoanalytic Quarterly,* XV (1946), 420.

[27] Véase Lewin, "Reconsiderations of the Dream Screen," *The Psychoanalytic Quarterly,* XXII (1953), 174–99.

IV

VIDA Y MILAGROS DE REINALDO ARENAS

"Lo que más me entristecía, digo, era no tener un buen libro, para leerlo mil veces, o una pluma y unas hojas, para llenarlas hasta los bordes de todas las ideas que dentro sentía bullirme". El lamento de Fray Servando contra su destino, en el último de una serie de encarcelamientos padecidos a lo largo de *El mundo alucinante. Una novela de aventuras* (1969), se lee hoy como una profecía acerca de la suerte de su autor y de una generación entera de escritores caídos en desgracia con la revolución cubana. Hasta hace pocos años, cuando Reinaldo Arenas llegó a Cayo Hueso en la flotilla del Mariel, se sabía muy poco o casi nada de sus circunstancias durante la década anterior. Aclamado en el exterior por dos novelas premiadas, una colección de cuentos y una serie de perspicaces ensayos, dentro de Cuba, Arenas se había convertido en una no-persona, aislado desde que la Revolución diera el viraje estalinista de 1970.

Calumniado, despojado del derecho al trabajo, prohibida la circulación de su primera novela (única obra suya publicada en Cuba), e imposibilitado de escribir, Arenas fue desterrado al campo a cortar caña en un ingenio azucarero.

Sucesivamente cumplió una sentencia de año y medio de prisión y arresto domiciliario durante otros cuatro. Los que visitaban la isla y preguntaban por él encontraban la firme negación de su existencia. Las invitaciones que se le hacían para dar conferencias en el extranjero nunca le llegaban. En 1975, la traducción francesa de la tercera novela de Arenas, *El palacio de las blanquísimas mofetas*, apareció en París sin ningún comentario sobre el original en español. Poco se imaginaban los lectores parisinos que en el momento en que se publicaba la traducción francesa de la novela su autor languidecía en una prisión de La Habana, castigado en parte por haber contribuido a sacar el manuscrito de Cuba clandestinamente.

En 1965, cuando los primeros trabajos de Arenas comenzaron a aparecer en La Habana, se le consideraba un escritor de la Revolución. Esto no quiere decir que sus obras tempranas exaltaran el nuevo régimen; sino más bien que su mismo inicio como escritor se hizo posible gracias a la política cultural que había adoptado la Revolución durante sus primeros años. Nació en 1943 (julio 16), en la provincia de Oriente, de padres campesinos que no estaban casados (el padre abandona a la familia poco después del nacimiento del niño). Arenas se crió en Perronales, un pueblo pequeño en las afueras de Holguín, con su madre, sus abuelos y diez tías solteras. Después de asistir a las escuelas públicas de la localidad y de participar brevemente en la lucha armada contra Batista, Arenas ganó una beca para estudiar contabilidad bajo el nuevo programa de reforma agraria de la Revolución. Una segunda beca de contabilidad lo llevó por primera vez a La Habana en 1962, donde comenzó a estudiar en la universidad.

La Habana de los primeros años de la década del 60 era un caldero hirviente de política y cultura. La proclamación por Castro de una revolución socialista en 1961 incluía una agresiva política cultural que atrajo el apoyo de escritores latinoamericanos y europeos. Por ejemplo, el año de las famosas "Reuniones con los intelectuales" de Castro llevó a la creación de la Unión de Escritores de Cuba. No pasó mucho tiempo antes de que Arenas se viera arrastrado por este torbellino, abandonando la contabilidad por una carrera de escritor que, hasta entonces, había sido su ambición secreta. A su llegada a La Habana Arenas ya había producido una respetable cantidad de escritos juveniles: tres melodramas (*¡Qué dura es la vida! ¡Adiós, mundo cruel! El Salvaje*) inspirados en películas mexicanas de la época, y tres poemarios en libros de apuntes escolares. La chispa prendió en 1963 cuando Arenas se presentó a un concurso de cuentos infantiles auspiciado por la Biblioteca Nacional José Martí. En una entrevista con Cristina Guzmán, Arenas ha descrito cómo este concurso exigía relatar en cinco minutos un cuento infantil famoso. Insatisfecho con los cuentos que había leído, decidió escribir uno él mismo y aprendérselo de memoria. "Fuí a la Biblioteca y allí estaban unos señores más o menos serios y disparé mi cuento. A ellos les gustó y me preguntaron por el autor del cuento. Les dije que lo llevaba en el bolsillo. Al otro día me llegó un telegrama, firmado por Eliseo Diego, que trabajaba en el departamento infantil".[1]

Este primer cuento de Arenas, que después se perdió, se titulaba "Los zapatos vacíos". Trataba de un niño campesino que un seis de enero, olvidado por los Tres Reyes Magos, resulta después recompensado por la Madre Naturaleza. Tanto el reconocimiento que le trajo el premio, como el tiempo libre que le proporcionó el nuevo puesto al que fue destinado, estimularon a Arenas a escribir un libro de cuentos infantiles que no logró ganar ningún premio en el concurso de Casa de las Américas de 1963. Aunque cinco de los cuentos de este libro sí llegaron a publicarse, la mayoría de ellos no se recogieron en un libro hasta mucho después. Las tres primeras viñetas que le fueron publicadas son epifanías, crónicas sobre la pérdida de la inocencia: un niño descubre el mundo de la ilusión, otro despierta a la crueldad de la supervivencia material, y un tercero se enfrenta al tiempo y a la muerte. Imposible exagerar la importancia de estos primeros cuentos. El interés de Arenas en el punto de vista infantil, en éstos y en futuros trabajos, le permitió yuxtaponer los mundos de la fantasía ingenua y la realidad vulgar. Esta técnica alcanza su forma más experimental en *Celestino antes del alba* (1967), la primera novela de Arenas concebida mientras escribía un cuento infantil del mismo título, y en "Bestial entre las flores", el cuento de 1966 que cierra ese primer ciclo "primitivo".[2] *Celestino* narra la historia de un *alter ego* que escribe poesía en los troncos de los árboles. La diferencia entre la novela y los primeros cuentos es sutil pero importante. Si los cuentos pertenecen a la literatura infantil, la novela forma parte de la literatura fantástica: está contada *desde* la experiencia de la niñez y recrea la incoherencia del discurso infantil. *Celestino* es la primera entrega de un proyecto de cinco partes, una *Bildungsroman* semiautobiográfica. *El palacio de las blanquísimas mofetas* (1980) y *Otra vez el mar* (1982) constituyen la secuela de *Celestino*.

Con *Celestino antes del alba* Arenas ganó la primera mención en el concurso inaugural "Cirilo Villaverde" de la Unión de Escritores, celebrado en 1964. El primer premio de ese año se le otorgó a *Vivir en Candonga*, de Ezequiel Vieta, una novela que trata sobre un cazador de mariposas que descubre el sentido de la Revolución durante una expedición. La respuesta de Arenas al aparente prejuicio ideológico del jurado aparece tres años después de publicada la novela, en un ensayo titulado "Celestino y yo". En él Arenas pone en tela de juicio lo que denomina realismo doctrinario del "99 por ciento de nuestra crítica", y defiende el deber del escritor de "expresar los diferentes tipos de realidad que yacen bajo una realidad aparente".[3] Arenas pareció ganar la batalla cuando el poeta Eliseo Diego, en su reseña sobre *Celestino*, lo definió como uno de los "pocos libros [que] se han publicado en nuestro país donde las viejas angustias del hombre de campo" se nos acercan "tan conmovedoramente, haciendo así de su simple exposición una denuncia mucho más terrible que cualquier protesta deliberada".[4]

Apenas un año antes de haber publicado *Celestino* en 1967, Arenas ya había escrito *El mundo alucinante, una novela de aventuras*, su segunda y hasta ahora la más conocida de sus novelas, acerca de la vida de Fray Servando Teresa de Mier (1765–1827), y el resto de los cuentos recogidos en *Con los ojos cerrados*. (Estos libros ganaron respectivamente menciones de honor en los concursos de 1966 y 1968 de la Unión de Escritores.) La idea de una "biografía imaginaria" de Fray Servando se le ocurrió a Arenas, según afirma el prefacio-carta de la novela, mientras leía "una pésima historia de la literatura mexicana" al preparar una conferencia sobre Juan Rulfo.[5] De hecho, fue mientras trabajaba en la Biblioteca Nacional (donde pudo leer las obras de escritores mayores, desde Dostoyevski hasta Virginia Woolf) que Arenas investigó la vida y obra de Fray Servando. El resultado, después de un año de intenso trabajo, fue una "biografía" del famoso cura y revolucionario mexicano "tal como fue, tal como pudo haber sido, tal como a mí me hubiera gustado que hubiera sido".[6]

La publicación de *El mundo alucinante* en México en 1969 y la de *Con los ojos cerrados* en Montevideo, tres años después, determinaron que a Arenas se le reconociera en el extranjero como un escritor de primera línea. Digo en el extranjero y no en Cuba porque ninguno de los dos libros se publicó jamás en su país. Como ambas obras habían ganado menciones de honor, su publicación se consideraba optativa según los estatutos de la Unión de Escritores, y cuando la Unión quiso publicarlos la petición fue denegada. (En el caso de *El mundo alucinante*, se alegó que algunos de los pasajes eróticos de la novela eran demasiado polémicos).[7] No obstante, la Unión ofreció publicar *La vieja rosa*, una *novela* que Arenas había escrito varios años antes, pero esa promesa tampoco se hizo realidad. Por tanto, en respuesta a peticiones separadas de Emmanuel Carballo y Angel Rama, editores que visitaron Cuba a fines de los años sesenta para ser parte del jurado de la Casa de las Américas, Arenas entregó sus dos manuscritos para que se publicaran en el extranjero.

Estas tribulaciones para publicar reflejan no sólo porqué Arenas es más conocido como el autor de *El mundo alucinante* (la única tirada de tres mil ejemplares de *Celestino* fue destinada al consumo interno) sino también los valores crecientemente dogmáticos de la política cultural cubana. Aunque ya en 1968 Arenas era uno de los editores de *La Gaceta de Cuba*, órgano de la Unión de Escritores, donde había empezado a trabajar en 1967, los únicos textos que pudo publicar fueron una serie de ensayos literarios y varias reseñas.[8] Hay que recordar que fue en 1968 cuando el "caso" Padilla explotó en la escena cubana, provocado en parte por el debate acerca de los méritos de *Tres Tristes Tigres* (1967), la novela del escritor exilado Guillermo Cabrera Infante. Dos años más tarde, al propio Padilla se le arrestó acusado de una supuesta conspiración contra el estado, y se le forzó a retractarse en público. El *mea culpa* de Padilla pronto hizo que las izquierdas liberales de Latinoamérica y Europa, hasta entonces leales partidarios de la Revolución, rompieran abiertamente con Fidel Castro. Ante tal actitud, el propio Castro convocó un Congreso Cultural en el que denunció a sus antiguos aliados, y a su vez le sirvió para imponer más restricciones sobre la vida intelectual en la isla. Pero ni el juicio de Padilla ni el falso Congreso pudieron disimular sus verdaderos motivos: ese mismo año, el fracaso de la zafra de "los diez millones" había provocado una crisis política y social de tales proporciones que la Unión Soviética tuvo que aumentar su ayuda. El gobierno cubano se "institucionalizaba" por medio de la creación de un nuevo Partido Comunista y un Congreso Popular. Para los intelectuales cubanos, "institucionalización" significaba mayores restricciones en las actividades culturales.[9]

El efecto de esta nueva política cultural en un gran número de escritores cubanos cuyas obras no cabían dentro de los recién impuestos marcos ideológicos fue devastador: o bien el ostracismo (escritores como José Lezama Lima y Virgilio Piñera murieron víctimas de este trato), o el exilio, ya fuera interno o externo. Como parte de las enérgicas medidas tomadas por el gobierno, Arenas fue despedido con todo el personal de *La Gaceta de Cuba*, incluyendo a escritores de renombre local como Reynaldo González, Miguel Barnet y Belkis Cuza Malé, de su puesto en la Unión de Escritores y se le "exilió" al ingenio Manuel Sanguily en la provincia de Pinar del Río. Durante los seis meses de trabajo forzado que Arenas pasó allí, escribió *El central*, un poema visionario que critica la historia cubana y que Arenas logró sacar clandestinamente del país tres años más tarde. *El central* se publicó en España en 1981. Al igual que en *El mundo alucinante*, que incorpora los textos de Fray Servando Teresa de Mier dentro del hilo de la narrativa, en *El central*, conocidos textos históricos como la *Historia General de las Indias* de López de Gomara y *El negrero*, de Lino Novas Calvo, crónicas de anteriores períodos de la esclavitud en la isla, sustentan la visión de la represión y el sufrimiento contemporáneos.

No podemos sino suponer que tanto la publicación en el extranjero de *El mundo alucinante* como su rápido éxito fueron los motivos que irritaron a los comisarios culturales cubanos y causaron que Arenas fuera marginado. Al regresar a su trabajo en 1971, Arenas se encontró rebajado al rango de corrector percibiendo un sueldo de la Unión de Escritores por no escribir. Fue entonces, y de nuevo en secreto, que comenzó a trabajar en *El palacio de las blanquísimas mofetas*, primera secuela de *Celestino*, transformando el personaje del niño poeta en un adolescente. Mientras en *Celestino* nos hallamos en un mundo fantástico que corresponde a la percepción de un niño, *El palacio* presenta un contexto histórico (el final de la década de los cincuenta) como la contrapartida del despertar del poeta al mundo del deseo. Organizado alrededor de cinco "agonías" o visiones dramáticas que el protagonista (cuyo nombre es Fortunato) proyecta en su lecho de muerte, *El palacio* constituye la obra más experimental de Arenas hasta la fecha. No obstante, hacia 1972, cuando Arenas concluyó el manuscrito de *El palacio*, ya había perdido la esperanza de poder publicar en Cuba. A fines de 1973 consiguió sacarlo del país clandestinamente, esta vez a Francia, junto con los manuscritos de *El central* y de otros cuentos y poemas. También entre esos trabajos se encontraba la segunda versión de *Otra vez el mar*, la segunda secuela de *Celestino*. La primera versión de *Otra vez el mar* se había "perdido" en manos de un íntimo amigo a quien Arenas le había confiado su única copia. Cuando en junio de 1974 la policía de Seguridad del Estado arresta a Arenas acusado de corrupción y escándalo público, las evidencias que aportó el gobierno contra el escritor incluían no sólo pruebas de que había sacado los manuscritos del país, sino también el ejemplar "perdido" de *Otra vez el mar*. Después de la llegada de Arenas a Estados Unidos, se ha discutido públicamente las circunstancias de su arresto y prisión. El gobierno de Cuba se ha limitado a emitir una declaración evasiva sobre el asunto, declaración que quizás refleja la opinión de que nunca hubo un "caso Arenas", como sí hubo un "caso Padilla", y que cualquier "problema" que Arenas pudiera haber sufrido era de naturaleza moral y no política. Durante un tiempo circularon rumores de que Arenas había sido arrestado por corrupción de menores. Sin embargo, en dos entrevistas, Arenas ha dado una versión distinta de los hechos.[10] Aunque admite que se le acusó de "homosexual y enemigo de la Revolución", describe los incidentes que determinaron su arresto de la manera siguiente:

Yo caigo preso en 1974. Las circunstancias de mi detención fueron las siguientes: estaba con un amigo bañándonos en la playa de Guanabo cuando nos roban la ropa y una serie de papeles que habíamos dejado en la orilla. Vamos a la estación de policía a hacer la denuncia y da la casualidad que las personas que habían robado nuestros objetos personales ya estaban en la estación. Cuando los vimos con nuestras cosas se las señalamos a la policía, quienes a su vez, nos empiezan a acusar de ser inmorales y de estar haciendo manifestaciones públicas. Nos acusan y encausan por escándalo público. Yo nunca pensé que esa acusación tuviese la menor trascendencia. Sobre todo porque, acto seguido, nos dejaron salir de la estación e irnos a casa. Sin embargo, al otro día cuando llego a la UNEAC veo un ambiente muy extraño. Incluso Belkis Cuza me dice, muchacho qué te ha pasado, aquí dicen que te habían echado 30 años, que te habían sorprendido en la playa en una orgía leyendo unos manuscritos contrarrevolucionarios, que el administrador de la UNEAC tuvo que ir a la policía con dos oficiales más . . . [11]

Que Arenas haya o no corrompido a un menor parece haber jugado un papel secundario en sus problemas con la policía de seguridad de Cuba, si se compara con la lista de "delitos" más plausibles de los que él dice haber sido acusado, especialmente la publicación en el extranjero de dos obras premiadas que el gobierno cubano se había negado a publicar. Por tanto, más importante que la acusación de homosexual (que el mismo Arenas no niega, por cierto), parece haber sido el temor del gobierno a que la segunda versión de *Otra vez el mar*, (que presenta una crítica fiera de la Cuba contemporánea) se publicase en el extranjero, lo que determinó principalmente las represalias contra él. Sean o no justificados los cargos contra Arenas, el hecho fue que se le comenzó a castigar a partir de 1968, cuando se censuró *El mundo alucinante*, y se le continuó castigando durante varios años más, aún después de haber cumplido su sentencia, al prohibírsele escribir. La distinción que esgrimen los apologistas de la política cultural cubana entre crimen "moral" y crimen "político" parece moralmente atractiva pero políticamente ingenua.[12]

A su salida de la prisión en enero de 1976 y como parte de su sentencia, Arenas trabajó como carpintero en una cuadrilla asignada al "campo de rehabilitación" del Reparto Flores, construyendo viviendas destinadas a los soldados soviéticos y a sus familias. Durante los cuatro años siguientes sobrevivió trabajando en lo que se le presentaba mientras compartía un cuarto en un hotel de La Habana Vieja. En la misma entrevista con Cristina Guzmán, editora venezolana que visitó a Arenas en Cuba durante esos tiempos difíciles, se describe cómo "nadie en La Habana parece poder o querer recordar su nombre, y mucho menos su dirección", y cómo, después de varios días de indagar, finalmente pudo encontrar "su espacio mínimo, un sofá de dos puestos, un par de sillas y una mesa cuadrada. A la izquierda, una escalera improvisada que conduce a lo que se supone es el dormitorio".[13] La miseria de Arenas reflejaba su situación de no-persona. Como la policía de seguridad cubana había retenido las dos copias de *Otra vez el mar*, se le colocó prácticamente bajo arresto domiciliario, forzándolo a simular que había perdido todo su interés en la literatura y a jugar el papel de ciudadano reformado. La única esperanza de Arenas era emigrar. Sin embargo, las invitaciones pagadas que recibía de prestigiosas casas editoriales (como Editions du Seuil) o de universidades extranjeras (como la de Princeton) nunca le llegaron. Varios intentos de escapar en bote se malograron. Sólo en abril de 1980, con la crisis precipitada por la entrada de los diez mil en la embajada del Perú en La Habana se presentó la posibilidad de emigrar.

Aprovechando la decisión del gobierno de garantizar la salida sin problemas a todos los "antisociales" que deseaban abandonar la isla, Arenas solicita la salida, se escurre sin ser notado, y finalmente se convierte en una de las ciento cuarenta mil personas que logran escapar por barco de El Mariel a Cayo Hueso. Según un informe, cuando llega la noticia de la partida de Arenas al Ministerio de Cultura de Cuba, sus agentes se apresuran a llegar al puerto de El Mariel para "rescatarlo", pero se encuentran con que momentos antes la barcaza en la que él se encontraba acababa de partir. Seguidamente, los agentes se dirigen a los curiosos corresponsales extranjeros para asegurarles que Arenas podría haberse ido en forma normal si así lo hubiese solicitado.[14]

Después de llegar a Estados Unidos el 6 de mayo de 1980, Arenas gestionó la publicación de la primera edición en español de *El palacio*, casi diez años después de haber terminado el manuscrito, y de *El central*. Tras un verano de conferencias en la Florida, Nueva York, Puerto Rico y Venezuela, enseñó un curso sobre poesía cubana en la Universidad Internacional de la Florida en Miami. En diciembre de ese mismo año se mudó a la ciudad de Nueva York. En los últimos años Arenas ha producido una rica serie de textos. El primero, una nueva edición de *Con los ojos cerrados*, ahora con el título de *Termina el desfile*. El nuevo cuento que cierra el volumen (y le sirve de título), trata de los hechos ocurridos con motivo del escándalo de la embajada del Perú en la Habana y establece un contraste irónico con el primer cuento, "Comienza el desfile", el cual describe los festejos del primer día del triunfo de la revolución cubana.

Si Reinaldo Arenas fuera el único caso de un escritor cubano desafecto de la revolución, quizás hubiera razones para dudar de su versión de los hechos, pero Arenas se ha unido a las filas de un considerable número de escritores distinguidos, Antonio Benítez Rojo, Edmundo Desnoes, César Leante, Heberto Padilla, José Triana y otros, que en los últimos años han preferido el exilio a la autotraición estética o moral. Por lo pronto, queda por determinar, al menos para los propósitos del historiador de la literatura, cuáles fueron las circunstancias objetivas que causaron el exilio de figuras literarias cubanas de tal magnitud. Pero a mi juicio ésto sólo podría hacerse por medio de un detallado estudio que comparase la producción literaria con la política cubana a partir de 1970. Ese estudio está por hacerse.

Enrico Mario Santí
Georgetown University

Notas

[1] "Apéndice", *La vieja Rosa* (Caracas: Cuadernos del Caribe, 1980), pp. 104–114.

[2] Ver "La punta del arcoiris", "Soledad" y "La puesta del sol", *Unión* 4 (1965), pp. 113–119. Otros dos cuentos, recogidos más tarde en *Con los ojos cerrados* (Montevideo: Arca, 1972) son "Con los ojos cerrados", *Unión*, 5 (1966), pp. 12–15 y "El hijo y la madre", *Unión* 6 (1967), pp. 222–226.

[3] *Unión*, 6 (1967), p. 119. Otro eco de la misma actitud crítica aparece en la entrevista con Miguel Barnet, "Celestino antes y después del alba", *La Gaceta de Cuba*, vol. 6, No. 60 (Julio–Agosto, 1967), p. 21.

[4] *Casa de las Américas*, 45 (1967), p. 165.

[5] *El mundo alucinante. Una novela de aventuras* (México: Editorial Diógenes, 1969), p. 9. La conferencia fue publicada con el título de "El páramo en llamas", en *Recopilación de textos sobre Juan Rulfo*, ed. Antonio Benítez Rojo (La Habana: Casa de las Américas, 1969), pp. 60–63.

[6] *El mundo alucinante,* texto de contraportada.

[7] También cabe la posibilidad de que la censura cubana haya captado la parodia política de la novela. Para esa lectura ver Seymour Menton, *Narrativa de la revolución cubana* (México: Plaza y Janes, 1982), pp. 114–119.

[8] Entre los ensayos y reseñas publicados en *La Gaceta de Cuba* se encuentran los siguientes: "Magia y persecución en José Martí", 66 (1968), pp. 13–16; "Bajo el signo de enero", 67 (1968), p. 20; "Tres mujeres y el amor", 71 (1969), pp. 26–28; "Con los ojos abiertos", 81 (1970), pp. 10–11; "Mariana entre los hombres", 86 (1970), p. 30; "El reino de la imagen", 88 (1970), pp. 23–26; véase también, "Cien años de soledad en la ciudad de los espejismos", *Casa de las Américas*, Vol. 8, No. 46 (1968), pp. 135–138.

[9] Para los documentos relacionados con "El caso Padilla", véase *El caso Padilla. Literatura y revolución en Cuba*, ed. Lourdes Casal (Miami: Ediciones Universal, 1971). A Padilla se le permitió abandonar Cuba en 1980 y desde entonces ha publicado un libro de poemas y una novela. Véase también su "After Cuban Years," *New York Times* (Sept. 17, 1981), pp. A–17.

[10] Las dos entrevistas aparecieron en *Vuelta*, 47 (1980), pp. 18–25, y *Le Nouvel Observateur,* 880 (September 19–25, 1981), pp. 64–69.

[11] *Vuelta*, pp. 22–23, también véase *Le Nouvel Observateur*, p. 66.

[12] Para las últimas noticias sobre este asunto, véase el intercambio de cartas entre Arenas y un oficial de la embajada cubana en París: *Le Nouvel Observateur* (edición de parís), 912 (Abril 30, Mayo 7, 1982), pp. 27, 32–33. La carta de la embajada constituye la única declaración pública del gobierno cubano sobre el "caso Arenas".

[13] "Apéndice", pp. 103–104.

[14] Véase, Marlise Simons, "Letter from Cuba," *The Washington Post* (Mayo12, 1980), p. 15.

V
CONSTANTES TEMÁTICAS EN
TERMINA EL DESFILE

Termina el desfile[1] comprende ocho cuentos fechados entre 1964 y 1968 y el último, que es el que da título a la colección, escrito en 1980. De estas narraciones, una de ellas, "La vieja Rosa" calificada por el autor de noveleta,[2] había sido publicada en Caracas en 1980[3] y los otros cuentos, con excepción de "Termina el desfile" habían aparecido en Uruguay en 1973 con el título de *Con los ojos cerrados*.

Una de las constantes temáticas en esta colección de cuentos es la lucha angustiosa de los personajes al enfrentarse a la dureza de la realidad que los rodea y su intento de escapar de ésta mediante la imaginación, la cual les permite construir un espacio donde refugiarse. Los personajes de este libro, niños y adultos, libran una agónica contienda para no caer en el horror cotidiano en el que, según Arenas,[4] todo hombre está condenado a habitar y del cual todo ser humano participará aun cuando se rebele y no quiera aceptarlo.

El enfrentamiento del ser humano con el mundo exterior está expresado por el choque de los personajes, sin importar su edad, con la autoridad materna en la esfera familiar y con la autoridad del estado en el nivel social. Esto nos lleva a otra de las constantes de estos cuentos: la soledad. En estrecha relación con ella se destaca la incomunicación del hombre contemporáneo, la cual se manifiesta en la falta de tolerancia y la carencia de sensibilidad de las relaciones humanas. Por un lado, la incomprensión de la familia; por el otro, la existencia de un régimen político que trata de coartar la libertad individual para subordinar la vida del ser humano al logro de supuestos intereses colectivos.

También se hace patente en la obra de Arenas su gran amor por la naturaleza, que procede de su infancia campesina. Su protesta por la ceguera del ser humano ante la hermosura de la creación lo acerca a Albert Camus, a quien le dolía profundamente el que se hubiera despojado al mundo de aquello que hacía su permanencia: la naturaleza, el mar, la calma, la meditación ante los atardeceres. Como ha señalado Mario Vargas Llosa,[5] Camus se oponía a la hegemonía de las ciudades, a las que asociaba con el absolutismo histórico en el que vio el origen de la tragedia política moderna.

Los personajes de Arenas buscan refugio en su intimidad para contrarrestar la hostilidad del medio. Realidad interior y supuesta realidad objetiva pugnan y se entrecruzan en estos cuentos porque, en definitiva, el autor sabe que "la realidad es múltiple, es infinita y además varía de acuerdo con la interpretación que queramos darle".[6]

En "Con los ojos cerrados" y "Bestial entre las flores" el personaje es un niño, lo que estrecha la relación con su novela *Celestino antes del alba*. En ambos cuentos se presenta la multiplicidad de perspectivas que crean los contrastes y contradicciones entre ese mundo fantástico producto de la imaginación del niño y el mundo exterior. En "Con los ojos cerrados", Arenas utiliza tres símbolos para destacar el contraste entre el mundo ideal creado por el niño y la dureza del ambiente. En la realidad objetiva, el gato amarillo que encuentra en el contén de la acera está muerto, seguramente arrollado por algún automóvil y tirado en un rincón para que no lo siguieran aplastando, pero en el mundo imaginado del niño "salió corriendo el gato amarillo brillante porque estaba vivo y se asustó cuando lo desperté"(26).

En otro momento, un grupo de muchachos perseguía y acorralaba una rata de agua en un rincón y la acosaba con gritos y pedradas hasta finalmente matarla a golpes y arrojarla al centro del río. En el mundo imaginario del protagonista los hechos ocurren de otra manera. Según él, los chicuelos nadaban apresurados hacia el centro del río para salvar la rata de agua, que parecía estar enferma y no podía nadar; por último, en la relación de los acontecimientos, el niño sale de la dulcería por la puerta trasera porque gastó hasta el último céntimo y no podía enfrentarse a las dos viejas mendigas sin tener una moneda que darles. De nuevo, su imaginación trastorna los hechos y el niño ve a las viejitas convertidas en empleadas de la dulcería. Éstas hasta le regalan una enorme torta de chocolate. No cabe duda que las contradicciones señaladas ratifican el contraste entre el mundo secreto del personaje infantil cargado de bondad, de amor a los animales, de honda comunicación con la naturaleza y el mundo que él percibe a través de los sentidos y que dolorosamente lo invade con penas y angustias.

En "Bestial entre las flores" se vuelve a plantear el tema de la oscilación entre lo real y lo imaginario. En la mente infantil lo imaginado aparece con más aristas de veracidad que el mundo hostil del que trata de escapar. Debido a las relaciones semánticas entre Bestial y Celestino, vienen al caso las observaciones de Arenas sobre el protagonista de su primera novela. En palabras del autor: "siendo la vida del niño una mezcla de ternura y horror, y también de desconcierto, es lógico que lo terrible invada el mundo de la imaginación y lo deforme".[7]

Bestial, como Celestino, se inventa un compañero. Según Arenas, "El gran amigo. El que nunca, desde luego, existirá: el amigo que protegemos y nos protegerá, el amigo que rescataremos del inminente peligro y que también nos rescatará... el amigo que, desde luego, no es más que uno mismo y por eso más lo compadecemos, lo amamos y por eso mismo lo destruimos".[8]

En "Bestial entre las flores" aparecerá el enfrentamiento del niño con la autoridad familiar, representada por la abuela y por la madre. Autoridad que trata de penetrar constantemente la interioridad del personaje poniéndole frenos a su imaginación, intentando limitar con su cariño y su afán de protección el audaz vuelo del muchacho. No hay duda de que la guerra entre Bestial y la abuela (tan cargada de elementos simbólicos) representa la lucha entre el yo rebelde del niño y la autoridad. Tal polarización de fuerzas se convierte en una constante de importancia en muchos de los cuentos de la colección.

Veamos cómo se manifiesta en "A la sombra de la mata de almendras", "Los heridos" y "El hijo y la madre". En el primero de los cuentos se intercalan historias del mismo personaje que están intrínsecamente unidas entre sí; una, es el intento frustrado del adolescente de seducir a una hermosa mujer a la que sigue a través de las calles habaneras. A pesar de la insistencia de ésta, cuando con urgencia biológica se abalanza contra él y lo desnuda, su impotencia sexual (o quizás su desinterés en ella) determinan que él la deje en su casa sin que nada ocurra entre ellos. La otra es la lucha infecunda del muchacho por impedir que sus tías y su madre destruyan la mata de almendras que adorna el patio de la casa. Vuelve en este cuento Arenas a enfrentar el mundo interior del personaje con la realidad objetiva. El árbol aquí, como el gato amarillo y la rata de agua en "Con los ojos cerrados", son víctimas de la violencia, la maldad y la carencia de amor. Además, ante la indiferencia y debilidad del padre, son la madre y las tías (como en "Bestial entre las flores" la madre y la abuela) las que hacen sufrir al muchacho llevadas por motivos pragmáticos que les impiden poder entenderlo.

Arenas en ese iluminador trabajo "Celestino y yo", al que hemos ya aludido, señala:

"He visto ese árbol florecer año por año, lo he visto batirse en el viento, y también he escuchado en él el escándalo de todas las criaturas del campo; he jugado a la sombra de ese árbol o me he encaramado a sus más altos gajos y me he quedado dormido. Y he visto como un día uno de mis familiares, con esas justificaciones terriblemente lógicas que tanto abundan en el mundo de los adultos, ha cortado ese árbol de dos o tres hachazos y lo ha hecho carbón en una de las esquinas del patio. Y de pronto descubro que ese árbol no era un árbol, sino yo mismo; porque ¿qué somos en la infancia sino el escándalo de la arboleda, el chirrido de los grillos, el escarceo de los pájaros que construyen su nido sobre el techo de la casa, el estallido imprevisto del aguacero que viene a veces cargado de granizos, o la voz lejana de la madre, sacándonos de nuestro mundo, para que vayamos a tomarnos el café con leche?"[9]

En "los heridos" reaparece ese juego de realidad y fantasía. El personaje, un hombre joven, también se siente presionado por una madre autoritaria y demasiado protectora y por un régimen político que lo despoja de su libertad y de su dignidad humana. Aquí la confrontación se plantea en el nivel familiar y en el social. El personaje llamado Reinaldo, para acentuar los tintes autobiográficos, se encierra en su cuarto y se niega rotundamente a volver a trabajar "porque esto—dice—yo no lo resisto. Porque ya no hay quien aguante este infierno. Porque cada día me aprieta más . . . porque ahora hasta quieren que sea miliciano; y que haga guardias; y que trabaje mil horas . . . Y que estalle"(84).

El personaje aparece encadenado por el cuidado excesivo de la madre y una atmósfera política de opresión insoportable. Joven dotado de talento literario había dejado de escribir y hasta había perdido los deseos de vivir: "sentí, no que no podía seguir viviendo, sino que tenía que morir al momento"(86). En ese instante fundamental de su existencia, el joven, como en *Celestino antes del alba* y en "Bestial entre las flores", mata la soledad inventando al amigo. Aparece entonces el herido a quien oculta en su cuarto hasta que, debido al acecho infatigable de la madre, tiene que trasladarlo al tejado de la casa donde finalmente muere. Sus desechos son comidos por las auras contra las que tampoco él puede defenderlo. No cabe duda de que el herido es él mismo. Él lo sueña con su nombre, con su edad, con su alma sensible. Un poeta amante de la belleza, de la libertad, de la dignidad humana y que, como él, tiene el alma lacerada por la opresión de un régimen materialista y autoritario. De ahí, que el título del cuento sea "Los heridos".

Este personaje de Arenas, este Reinaldo, que es uno y dos al mismo tiempo, es como muchas de sus creaciones: un ser torturado, angustiado, que no puede resistir el horror cotidiano que es su vida y se refugia en un mundo alucinante, fantástico, onírico. Muy simbólicamente destaca Arenas en este cuento cómo la fragmentación y distorsión de la luz que producen los vidrios de la ventana del cuarto del joven coinciden con la realidad interna del muchacho, tan llena de pureza, pero tan deformada por las miserias humanas.

En "El hijo y la madre", texto muy breve, el enfrentamiento se reduce al ambiente familiar. A través de los recuerdos de un anciano solitario nos asomamos a una vida dominada por la autoridad materna. Aquí vuelve a aparecer un hijo débil a expensas de una madre dominante. En un instante, apenas, volvemos a entrever el almendro en el patio casero bajo cuya sombra se tejieron tantos sueños. La madre vence de nuevo, aunque esta vez después de muerta, ya que el hijo no se atreve a abrirle la puerta al amigo que viene a visitarlo porque tenía miedo de romper el pacto tácito contraído con la madre muerta.

En "El reino de Alipio" la llegada de la noche transforma al humilde mandadero en observador erudito y sensible del universo. El lector se asoma a través de los ojos de Alipio al maravilloso espectáculo celestial que se le ofrece y lo contempla desde entre las hojas de ese almendro, siempre presente en la obra de Arenas por su resistencia ante las hachas que persistentemente tratan de quebrarlo. Pero para señalar que hasta este placer, tan natural y esencial en la vida como es la contemplación del universo, le está vedado, Alipio tiene un sueño alegórico en el que el éxtasis en que está sumido es interrumpido por la observación de un punto luminoso que después de desprenderse de las constelaciones, rodar por los astros y encender la luna, se dirige a la tierra.

En fin, ese agente destructor que lo persigue en sueños y trata de calcinarlo es un "enorme fuego que se le acerca: es como el infierno, como algo lujurioso que nunca pude imaginar con tales dimensiones y formas. No es sólo una estrella, son millones de estrellas devorándose unas a otras, reduciéndose a partículas mínimas, poseyéndose"(102). Es obvio que en el sueño alegórico de Alipio, la misma espantosa realidad que padecía el Reinaldo de "Los heridos" lo lleva a ver en el espectáculo antes armonioso del universo el horror cotidiano de la vida, haciéndole perder para siempre su codiciado reino. Para Alipio, la presencia del terror político es la que deforma su mundo interior.

Aunque el conflicto familiar es una constante en la narrativa de Arenas, en "Comienza el desfile", "Termina el desfile" y "La vieja Rosa" lo que constituye el tema central es la confrontación de los personajes en el nivel social.

En "La vieja Rosa" la protagonista, Rosa, representa para sus hijos la autoridad familiar incuestionable contra la cual cada uno de ellos reacciona de manera diferente. En el nivel político del texto, sin embargo, ella es la víctima que sucumbe ante la violencia despojadora del nuevo sistema colectivista. Por otra parte, Rosa es incapaz de comprender y saber amar a sus hijos. Con un concepto muy estrecho de la religión, desconoce el profundo mensaje espiritual de ésta. Es un personaje complejo, con virtudes y defectos, al que Arenas enfrenta a un sistema político en el que la protección de los derechos del hombre desaparece para dar paso a la pretendida satisfacción de necesidades colectivas. En este régimen social, creador de un terror político capaz de paralizar todo intento de protesta, Rosa reconoce entre los que ocupan la presidencia, en una de esas reuniones de la zona, (a la que se vio obligada a asistir por temor de perder la finca) a las hijas de sus vecinos, los Pupos, quienes representaban para ella todo lo que en bajeza moral podía incurrir una mujer.

Rosa, con sus virtudes y sus prejuicios, con su agónico despeñarse entre momentos de alucinación y locura y de penetrante lucidez, muere con su sueño en las llamas que destruyen su casa, a la que ella misma había prendido fuego como la única manera de ejercer su libertad en un mundo que, con el despojo de sus tierras y el alejamiento de sus hijos, le había negado poder vivir con dignidad.

Dos cuentos de la colección aluden a fechas que trazan el período de la vida del autor bajo el régimen político en el que se escribe esta colección. "Empieza el desfile" se refiere a la marcha a Holguín de los alzados el primero de enero de 1959 ante la noticia de la caída del gobierno anterior; "Termina el desfile" recrea la entrada de miles de cubanos en la embajada de Perú en 1980, acontecimiento que determinó la salida del escritor al exilio.

En "Comienza el desfile" el personaje central, un narrador dramatizado, cuenta el regreso a Holguín de los rebeldes junto con la historia de su frustrado alzamiento. Había dejado el hogar en parte por el estado de aislamiento y depauperación a que la contienda bélica había sometido al pueblo en que residía, en parte porque no podía soportar la convivencia con su familia. Al regresar de su escondite cuando triunfa la revolución encuentra que su familia, que le recriminaba acremente como locuras de muchacho sus pretensiones de unirse a los alzados, ahora trata de forzarlo a que pasee por la ciudad como un combatiente con la bandera del movimiento revolucionario triunfante.

En "Termina el desfile" se replantean los mismos temas en otro momento histórico. De entre la multitud delirante y aterrorizada que ha tomado la embajada del Perú en La Habana se destaca el narrador de la historia cuya soledad, a pesar de los miles de seres que lo acompañan, se convierte en el tema principal. Con técnicas narrativas distorsionadoras se presenta la disconformidad con un sistema político que, como George Orwell pintara en su novela *1984*, es capaz de todos los excesos que provoca un desbordado estatismo. El muchacho campesino del primer desfile ahora reaparece en la ciudad: "Ya no era aquél, ahora era éste. Ya no corría por sabanas o herbazales. Corría a veces por entre el histérico tumulto, intentando tomar un ómnibus repleto o para marcar en la cola del pan o del yogurt"(147). Ya había intentado huir de la isla y la policía le había encontrado en su cuarto nada menos que unos neumáticos de camión y una brújula, lo suficiente para enviarlo a la cárcel. Ya había sufrido horrible prisión por sólo aspirar a vivir con libertad; de ahí, que siguiendo el consejo del amigo empezara a escribir, encontrando con esto su redención: "Minuciosa, delirante, colérica e incesantemente voy dándole salida a mi espanto, a mi furia, a mi resentimiento, a mi odio, a mi fracaso, a nuestro fracaso, a nuestra impotencia".(160).

En este libro, Arenas, sin caer en lo puramente testimonial, recrea magistralmente su experiencia vital transida de tragedia, en torno a constantes temáticas que exaltan la naturaleza espiritual del hombre.

Elio Alba-Bufill
The City University of New York
Kingsborough C. College

Notas

[1] Reinaldo Arenas, *Termina el desfile* (Barcelona: Seix Barral, 1981). En lo adelante, todas las referencias a esta obra se indicarán con los números de las páginas entre paréntesis dentro del texto.

[2] Julio Hernández Miyares, "Apuntes sobre *La vieja Rosa,* una noveleta de Reinaldo Arenas", *Círculo: Revista de Cultura,* Vol. XI, 1982, 7–14.

[3] Reinaldo Arenas, *La vieja Rosa* (Caracas: Librería Cruz del Sur, 1980).

[4] Reinaldo Arenas, "Celestino y yo", *Unión. Revista de la Unión de Escritores y Artistas de Cuba,* Núm. 3, Año 9, 1967, 117–120.

[5] Mario Vargas Llosa, *Entre Sartre y Camus* (Río Piedras, Puerto Rico: Ediciones Huracán, 1981).

[6] Arenas, "Celestino y yo", p. 119.

[7] *Ibid.,* p. 118.

[8] *Ibid.,* p. 118.

[9] *Ibid.,* pp. 117–118.

VI

EL PAPEL DE LOS DOS REINALDOS EN
LOS HERIDOS

Con frecuencia Reinaldo Arenas se acerca a la realidad oblicua e indirectamente, con interesantes toques irónicos.[1] Ve la realidad desde una perspectiva desviada, ofreciéndonos retratos de personas y sucesos con una visión sesgada y aun torcida conforme a sus propósitos narrativos. Entre los cuentos más representativos de esta índole y uno de los más logrados figura "Los heridos",[2] en el que la inesperada aparición de un joven herido en la casa del personaje principal engendra una continua duda en la mente del lector. El marco exterior de "Los heridos" no puede ser más sencillo, pero los matices psicológicos y emocionales son complejos y se prestan a más de una interpretación. El propósito de este trabajo es analizar los recursos narrativos empleados por Arenas para crear la incertidumbre y la ambigüedad necesarias para la realización artística del cuento.

Uno de los aspectos más fundamentales de "Los heridos" es la identidad del herido, o más bien la relación, verdadera o imaginada, que existe entre Reinaldo, el protagonista, y el "intruso". Al final del relato el lector acaba por aceptar que el intruso es otro Reinaldo, aunque el camino que conduce a este reconocimiento es brumoso y a veces confuso.[3] Estéticamente, lo que importa no es sólo la conclusión a que llega por fin el lector acerca de la identidad del intruso, sino también el proceso narrativo que informa, persuade, y obliga al lector a responder emocionalmente a la turbación personal de Reinaldo.

Un narrador impresionable e interesado (muy semejante al autor implícito) relata la historia desde la perspectiva de la tercera persona. La igualdad de nombres no es mera coincidencia. Ocurre varias veces en el cuento que un párrafo empieza en tercera persona y continúa en bastardillas en primera persona con los pensamientos de Reinaldo. Esta fusión de dos voces narrativas, en lugar de crear un efecto artificial y desconcertante, contribuye a establecer la verdadera presencia del protagonista separada de la percepción que de él tiene el narrador, y a la vez permite que el movimiento del relato se realice mediante voces que se alternan.

45

Desde el principio, se percibe la desesperación a través de la visión del narrador en la tercera persona y de la del joven escritor.

> En realidad, desde el día en que se encerró en su cuarto y no respondió cuando la madre lo llamó a comer, y dijo luego, a gritos, que prefería morirse de hambre, pero que no volvería a trabajar más nunca *porque esto yo no lo resisto. Porque ya no hay quien aguante este infierno, porque cada día me aprietan más. Y aun después de uno estar asfixiado lo van a seguir apretando para ver lo que pueden sacar; porque ahora hasta quieren que yo sea miliciano; y que haga guardias; y que trabaje mil horas; y que ingrese en una brigada de trabajo productivo* . . . *Porque yo* . . . desde entonces había decidido empezar a escribir un libro. Y ahora hacía un mes que no iba al trabajo, y todavía los papeles estaban en blanco. . . . (pp. 77–78)

Aunque faltan referencias explícitas a la Revolución, es evidente que "el herido" es un anti-revolucionario que busca refugio en el hogar de un copartidario. Es evidente también que el narrador es de la misma ideología política que el propio autor del relato. El uso del plural en el título "Los heridos" es simbólico de la relación empática entre los dos Reinaldos. El protagonista se encuentra herido emocional y mentalmente por la opresión del régimen del mismo modo que el otro Reinaldo está herido físicamente. Los dos se complementan y quizá representan dos caras de la misma *persona* afligida.

Dos conflictos principales asedian a Reinaldo constantemente: su aspiración a ser un célebre escritor queda frustrada por la falta de libertad para desarrollar sus ideas; y el carácter dominante de su madre le impide el derecho de conducir su propia vida. Como Morelli en *Rayuela*, Reinaldo siempre piensa en nuevas ideas para un libro que tiene proyectado y le fastidia la lentitud de su progreso. Además, las últimas palabras del narrador, cuando comenta las observaciones líricas de Reinaldo sobre la lluvia poco después de que el otro Reinaldo ha sucumbido a sus heridas, sitúan toda la historia en un contexto muy extraño: "Todo eso lo dijo en voz alta, y pensó que sería conveniente anotarlo para un libro que había planeado escribir"(p. 91).

Tal vez un dolor menos agudo pero más insistente que sus contratiempos literarios esté producido por la excesiva vigilancia de su madre en cuanto a sus actividades diarias. A través de fragmentos de diálogo y de la descripción narrativa, la madre se ve como una espina en el cuerpo de Reinaldo, sobre todo cuando éste tiene que esconder al herido de su mirada inquisitiva. En una ocasión, cuando la madre entra en el baño y ve los calzoncillos y el pañuelo ensangrentados, por toda exclamación grita "¡Qué horror!" Es dudoso que la madre sospeche a quién pertenece la ropa que está en el piso, pero el narrador dice que la segunda vez que ella profiere estas palabras, lo hace "con un gesto de compasión" al recogerla y mostrársela a su hijo, quien en aquel momento cree que "lo mejor sería estrangularla" (p. 86).

El rencor que Reinaldo siente por su madre contrasta irónicamente con la diligencia y la compasión con que él atiende al herido. La ironía se intensifica porque el lector percibe claramente la hostilidad entre la madre y el hijo y al mismo tiempo ve al hijo en otro papel distinto, como noble y altruista. La ironía está presente también cuando la madre de Reinaldo, en un interesante cambio de papeles, observa cómo su hijo está en la cocina preparando una extraña poción para dar a su paciente moribundo: "... un complicado cocimiento, con hojas, cogidas al vuelo, de todas las matas del patio y con las pastillas que quedaban en el botiquín; también le echó dos huevos que había en el refrigerador; y un poco de yodo y leche. En cuanto aquello hirvió, despidiendo un humo azuloso y un olor indescriptible, salió con el brebaje rumbo al cuarto" (p. 87). El narrador acentúa la ironía cuando usa las palabras "el asombro de su madre" al descubrir su reacción a lo que para ella constituye un comportamiento inusitado por parte de su hijo. También se nota la ironía cuando Reinaldo no oye, o se niega a oír, el "pequeño chillido" de su madre, ocupado como está con deberes culinarios que son de mayor importancia. Y por último, la ironía se filtra cuando Reinaldo le repite al intruso el mandato "Bebe" (p. 88) para intentar salvarle la vida, sobre todo porque el lector asocia estas palabras con las órdenes casi mecánicas de su madre: "Come" (p. 78) y "Es que no vas a comer" (p. 85).

El comportamiento sigiloso de Reinaldo en su propia casa es indicio de la vaguedad que rodea al herido y su destino final. El primer párrafo de "Los heridos" empieza en tono lírico con palabras que expresan la inconsistencia del temperamento de Reinaldo: "Esta mañana, antes de levantarse, todas las tristezas eran lilas. Luego, alzó un poco más la cabeza, y las tristezas fueron azules; pero se inclinó más, casi sentándose en la cama, y entonces las tristezas se revistieron de un amarillo violento. Por fin se incorporó; abrió de golpe la ventana de cristales tricolores, y todas las tristezas se mostraron en su pigmentación natural" (p. 77). A continuación el narrador revela las acciones de Reinaldo aquella mañana ominosa con oraciones breves y abruptas, observando que caminó al baño, se cepilló los dientes, se vistió, cerró la ventana, y luego vio cruzar la calle a una mujer con un bebé en los brazos. Con la mirada fija, como hipnotizado, se quedó casi una hora cerca de la ventana, luego se sentó y dijo filosóficamente en voz alta: "Los días pasan como perros muy flacos que no van a ninguna parte" (p. 77).

Reinaldo quiere apuntar aquella oración para recordarla después al escribir su libro; el no hacerlo revela su característica vacilación. Angustiado y hosco se encierra en su habitación durante días y rehúsa responder a las exhortaciones de su madre para que baje a comer, alejándose así de la persona que puede ofrecerle algún desahogo. El narrador sugiere la separación emocional entre madre e hijo al llamarla "la madre" y no "su madre". Reinaldo no sólo hace caso omiso de las llamadas de su madre, sino que le grita que prefiere morirse de hambre a volver a trabajar bajo un sistema social y económico que detesta. En una ocasión camina hacia la playa, permanece allí toda la tarde, observa la puesta del sol y después, en vez de volver a la casa, entra en un teatro para escuchar un recital dado por un grupo de cantantes checos. Mas, en medio del espectáculo, Reinaldo de repente siente que no puede seguir viviendo, "que tenía que morir al momento; pero al momento: sin un instante de tregua, sin esperar por razonamientos ni consuelos. Eso sentí, y era como si de pronto hubiera descubierto que se me caían los brazos y ni siquiera sentía dolor...." (pp.79–80).

Reinaldo se las arregla para quedarse en el teatro hasta el final del concierto y luego sale, sin aplaudir. Abruptamente, la escena se traslada de nuevo a su habitación, donde lo encontramos sentado en su sillón repasando el episodio del teatro, sin buscar explicación a su repentina depresión y deseo de muerte. Empieza a expandir el ánimo, cierra los ojos y aparentemente duerme toda la noche. Lo que pasa después se puede entender en su sentido literal o como una serie de sucesos imaginados que ocurrieron cuando Reinaldo estaba dormido. La secuencia temporal en el texto aparece deliberadamente borrosa: "Y como en el resto del día no le sucedió nada de importancia, en seguida se hizo de noche. Y al instante ya estaban resonando las primeras fanfarrias de la madrugada" (p. 80).

Se advierte por primera vez la llegada del herido por el siguiente comentario: "Fue entonces cuando le pareció oír que alguien golpeaba con insistencia la puerta de la calle" (p. 80). Reinaldo escucha y a poco los pesados golpes parecen ser todavía más urgentes, pero curiosamente "no parecían ser producidos por una mano, sino por algo más pesado y blando" (p. 80). Abre la puerta y el joven se cae a sus pies, gravemente herido. Deliberadamente imprecisa también es la descripción de la herida: "... las heridas no provenían de ningún arma de fuego; tampoco eran puñaladas; tal parecía como si alguien lo hubiese arañado en forma profunda y con uñas desproporcionadas" (p. 80). Cuando Reinaldo examina con más cuidado las llagas del intruso advierte que toda su cara "estaba surcada por esos hondos rasguños". Por fin, al abrir su camisa, puede ver cerca del corazón que "la herida (o el desgarramiento) se hacía más profunda y la sangre casi borboteaba" (p. 80).

Aun cuando desde el principio el lector acepta al intruso como una persona de carne y hueso y no como una invención de Reinaldo, pronto percibe la relación casi simbiótica que éste ha entablado con su imprevisto paciente, relación que es más intensa que la derivada del interés de un ser humano por el bienestar de otro en momentos de necesidad médica. De manera que Reinaldo, percatándose de lo severo de la herida, dice para sí mismo y en voz alta: "No te vas a morir" (p. 80), como para señalar que siente el dolor como suyo y que su muerte le dejaría un vacío irreparable. Además, cuando Reinaldo trata de poner al herido lo más cómodo posible, encuentra entre sus ropas su carnet del sindicato y descubre que no sólo tienen el mismo nombre, sino que también nacieron en el mismo año. A Reinaldo le es muy importante esta similitud y expresa su alegría diciendo con irónica inocencia que "También tenemos la misma edad". (p. 81). La gran simpatía que Reinaldo siente por el herido se indica además en el texto mediante descripciones como la siguiente: "Reinaldo trasladó cuidadosamente al herido hasta un lado de la cama y se acostó junto a él. Con la misma sábana quedaron arrebujados" (p. 83); "El resto del día lo pasó bajando y subiendo; llevando con peripecia notable litros de leche y platos de comida, grandes cantidades de vendas, frascos con jarabes y pastillas y otros medicamentos" (p. 86).

La honda antipatía entre madre e hijo produce un fuerte conflicto dramático en "Los heridos" y en cierto sentido una ironía dramática, pues la madre ignora la razón inmediata del comportamiento evasivo de Reinaldo hacia ella. La ironía también se manifiesta en que la madre no sospecha el alto nivel que pueden alcanzar la magnanimidad y la abnegación de su hijo, ya que para ella él es todavía un niño que lucha por encontrar el sitio que le corresponde en una sociedad que quiere dominarlo. El desacato y a veces la insolencia de Reinaldo confunden a la madre, quien no comprende las circunstancias que producen tal conducta aunque tampoco está interesada en averiguarlas. El modo en el que repetidamente Reinaldo se refiere a ella: "con sus ojos de vaca cansada" (p. 82), no sólo la describe desde su propia visión, sino que revela algo del escritor derrotado y la manera en que percibe a los que lo circundan.

Las últimas páginas de "Los heridos", en las que se narra la muerte del herido y la prolongada vigilancia mórbida de Reinaldo sobre el cuerpo, rayan en lo grotesco. El excelente retrato que pinta Arenas de los esfuerzos futiles de Reinaldo por impedir que los buitres devoren el cadáver se parece mucho a ciertas escenas de *Manuel Pacho* (1964), de Eduardo Caballero Calderón, en las que el hijo lleva a cuestas el cuerpo de su padre por los llanos colombianos para darle cristiana sepultura. Arenas evoca la escena con las palabras que siguen:

> Una gran bandada de auras trajinaba sobre las tejas, devorando al herido con una rapidez alarmante. Reinaldo fue hasta la jauría y se le abalanzó, pero ellas siguieron engullendo indiferentes, y aun cuando él las golpeaba con los pies continúan devorando. Parecían criaturas lujuriosas que se negaron con violencia a abandonar una bacanal. Por último empezó a lanzarles pedazos de teja, a dar gritos y a tomarlas por las patas y golpearlas contra el techo. Pero ellas seguían devorando. Las más prudentes alzaban el vuelo provistas de un hueso o de una larga tripa, que como una serpentina se iba desenrollando en el aire. Aunque Reinaldo siguió espantándolas, gritándolas, pateándolas, todo fue inútil; al oscurecer, tres de aquellos pajarracos obstinados alzaron vuelo, con el último hueso del herido bien aprisionado entre sus garras. (p. 90)

Para concluir: en "Los heridos" Reinaldo Arenas ha logrado estimular la imaginación del lector dentro de los límites estéticos de un realismo crudo. El relato aúna la observación directa de la realidad con la impresión subjetiva de esa misma realidad moldeada por la experiencia personal del protagonista. Al formar parte ambos Reinaldos del mismo conjunto de fuerzas políticas y sociales y al describir vívidamente el trance de uno y las reacciones del otro ante la misma situación, Arenas hace un comentario que conmueve profundamente la sensibilidad del lector así como sus facultades intelectuales.

Myron I. Lichtblau
Syracuse University

Notas

[1] Para un estudio general de la ironía, he consultado D. C. Muecke, *Irony* (London: Methuen, 1970).

[2] La edición que he usado es Reinaldo Arenas, *Con los ojos cerrados* (Montevideo: Arca, 1972), pp. 77–91. Todas las referencias en el texto se refieren a esta edición.

[3] En *Prose Fiction of the Cuban Revolution* (Austin: University of Texas Press, 1975), p. 196, Seymour Menton escribe sobre "Los heridos": "Los otros cinco cuentos de *Con los ojos cerrados* son variaciones del tema de la madre cruel y dominadora y el hijo débil, sensible y soñador". (La traducción es mía). Quedo agradecido al profesor Menton por la discusión que tuvimos sobre este cuento, pero soy el único responsable de las interpretaciones que formulo en este trabajo.

VII

TREINTA AÑOS DE SOLEDAD:
LA VIEJA ROSA

Reinaldo Arenas ha expresado la fascinación que siente por las mujeres como material novelístico, y su intención de escribir una gran novela histórica que trate de varias mujeres prominentes de la historia cubana.[1] Al leer la "noveleta" *La Vieja Rosa*, uno tiene la impresión de que el personaje principal es la Úrsula de Gabriel García Márquez en otro registro, ya que hay varias semejanzas notables entre las dos poderosas figuras femeninas. De hecho, tanto las semejanzas como las diferencias son significativas al considerar lo que el colombiano y el cubano han logrado con su exploración del tema de la soledad. Ambas son fuertes personajes matriarcales con maridos débiles que mueren muchos años antes que sus esposas. Cada una tiene dos hijos varones, uno de los cuales se hace revolucionario. Las dos han sido descritas de tal manera que su carácter refleja el del arquetipo de la Madre Tierra, y las dos viven en casas con grandes árboles reminiscentes del Yggdrasil, el Árbol del Mundo anclado en el Centro cósmico. Además, ambas desconfían de la vida sexual, sobre todo al principio de su matrimonio.

La gran diferencia estriba en que mientras Úrsula es una figura dominante, Rosa es mandona. En cuanto a su reticencia carnal, hay una diferencia profunda; a menos que la negación inicial de Úrsula a consumar su matrimonio sea en parte una decepción y que en realidad se trate de un miedo general al sexo que nunca se hace explícito, a ella le preocupa solamente la profecía de que un niño con cola de cerdo nacerá si ella y su primo José Arcadio tienen hijos. Rosa, en cambio, es una fanática religiosa de las que le conceden mucho valor a la virginidad de las mujeres y la abstinencia del hombre, aun después de casarse (aunque debe notarse que ella apoya la promiscuidad de su hijo Armando como fenómeno natural). Al final de su vida ella describe el órgano sexual masculino como "aquella región maldita" (p. 95), y el empleo del adjetivo demostrativo que implica cierta distancia es significativo. La religión de Úrsula, por lo menos al principio, es mucho más telúrica; por ejemplo, parece que a ella menos que a nadie le molesta la ausencia de la fe católica y de su representante eclesiástico durante los primeros años de la familia en Macondo. Además, el hijo revolucionario de Rosa tiene éxito en el oficio escogido, a diferencia del coronel Aureliano Buendía.

En los dos casos el problema es lo que García Márquez llama la soledad, la incapacidad de sus personajes de relacionarse con otros de una manera realmente creadora. En *Cien años de soledad* el narrador declara que tal soledad es lo que ha decidido el destino de la familia, que después de cien años de relaciones estériles no existe ninguna posibilidad de renovación; ni siquiera valdría la pena empezar el proceso de nuevo, sospecha el lector. En *La Vieja Rosa* la situación, si cabe, es aún peor. Mientras la familia Buendía y el pueblo quedan borrados por un "viento apocalíptico" al final de los cien años, un incendio apocalíptico destruye el mundo de Rosa después de sólo treinta. Aquí tampoco hay ninguna segunda oportunidad. En grado aún mayor que en *Cien años de soledad,* ésta es la historia de la nación cubana, encarnada en la Vieja Rosa misma. Por eso se acentúa más su condición de Madre Tierra que en el caso de Úrsula.

El estilo de Arenas se ajusta al tema. En la lindísima edición de Caracas, aparece una entrevista con Cristina Guzmán en la que el autor dice, "Busco el tono, porque la otra cosa muy importante, tanto como el tema, es el tono; en qué tono, en qué ritmo, voy a escribir aquello" (p. 106). En este sentido la novela es un largo poema en prosa. La falta de división en párrafos contribuye a la fluidez. Hay una personificación leve y discreta de los fenómenos naturales, sobre todo en lo referente al sol, pero que se extiende al tiempo. El narrador se explaya, por ejemplo, sobre Rosa y "todas las características que el tiempo se había encargado de ensartarle" (p. 7). Visto el hecho de que para ella el tiempo acabará pronto en un incendio cataclísmico, esta técnica es significativa, ya que el narrador no sólo introduce estos elementos como cuasi-actores en el drama, sino que la técnica sirve también para suavizar el horror de las escenas finales, cuando el lector percibe una cualidad casi lírica en la muerte de esta mujer-símbolo y su mundo. La obra hasta comienza por una referencia temporal que transporta al lector al final: "Por último" (p. 7). Además, hacia el final del texto el pasaje inicial se reproduce con sólo dos cambios ligeros de vocabulario (p. 97); de modo que la estructura, la cual presenta una imagen de la destrucción final (seguida de escenas retrospectivas que explican lo que sucedió con la reaparición del incendio), es subrayada por elementos directamente lingüísticos, mediante una técnica reminiscente de la de *Piedra de Sol* de Octavio Paz, que termina con los mismos versos con que empieza. La estructura cíclica acentúa el sabor a inevitabilidad inherente al acto de sacrificio con que termina la tragedia.

Los vínculos entre Rosa y los ritmos naturales del cosmos se destacan en varias descripciones de ella. En una de las líneas repetidas, Rosa "empezó a llorar en tal forma que el llanto parecía no haber comenzado nunca" (p. 7; casi idéntico, p. 97). Este no es el llanto de una mujer en particular, sino el de la Madre Tierra, lamentando una tragedia eterna. Sus bodas se describen de un modo que recuerdan el *hieros gamos*, las bodas sagradas entre cielo y tierra aunque sea sólo en el momento en que ella vence sus inhibiciones sexuales. Ella y Pablo hacen el amor en lugares paradisíacos; ella se siente estimulada por un "olor a tierra empapada" (p. 25). Aunque su fertilidad no se asocia directamente con la proliferación desenfrenada de los animales, como ocurre con la de Petra Cortés en García Márquez, Rosa ora por la fertilidad de su ganado (p. 19), y posee la suficiente confianza en sí misma como para insultar al tiempo inclemente (pp. 28–29).

Siendo algo así como una imagen de la Gran Diosa, ella también demuestra características lunares. En cierto momento, el sol entra por la ventana y la baña de una luz pálida (p. 19); en otra escena, "a la luz de la luna se veía su alta silueta" (p. 65). En uno de tantos pasajes que recuerdan la escena de *Cien años de soledad* en que la risa de Pilar Ternera espanta algunas palomas (que se asocian con la diosa de la luna), Rosa las espanta cuando se enoja de una manera violenta. Hacia el final del libro, se le presenta al lector una imagen poderosa de la permanencia de Rosa en sus terrenos cuando, en lo que parece un intento inútil de mantener la posesión sobre ellos al irlos circundando, "la encontraron dormida junto a los altos herbazales del cocal, cubierta por el rocío. Y algunas telarañas" (p. 77). No cabe duda de que esta mujer se identifica profundamente con la tierra. Lo que también subraya este hecho es la yuxtaposición sorprendente de imágenes tecnológicas y míticas: "Vio un tractor que rompía las tierras de su finca. . . . De pronto le pareció (sintió) que aquel enorme artefacto de hierro trajinaba ahora dentro de su pecho, rompiéndole el corazón" (p. 79). Antes, al medir los terrenos, los tecnócratas habían hecho anticipar el esfuerzo de La Vieja Rosa por mantener la posesión de los mismos, evocando en el lector la antigua creencia que medir una parcela de tierra equivalía a tomar posesión de la misma (pp. 69–71).

Por último, ella y su casa se queman, y cuando la Madre Tierra y su hogar quedan consumidos por el fuego, el fin del mundo, concebido dentro de la tradición judeo-cristiana, se acerca. Ya me he referido a la anticipación del apocalipsis en las palabras con que comienza el texto: "Por último"; en la misma página Rosa comenta, "Dios mío, he aquí el infierno". Más adelante en el texto, pero antes en el tiempo, aparecen otras premoniciones de lo que ha de ocurrir. Ante la rabia violenta de su madre al enterarse de que su hija se ha casado con un negro, Armando dice, "Con ese escándalo cualquiera piensa que se está acabando el mundo" (p. 55), ignorando todavía que el mundo de su madre acabará pronto porque no caben en él ni el matrimonio interracial ni el homosexualismo. Una vez que está claro que el nuevo gobierno tomará posesión de sus terrenos, ella también comenta que el fin del mundo está cerca (p. 75). Cuando ella se encuentra envuelta por la naturaleza, "por un momento extendió las manos en la oscuridad. . . . Vio, impasible, cómo el cielo se iba enrojeciendo" (p. 79).

En la escena furibunda en que se suceden rápidamente el descubrimiento de su hijo Arturo en un acto homosexual, su visión de un ángel de yeso que se ríe de ella, y su acto de incendiar el centro espiritual de la casa, es fácil intuir lo que ocurre realmente en su relación con el ángel. Éste siempre ha sido portador de bendiciones y buenas noticias a través de los años, pero con su supuesta risa ante la pérdida de todo—la finca y Armando a los comunistas, la joven Rosa a un marido negro, y Arturo al homosexualismo—la figura celestial llega a ser el ángel de la desgracia para ella. Esta idea se refuerza en las últimas líneas del texto: "Trató de apoyarse aún más contra el ángel. Pero era inútil: el ángel también estaba ardiendo.... Por un momento, permanecieron inmóviles. Luego, el fuego consumiendo las dos figuras, *que ya no se podían distinguir*" (p. 99, lo señalado en cursivas subrayado es mío). El mensaje parece ser que en última instancia ella es el ángel de su propia desgracia.

El mundo de Rosa ha llegado a su fin a causa del deterioro de sus relaciones con los miembros de su familia, y en la medida en que ella representa su nación, ella también ha desaparecido. Lo que ella ve como una castidad bíblica no es más que un pudor neurótico que, combinado con su carácter despótico, la convierte en una manifestación maligna de la hembra devoradora. Después de una luna de miel breve e idílica con su marido Pablo, ella se le niega sexualmente a tal extremo que él se suicida cuando todavía es joven; ahorcándose durante una celebración de la Nochebuena, época del año que debe representar el advenimiento de la nueva vida y la esperanza traídas al mundo por una poderosa figura femenina. Rosa, en cambio, es responsable de una muerte violenta en esa época.

Al extremar las relaciones humanas, impulsada por fanáticos principios religiosos que la llevarán a la soledad, ella empuja a sus hijos a lo que, desde el punto de vista de ellos, es otro extremo. Para Armando, cuyo nombre prefigura su destino de revolucionario en una guerra que destroza las relaciones afectivas, el valor más alto es la Revolución, y si su madre se empeña en impedirla, ella tendrá que ser sacrificada. Arturo se refugia en una torre, cuyo carácter fálico presta cierta comicidad a la historia cuando se revelan sus prácticas homosexuales. La joven Rosa, como ya se ha mencionado, también se enajena de la madre al escoger a su marido. Es evidente que en todos hay una falta bastante seria de valores espirituales, porque son hijos de una madre cuyas oraciones han sido siempre exigentes, y cuya reacción, cuando sus plegarias no fueron escuchadas, fue destruir sus imágenes religiosas. Se percibe aquí un leve eco del carácter de la Celestina, quien se atreve a amenazar hasta al mismo diablo.

En *Cien años de soledad* los patéticos restos de la familia Buendía quedan destruidos porque no hay posibilidad de continuidad en una familia cargada de soledad a través de cien años. La "rueda" de su vida se ha desgastado desde el eje. En *La Vieja Rosa* sólo la matriarca se muere con la casa, como la encarnación de una sociedad osificada y de valores caducos, pero la razón de su fin apocalíptico es esencialmente la misma. Como los Buendía, ella es eficaz y próspera a veces, pero le falta el único ingrediente esencial de cualquier mundo que espere seguir vivo: el amor vital y creador. Como en la novela de García Márquez *Crónica de una muerte anunciada*, que también empieza con el anuncio de una muerte trágica y luego explica las razones de esa muerte, aquí también alguien debe morir como víctima de un sistema social inadecuado.

William L. Siemens
West Virginia University

Notas

[1] Reinaldo Arenas, *La Vieja Rosa* (Caracas: Editorial Arte, 1980), p. 107. Las referencias subsecuentes serán de esta edición y se anotarán en el texto.

VIII

EL ESPEJISMO DEL TEXTO: REFLEXIONES SOBRE *CANTANDO EN EL POZO*

El azaroso destino editorial de la primera novela de Reinaldo Arenas bien pudiera servir de guía a la lectura de un texto cuya preocupación fundamental parece centrarse en el acto de nombrar. Tanto *Celestino antes del alba*, título de la versión original aparecida en Cuba en 1967, como *Cantando en el pozo*, título de la versión revisada publicada en España en 1982, remiten al lector a una misma actividad textual: la creación poética del narrador-protagonista según se representa en la narración.[1]

Ambos títulos sitúan metafóricamente la creación literaria, lo que podíamos llamar la acción central de la novela, mediante marcos temporales o espaciales que sugieren los contornos y mecanismos del acto creador. En el caso de *Celestino antes del alba*, la identificación del personaje que desempeña la función de escribir se sitúa en un contexto temporal que alude al proceso de gestación, al nacimiento de la figura del escritor.[2] Mientras que el primer título alude a la figura del escritor y la sitúa en el proceso de su propia creación, *Cantando en el pozo* identifica la acción creadora como gesto de auto-contemplación ante el espejo líquido del pozo, suerte de fuente castálida de la que surge el "canto" del poeta. En ambos casos el título enfoca la atención del lector hacia un acto de creación poética que se constituye en acción paradigmática del proceso textual.

Cuando nos enfrentamos a estas dos imágenes que intentan captar una misma realidad textual nos hallamos, por lo tanto, ante una obra que se convierte en objeto de la relación especular establecida por los dos títulos. Mediante este proceso de nominación, la novela queda reflejada, por así decirlo, en dos proyecciones verbales que nos devuelven la imagen de un texto complicado en su propia observación. Si tenemos en cuenta que el título de una obra funciona como su nombre propio, como frase identificatoria que la distingue de las demás y la autentifica, esta doble intitulación de la novela evidencia un esfuerzo por fijar su identidad definitiva mediante una maniobra de diferenciación.[3] La novela, en este sentido, se afirma a sí misma al negar su igualdad con la primera versión, estableciendo así una imagen propia en el acto de verse como otro y definirse a partir de esa constatación.

Una relación semejante se plantea en el texto, ya que la estructura narrativa de *Cantando en el pozo* parece estar dictada por un continuo afán de diferenciación de los modelos novelísticos tradicionales, en los que el impulso mimético del texto se dirige principalmente hacia una realidad empírica. Tal deseo se manifiesta en la proliferación de epígrafes y finales que aparecen en el texto, así como en el uso de formas poéticas y teatrales que se convierten en parte de la narración.[4] También los personajes se ven sujetos a esta intención diferenciadora que los identifica como agregados verbales sometidos solamente a las leyes de su constitución textual. Todos estos procedimientos transparentan la preocupación del texto por presentarse como sistema verbal, presentación que se lleva a cabo mediante la sistemática destrucción de fórmulas de verosimilitud obedientes a una realidad exterior a la narrativa, lo que Linda Hutcheon califica de "mímesis del producto".[5] En su lugar aparece una recreación del proceso de contar que, a través del funcionamiento de la imaginación infantil, investiga la situación del escritor con respecto a su entorno, y también a su escritura.

Para llevar a cabo esta tarea de auto-análisis, el texto se vale de dos series de connotaciones que sugieren un polo de construcción y otro de destrucción entre los que se mueve la narración.[6] Ambos grupos de connotaciones se construyen a partir de la oposición sombra/luz y de una serie de parejas de valor equivalente (neblina/sol, oscuridad/claridad, árbol/desierto, frescura/calor) que indican, por un lado, la borrosidad y difuminación asociadas por el narrador con la imaginación poética; por el otro, la implacable esterilidad solar identificada con la desnudez imaginativa.[7] Aunque cada grupo de significantes se orienta en dirección contraria, los dos polos se conectan por medio de la violencia, amenaza constante que funciona como fuerza motriz generadora del tejido narrativo.

Como promotora del dinamismo textual, la violencia aparece representada en sus variantes constructiva y destructiva en diferentes personajes, pero se concentra muy en especial en Celestino y el abuelo, quienes asumen primordialmente estos dos aspectos. En el caso de Celestino, proyección imaginaria que encarna el impulso poético del narrador-protagonista, la violencia se hace presente en su vertiente creadora como deseo incontrolable de escribir. La obsesionante persistencia con que Celestino marca su interminable poema en el tronco de los árboles muestra, literalmente, cómo la obra creadora se nutre de su entorno y a su vez se inserta en él; cómo esta escritura violenta los contornos de su mundo natural, imponiendo su propia forma deformante e inscribiéndose violentamente como diferencia.

Al grabar con un cuchillo su fabricación poética, Celestino abre una brecha que lo separa del resto de la comunidad. Su gesto se transforma en un rechazo del modo de vida familiar precisamente porque su productividad literaria se considera dentro de su mundo una labor estéril que niega el concepto utilitario de producción. De ahí que en respuesta inmediata al ímpetu creador de Celestino aparezca la violencia destructora del abuelo, amenaza perpetua materializada en el hacha con la que destruye todo árbol marcado por la grafía del nieto. Como miembro principal del núcleo familiar, la conducta del abuelo representa la reacción negativa de un auditorio que no entiende el texto ni la actividad que lo produce y que intenta borrar cualquier signo de su existencia (págs. 164-68). Este enfrentamiento representa el encuentro de dos ideologías discursivas. Por una parte, la concepción del lenguaje como sistema de comunicación orientado hacia el mensaje en un contexto utilitario. Desde esta perspectiva de la funcionalidad, el sistema discursivo de la familia/mundo de los adultos confiere a la palabra un valor básicamente unívoco. De ahí, por ejemplo, que rechacen violentamente el poema con que Celestino explora su sentimiento de desolación ante la pérdida de su madre, poema que la familia interpreta como un insulto al leerlo de manera absolutamente literal (pág. 167).[8]

Si para el grupo familiar el valor de la palabra se somete a una concepción ideológica que subraya la finalidad productiva, para el narrador-protagonista el lenguaje gira alrededor de una concepción lúdica: la finalidad de la palabra está en el juego mismo. Lejos de desear la satisfacción de un deseo inmediato, este discurso artístico del narrador-protagonista se define desde un principio como actividad erótica que transgrede los horizontes culturales dentro de los cuales se desarrolla. Esta actitud discursiva, que representa a su vez una concepción del mundo, se manifiesta como desafío carnavalesco que subvierte consistentemente la normatividad utilitaria. Es por eso que el lenguaje poético del narrador-protagonista se estructura por lo general a partir de alterar la realidad que la reformula invirtiéndola: "¡Qué bonitas se ven las cosas cuando uno las ve de cabeza, momentos antes de estrellarse contra el pedregal! Yo no me canso de subirme hasta lo más alto de la mata de higuillos y tirarme de cabeza para ver las cosas distintas" (pág.104).[9]

A través de este constante choque entre dos orientaciones diferentes de la palabra, la utilitaria y la lúdica, se articula el sistema discursivo de *Cantando en el pozo*. Este discurso textual se sitúa en la zona de colisión de ambos contextos, cada uno distanciándose y a su vez nutriéndose del otro. Dicho proceso se dramatiza textualmente en la lucha a muerte entre el abuelo y el nieto, pero se resume en una escena en particular. Me refiero a la escena en la que el narrador comenta una acción violenta del abuelo hacia Celestino: un golpe con el azadón en medio de un campo de maíz (pág. 56). El narrador-protagonista transforma este acto agresivo, imaginando que el abuelo ha sembrado a Celestino y siente curiosidad por ver qué frutos ha de dar. Si consideramos esta invención del narrador en el contexto de lo que su actividad literaria presupone, podemos observar que la forma adoptada por la furia del abuelo—sembrar/enterrar a Celestino y preguntarse qué frutos dará— plantea en términos metafóricos el choque entre los dos conceptos de productividad comentados antes. Por un lado, el de la producción artística, elaborado a partir de presupuestos lúdicos que valoran el proceso en sí mismo, y, por el otro, el de la producción utilitaria, orientado hacia el producto como objetivo inmediato.

A través del encuentro de estas dos fuerzas igualmente violentas, cuyos emblemas son el cuchillo de Celestino y el hacha del abuelo, se perfila la silueta del escritor como figura marginada de la sociedad. En el caso del narrador-protagonista esta marginación se subraya con la aparición de su escritura, que lo marca de inmediato como miembro diferente al resto del grupo. Y esta marginación se establece mediante términos peyorativos ("loco", "bobo", "pervertido", "maricón") que definen la función y posición del poeta equiparándolo a figuras de discursos tradicionalmente periféricos—el loco, el enfermo, la mujer, el prisionero.[10] Al remitir la labor poética a dichos perímetros, el impulso destructor del entorno—el utilitario—intenta justificar su violencia quitándole autoridad, es decir, desautorizando la existencia del discurso artístico. Esa maniobra constata una vez más la posición de la familia como representante de un discurso utilitario que se considera cúspide de la jerarquía discursiva. No es de extrañar, por lo tanto, que los calificativos asociados con el narrador-protagonista—"loco/bobo", "pervertido/maricón"—aludan a modalidades de discursividad y/o sexualidad caracterizadas por desviarse de una economía estrictamente productiva. Sin embargo, en este choque de fuerzas que alude constantemente al plano verbal en que se desenvuelve, es el discurso poético el que parece ganar la partida.[11] Si bien es cierto que la palabra "hacha" funciona semánticamente como emblema del poder que amenaza con destruir la ficción del narrador-protagonista, su incorporación a un discurso literario que se la apropia y la convierte en objeto de su discurrir poético nos muestra cómo el impulso creador engloba y se nutre de principios a los que se opone (págs. 73, 75, 76, 79–84).[12] Es de notar que este gesto de "antropofagia verbal" lo sugiere el propio texto como modelo de conducta en repetidas ocasiones (véanse, por ejemplo, págs. 56, 73, 113–21, 210).

En una narrativa que muestra abiertamente la subversión de las fórmulas y convenciones literarias tradicionales, este acto devorador adquiere suma importancia al introducir al lector a un sistema textual organizado sobre bases de destrucción y construcción. De hecho, la incesante oscilación entre ambos polos y la violencia creadora que se genera en este movimiento reproducen internamente el proceso formativo del texto. El patrón de contradicciones que se instaura en el texto (que afirma la existencia de un significante para negarla poco después o viceversa) produce un enfrentamiento de discursos que socava el aspecto referencial del lenguaje literario y libera la función de narrar o contar de su sujeción a un plano representativo exterior.[13] Mediante este proceso de destrucción se propone la autonomía de una realidad textual que se origina en el campo de la palabra, operación que se realiza, entre otras maneras, mediante la literalización del lenguaje figurado. Así ocurre, por ejemplo, cuando la madre increpa al hijo llamándolo "viejo" y el protagonista parece acusar el insulto aceptando por completo el poder creador de la palabra: "Soy un viejo. Me han dicho 'eres un viejo' y ya soy viejo" (pág. 141, otros ejs., 126, 145).

Dado que el discurso artístico del narrador-protagonista se distingue dentro del núcleo familiar por su carácter rebelde e imaginativo que se opone a las fórmulas tradicionales de reproducción mimética, podría suponerse que tal discurso se organiza de acuerdo a una relación contextual principalmente antagónica. Sin embargo, a pesar de que la función narrativa del protagonista se construye como maniobra de diferenciación que rechaza su entorno discursivo, esta labor de creación destructora se halla mediatizada por visiones/versiones de la realidad que provienen tanto de contextos ficticios como del entorno rechazado y que condicionan la elaboración poética.[14] Si bien por una parte el discurso del narrador se pronuncia en contra de una rígida norma representativa y a favor de una total libertad creadora, por la otra, ese mismo impulso poético se nutre de lecturas previas y del propio entorno que se convierten en fuentes del acontecer narrativo.

Como foco aglutinante de la violencia producida por el movimiento oscilatorio que rige la dinámica textual, se erige el pozo, paradigma de la conjunción de fuerzas que mueven la narrativa. Mientras que en su aspecto destructivo el pozo constituye el sitio predilecto para las muertes y suicidios que pueblan la narración, en su aspecto constructivo las aguas del pozo se convierten en catalizador de las reflexiones e imaginaciones del narrador-protagonista. Esta doble función se establece de inmediato en la escena con que comienza la novela, escena en la que la verbalización del deseo materno de tirarse al pozo da lugar a la proyección imaginaria del narrador sobre dicho acontecimiento (pág. 13). Al interpretar de esa manera la frase de la madre, el texto nos muestra no sólo el poder que el narrador le otorga a la palabra, sino también el proceso básico de creación al que se somete todo lector de ficción: construir mundos imaginarios a partir de una realidad verbal.

Si la relación del narrador con la palabra alude al proceso de lectura, la relación del narrador con el pozo dramatiza el acto de la escritura como reformulación artística de otros discursos. En esta vertiente constructiva el pozo funciona como fuente de reflexión que le brinda al narrador la oportunidad de constituir su propia imagen mediante el acto de verse como otro y aprehender así esa totalidad que es él mismo.[15] El poder contemplarse en esa suerte de espejo en cuyas aguas se ve reflejado parece permitirle al narrador-protagonista la exploración de su funcionalidad, en particular con respecto a la tarea de escribir. Esa exploración se inicia en la primera escena de la novela, comentada antes, cuando el narrador llega al pozo en busca de su madre y encuentra en su lugar un reflejo de sí mismo: "Corriendo llego y me asomo. Pero, como siempre: solamente estoy yo allá abajo. Yo desde abajo, reflejándome arriba" (pág. 13). En el comentario que se deriva de esta primera auto-contemplación textual se establece la función del narrador como única realidad de la narrativa ("como siempre: solamente estoy yo allá abajo"), realidad que cobra, en el dominio de la ficción, el valor generalmente atribuido a la realidad onírica ("yo desde abajo, reflejándome arriba"). Mediante esa mirada introspectiva se plantea la posición de una ficción que reclama el derecho de ser aceptada como realidad en sus propios términos: con el reconocimiento de su ficcionalidad.

En el contexto articulado por esa primera escena se concreta la relación entre Celestino y el protagonista. Tanto la aparición como la conducta de Celestino manifiestan su dimensión imaginaria dentro del orbe ficticio. Celestino es la representación más patente del impulso narcisista del narrador-protagonista; surge de la tendencia a la auto-contemplación, de la necesidad de la fuerza creadora de comenzar por forjarse una imagen propia.[16] En el caso de Celestino y su relación con el narrador-protagonista, el lector asiste a un proceso de construcción que se lleva a cabo dentro del proceso de reconstrucción característico de toda narración autobiográfica. Por una parte, el recuento de vivencias infantiles nos enfrenta, más o menos discretamente, a la experiencia de un narrador que se ve a sí mismo como otro—como era—al reconstruir su pasado. Por otra parte, la existencia de Celestino responde al deseo del protagonista de construir una imagen hipotética de sí mismo—como le gustaría ser—que se forja en torno a su poder creador.[17] Mediante este proceso de construcción se perfila la figura del escritor como función de su escritura. Tanto el incontrolable deseo de inscribir su poema como la absoluta indiferencia ante la violencia que lo amenaza, o ante cualquiera de los sucesos que afectan al narrador-protagonista, denuncian el carácter simbólico de Celestino, cuya existencia parece regirse únicamente por los dictados de su escritura (véanse, por ejemplo, págs. 61, 69). De ahí que mientras el hacha del abuelo lo destroza, Celestino continúa escribiendo. Sin embargo, Celestino sí se desploma, en una de sus varias muertes, en el momento en que no halla superficie en la que escribir su poema (págs. 148, 149).

A través de este prolongado acto contemplativo, que se concreta en la relación entre el narrador-protagonista y Celestino, se define la situación del escritor y la del narrador en relación con el texto del que forman parte, relación que se construye primordialmente a partir de la reflexividad del pozo. Como depositario de la imaginación artística que examina su propio funcionamiento y delimita los perímetros de la función de contar, el pozo, cual espejo mágico del que brotan las construcciones verbales que componen la narrativa, se constituye en foco donde se origina y se refleja el gesto reflexivo del narrador-protagonista: "El pozo es el único que sabe que yo estoy triste hoy. Si hubieras visto cómo lloró también, junto conmigo. Pero eso no me consoló ni pizca, porque yo sé que el pozo soy yo, y por eso me oye; pero como es así, nadie me oye..." (pág. 173). En esta soledad creadora, en que aun la existencia del pozo se revela como parte del espejismo utilizado para satisfacer el deseo de observarse detenidamente, la voz del narrador se convierte en centro de referencia de todo el sistema narrativo.

Esta voz, al subrayar la ficcionalidad de los componentes textuales y al patentizar así su verdadera naturaleza, descubre ante el lector los engranajes que producen la dinámica textual. En una novela construida sobre postulados subversivos que combaten lo que el texto considera convenciones y expectativas inoperantes, y crean mediante ese mismo acto de rechazo una imagen propia, esta acción destructora se convierte al mismo tiempo en una labor fructífera. Si consideramos que *Cantando en el pozo* se define a través de violentas maniobras de diferenciación, podemos observar que la preocupación fundamental del narrador-protagonista, formulada como deseo de auto-identificación que se posibilita en el acto de verse como otro, constituye una representación especular del proceso narrativo. Tanto el narrador-protagonista como el texto se forjan su propia identidad mediante una deliberada gestación lúdica en la que continuamente se des/hacen. En ambos casos nos enfrentamos a un proceso de recreación narcisista en el que el objeto de nuestra atención se estructura y autentifica al jugar con su propia destrucción.

Nivia Montenegro
Pomona College

Notas

[1] Reinaldo Arenas, *Celestino antes del alba* (La Habana: UNEAC, 1967) y *Cantando en el pozo* (Madrid: Arcos Vergara, 1982). Todas las referencias a *Cantando en el pozo* se harán en el texto, entre paréntesis.

[2] Esta novela de Arenas es la primera parte de una proyectada pentalogía—"pentagonía" según su autor—sobre la figura del escritor. A ella pertenecen también *El palacio de las blanquísimas mofetas* (1980) y *Otra vez el mar* (1982). La expresión "antes del alba", además de sugerir el período de formación del escritor, se relaciona repetidamente con la neblina y la borrosidad que se produce como consecuencia, circunstancias que parecen contribuir a la poetización que el narrador hace de su entorno.
Véanse págs. 30, 31, 136, 137, 196.

[3] Conviene aclarar que ambas versiones son idénticas y que probablemente el título cambió para burlar las nuevas leyes de derecho de autor en Cuba. El nuevo título refleja el título de la traducción francesa: *Le puits* (Paris: Seuil, 1973).

[4] Véanse, por ejemplo, los tres finales, págs. 112, 144, 215. La abundancia y diversidad de los epígrafes, que provienen lo mismo de textos literarios tradicionales que de los personajes del propio texto, evidencian también un deseo de subversión carnavalesca.

[5] *Narcissistic Narrative: The Metafictional Paradox* (Ontario: Wilfrid Laurier University Press, 1980), pág. 38. Ver especialmente cap. II, "Process and Product: The Implications of Metafiction for the Theory of the Novel as a Mimetic Genre," págs. 36–47.

[6] Alicia Borinsky, *Ver/Ser visto: notas para una analítica poética* (Barcelona: Antoni Bosch, 1978), pág. 82, analiza un movimiento semejante, "permanencia del devorar/ser devorado", que considera una de las obsesiones recurrentes en la novela.

[7] Ver, por ejemplo, págs. 31, 43, 72, 73, 76, 87.

[8] Es también en base a una funcionalidad inmediata que la lectura y la escritura se conciben en el mundo familiar. Para el abuelo la escritura se reduce a llevar cuentas; para la familia la lectura de un libro de oraciones tiene como propósito curar a un enfermo, págs. 16, 163, 164. Aun la presencia de la ficción se admite solamente con vistas a un objetivo inmediato: contarle cuentos al narrador-protagonista para que se duerma, págs. 43, 44, 125.

[9] Véanse otros ejemplos, págs. 18, 116.

[10] Michel Foucault estudia diferentes aspectos de este fenómeno en *Madness and Civilization: A History of Insanity in the Age of Reason*, trad. Richard Howard (New York: Pantheon, 1965); *The Archaeology of Knowledge and the Discourse on Language*, trad. A. M. Sheridan Smith (New York: Harper & Row, 1972), págs. 215–37; *The History of Sexuality*, tomo I, trad. Robert Hurley (New York: Pantheon, 1978).

[11] Recuérdese, por ejemplo, el impacto que las palabras del abuelo tienen sobre el nieto cuando el niño escucha por primera vez la palabra "Pascuas" o cuando el abuelo lo insulta llamándolo "hijo de matojo", vocablo cuyo significado desconoce, págs. 39, 40, 145, 146.

[12] Esther Sánchez-Grey Alba, "Un acercamiento a *Celestino antes del alba* de Reinaldo Arenas", *Círculo: Revista de Cultura,* 11 (1982), pág. 22, comenta el valor negativo de la palabra "hacha".

[13] Véanse ejemplos de contradicciones en págs. 26, 93, 94, 106, 126, 129, 215.

[14] Por ejemplo, la visión que tiene el protagonista del paisaje navideño (pinos y nieve), de las ceremonias rituales (juramentos de sangre) y del palacio que construye con Celestino se halla condicionada por cuentos y postales de Navidad, págs. 18, 51, 93.

[15] En términos psicoanalíticos la relación del narrador con el pozo parece corresponder a una experiencia profundamente narcisista que Lacan llama "la fase del espejo". Es el momento en la constitución del individuo que da lugar a la formación del ego mediante la identificación con el otro que es uno mismo, momento ejemplificado concretamente por la jubilosa experiencia del niño que percibe por primera vez su imagen en el espejo. Es también

interesante notar la estrecha relación de esa experiencia de reconocimiento, fundamental en la formación del ego, con la fantasía del "cuerpo fragmentado", período que precede al de la génesis del ego. En la novela, esta imagen de fragmentación corporal se da en repetidas ocasiones en las que el narrador-protagonista se ve a sí mismo dividido o despedazado, págs. 14, 73, 75. Para un estudio de estas teorías, consúltense, Jacques Lacan, "Le stade de miroir comme formateur de la fonction du Je," *Ecrits I* (Paris: Seuil, 1966), págs. 89–97; y Anthony Wilden, "Lacan and the Discourse of the Other," *The Language of the Self* (Baltimore: The Johns Hopkins University Press, 1968), págs. 159–85.

[16] Ver comentarios al respecto, págs. 17, 90, 170, 196, 197, 210.

[17] Esta clase de relación parece ajustarse a uno de los modelos freudianos de narcisismo secundario, en el que el objeto de la fascinación narcisista del sujeto es la imagen de lo que a éste le gustaría ser. Ver Jean Laplanche y J. B. Pontalis, *The Language of Psychoanalysis*, trad. Donald Nicholson-Smith (New York: W. W. Norton & Co., 1973), págs. 258–60.

IX

LA ECONOMÍA DE LO SIMBÓLICO EN LA NARRATIVA DE REINALDO ARENAS

En su valoración de *Celestino antes del alba*, el poeta Eliseo Diego destaca el lugar que ha merecido la primera novela de Reinaldo Arenas en el conjunto de la literatura cubana: "Pocos libros se han publicado en nuestro país donde las viejas angustias del hombre del campo se nos acerquen tan conmovedoramente, haciendo así de su simple exposición una denuncia mucho más terrible que cualquier protesta deliberada".[1] Diego apoya su comentario en la aparente paradoja estilística del autor, la transformación del habla popular en lenguaje poético, cuyo efecto es convertir la penuria en otra esfera esencial de necesidad, la carencia simbólica o poética: "Y junto con las angustias, el propio espacio en que se vive, la tierra, las plantas y sus nombres, el habla campesina, hasta las malas palabras, todo dignificado en el trajín de su agonía con la visión empeñada en transfigurarla, y frente a la cual, para resistirle, debe todo apelar a su raíz, a su necesidad última".

Numerosos críticos han seguido la pauta de Eliseo Diego al comentar el universo ficticio de Arenas en términos de una "alteración de la realidad".[2] Entre ellos, Emir Rodríguez Monegal sostiene que "una metamorfosis textual, una transfiguración de la 'realidad', define el mundo alucinante de Arenas, y no solamente su escritura".[3] De modo similar a la alusión que hace Rodríguez Monegal a la novela dedicada a Fray Servando, el crítico cubano Angel Luis Fernández Guerra declara que las ficciones de Arenas "están dispuestas por una lógica subversiva: la de la alucinación".[4]

Estos discursos críticos abordan no solamente el efecto de "sobre-realidad" que producen los textos de Arenas, sino, también, el despliegue rítmico y repetitivo de sus ficciones, lo que constituye la originalidad estilístico-formal del autor. Una serie de metáforas singularizan el sistema poético-narrativo de Arenas. Eliseo Diego detecta en las páginas de *Celestino* "el mismísimo laberinto de la creación poética".[5] A su vez, Rodríguez Monegal recurre a la imagen del laberinto borgiano para sintetizar el método de composición novelesca practicado por Arenas.[6] La metáfora repetida en ambos comentarios muestra un fenómeno de la literatura contemporánea que Arenas lleva a sus extremos: reemplazando una narración consecutiva por sucesivas líneas de fuga y fragmentos narrativos, lo que Fernández Guerra califica como las "recurrencias obsesivas" que generan a *Celestino antes del alba*.[7] Así, los críticos de Arenas han reconocido la esencia poética de sus ficciones y la forma innovadora que asume en ellas el impulso de poeticidad, a tal grado que se pone en entredicho la restricción genérica de "novela" aplicada a obras tan "abiertas" que aparecen, en palabras del autor, casi "a la intemperie".[8] Justamente, el sistema narrativo de Arenas se edifica a partir de una interdependencia entre lenguaje poético y género prosaico. Las obras diseñadas para formar parte de un ciclo poético/historiográfico en torno a la revolución cubana—*Celestino antes del alba* (1967), *El palacio de las blanquísimas mofetas* (1975; 1980), y la polémica *Otra vez el mar* (1982)—exhiben la característica irrupción de la poesía unida a la voluntad de testimonio; la insistencia en el mundo campesino y el arranque posterior a la ciudad.[9]

Si, efectivamente, "es en la poesía donde esta novela tiene su centro"— Diego se refiere a *Celestino*, pero el juicio es extensible al resto de novelas del ciclo—habría que recorrer la periferia de ese centro para detectar la zona de emergencia del "estallido" poético.[10] En el "exterior", en la factura narrativa, se dan las claves de un sistema de escritura que denominamos "economía textual", basado en el intercambio entre una economía de subsistencia—el referente del texto: la pobreza campesina, la miseria en Holguín—y una economía simbólica, ésta última análoga al funcionamiento del lenguaje poético, a los "estallidos" violentos con los cuales Arenas describe sus creaciones.[11]

La tensión entre ambas economías conduce al efecto simultáneo de poeticidad y denuncia señalado por Eliseo Diego acerca de *Celestino*. En la poética de Arenas, tanto el ámbito "real" del texto como el simbólico están regidos por la limitación, clave de la economía textual que comparten *Celestino* y *El palacio*. Ambas novelas condensan "un corpus *restringido* de significante" que permite leerlas como un sólo texto compacto y, paradójicamente, dilatado.[12] El lenguaje poético de las ficciones de Arenas se resiste a tener un valor, equivalente al significado en el esquema saussureano del signo.[13] Todo lo contrario, la cualidad repetitiva de la prosa de Arenas, causa del reflejo "alucinatorio" atribuido a sus ficciones, es el residuo de un lenguaje poético que apunta a su disolución, cuyos significantes se "volatilizan" o cancelan mutuamente.[14] Esta "fiesta del intercambio"—rica por ofrecer posibilidades de permutación simbólica; pobre por limitar el conjunto de personajes, vocablos y escenarios reiterados—sostiene el mecanismo ambivalente que denominamos aquí "economía textual" (Baudrillard, p. 230). Conforme a la ley de reversibilidad simbólica, que obliga al intercambio de un término por otro, cada texto de Arenas no hace más que permutar un elemento de la "economía real" por otro pertinente al dominio simbólico.[15] El empleo del intercambio y de la limitación como móviles narrativos exige una lectura de los textos de Arenas "más allá de los confines de una novela o cuento en particular",[16] pero también deriva en otras cualidades que definen la poética autorial. Una es la violencia de la palabra encantatoria reflejada en el deseo de muerte—la persecución de Celestino por el abuelo cifrada en las "hachas" que dominan páginas enteras; el doble sacrificio de Fortunato en *El palacio*. Otro atributo es la contrapartida simbólica de la violencia, y es el gozo diseminado al término de la lenta aniquilación del significante que cada escrito de Arenas re-escenifica.

Como "regla fundamental de lo simbólico", la restricción anagramática motiva el sistema poético-ficcional de Arenas (Baudrillard, p. 231). A un nivel denotativo, el lenguaje poético delimita una "economía real" que sirve de sustrato o referente a *Celestino* y a *El palacio:* el entorno de la pobreza en el campo, trasladado luego a la ciudad.[17] En estas obras, la "economía real" se manifiesta en términos de una economía de supervivencia, en la cual la escasez y penuria causan un margen o borde impreciso entre vida y muerte. Dos oraciones sintetizan la fórmula de la supervivencia en los textos de Arenas, una en *Celestino antes del alba:* "Ahora sí que nos estamos muriendo de hambre"; y otra en *El palacio de las blanquísimas mofetas:* "Nos morimos de hambre".[18] Estas oraciones se repiten con variantes a lo largo de cada ficción ("cada día nos estamos muriendo de hambre", *Celestino, p. 109*), o se ilustran a través de *pronósticos económicos* como el de Celestino ("Yo creo que la cosecha este año va a ser de muy poco rendimiento: una gusanera enorme le ha caído a todo el maizal, y la yerba está que lo ahoga", p. 54). La semejanza entre las primeras proposiciones de juicio que afirman la cercanía a la muerte de la familia campesina, más la repetición en variantes, dan fe de la función de estas frases en el mundo imaginativo-ficcional de Arenas: señalar el margen de subsistencia que amenaza con intercambiar la vida por la muerte.[19]

Este límite se convierte en el regulador simbólico-poético que domina las ficciones de Arenas. Si la economía real de *Celestino* y *El palacio* engloba el recinto ambivalente en que (sobre) viven los personajes campesinos, la ambivalencia temática, cifrada en la penuria, está ligada a la ambivalencia radical del lenguaje poético practicado por Arenas. De esta analogía surgen otros dos ciclos de intercambio económico puestos en marcha en *Celestino* y *El palacio* a partir de una fórmula con los términos fundamentales de vida y muerte.[20] Ya puntualizamos la función-eje de una economía de la escasez, que opera con la fórmula reversible de la supervivencia, y que matiza el mundo de *Celestino:* vida = muerte, términos intercambiables por equivalentes. En *El palacio*, además, opera un ciclo de economía política que ilustra la marcha del capital en términos de un cálculo opuesto: la sustracción de la muerte a la vida (vida = muerte). Fórmula que propone la vida como valor positivo y, de ahí, la acumulación acelerada de tiempo, dinero y erotismo para posponer la mortandad (Baudrillard, pp. 166–171). El otro término de la ecuación—la muerte—desgasta e invierte los valores positivos. Convertida en "equivalente general", la muerte efectúa el tránsito entre la economía política regida por la plusvalía y la economía de subsistencia detenida en la limitación, puesto que controla el intercambio entre los dos términos, opuestos en el primer sistema y equivalentes en el segundo. Ambos circuitos trazados por la economía real confluyen, de este modo, en la economía compensatoria de lo simbólico, regulada por una ecuación reversible, el flujo recíproco y constante entre vida y muerte. Lo simbólico irrumpe en *Celestino* y en *El palacio* a través de la constante escenificación de la muerte, mecanismo que surte efecto gracias a la otra economía, la franja imprecisa de la supervivencia.

La economía textual operante en la narrativa de Arenas culmina en una economía de lo simbólico basada en la reversibilidad entre los dos polos pulsionales. A partir de una economía de lo real, un *shift* o reacomodo poético transfiere la penuria, las transacciones y ciclos de intercambio "reales" a la esfera de lo simbólico. Mediatizada a través de lo imaginario—la economía libidinal (el deseo incestuoso)—la transferencia entre el plano real y el simbólico se efectúa conforme el mecanismo del intercambio/don y su contra-don correspondiente.[21] En esta operación, las fórmulas opuestas que rigen cada economía—vida y muerte irreversibles en la real; reversibles en la simbólica—se ponen en juego para cancelarse o "volatilizarse" mutuamente en el lenguaje poético (Baudrillard, pp. 232–233).

Los tres ámbitos económicos coexistentes en las ficciones de Arenas regulan periferias o zonas narrativas de diferente valencia. En *Celestino antes del alba*, un sustrato referencial constata la vivencia campesina, como en los fragmentos que narran la recogida de maíz. Más frecuentemente, la novela conjuga la referencia a la escasez de vida con una puesta-en-escena imaginaria—por ejemplo, las vueltas constantes de *Celestino* para sacar agua del pozo dan fe no sólo de las condiciones de penuria, sino además de la relación fantasmática que ata al niño con la madre. En *El palacio*, la economía real se desenvuelve en grandes ciclos de intercambio relatados en secuencias realistas. El recorrido de base abarca la emigración familiar narrada en dos relatos paralelos: el trayecto de Polo de las Islas Canarias a Cuba, seguido del traslado de la familia del campo a la ciudad de Holguín. Los motivos económicos que causan la emigración tiene su equivalente en el segundo ciclo relatado en *El palacio*, el intercambio de las mujeres de la familia, que vincula la economía real con la economía del deseo.

Junto a estas narraciones verosímiles—donde habría que incluir los textos marginales de *El palacio*, de índole documental y publicitaria—una serie de procedimientos narrativos "fantásticos" apuntan el ámbito especulativo de lo imaginario. El narrador y su doble inventado en *Celestino;* la carta repetida que manda Onérica a su hijo; el desdoblamiento de Fortunato en el estado-del-espejo (*El palacio*, pp. 170–171), sellan el pacto imaginario entre los protagonistas de las ficciones de Arenas y la figura materna. El deseo incestuoso, y su nexo cercano con la muerte, encuentra su paralelo en otro circuito imaginario, la frustración del deseo por parte de las mujeres, al no ser intercambiadas en matrimonio. Este estrato ocasiona, por igual, fragmentos narrativos "alterados" o no-realistas, como son los gemidos de Adolfina en las últimas "Agonías" de *El palacio*.

Todos estos mecanismos se absorben, sin embargo, por una frecuencia simbólica regulada por la reversión sistemática entre vida y muerte. El momento inaugural de lo simbólico es el "Prólogo y Epílogo" de *El palacio*, que extiende una superficie neutra de escritura, un "grado cero" narrativo de donde brota la narración polifónica de voces y lamentos.[22] En *Celestino*, el campo de lo simbólico asoma de la relación incestuosa entre el niño y la madre. La violencia escriptural—los finales consecutivos y discordantes, la letanía de palabras seriadas—atestigua la muerte figurada de Celestino que resulta de su detenimiento en el cruce edípico.

En *El palacio*, dos grandes ciclos de intercambio ponen en marcha la economía real del texto—el primero es el traslado de la familia del campo a la ciudad, causado por la venta de los terrenos de Perronales. A su vez, este ciclo lo motiva el no-intercambio de mujeres, las cinco hijas de Polo y Jacinta (incluyendo a "Emérita", la "odiada"), ciclo que, a pesar de no realizarse, conforma el segundo motor económico del texto. Por falta de descendencia varón para labrar la tierra, Polo decide vender la finca y comprar la venduta en la ciudad de Holguín. No es azarosa la vinculación entre los dos ámbitos económicos. La venta de los terrenos es resultado de la única entrega exitosa de una hija en el matrimonio, puesto que es Moisés, el marido de Digna, el que convence al patriarca de la venta de los terrenos (*El palacio*, p. 70). Durante el transcurso de su vida casada, Digna disfruta de un estatus económico privilegiado: se considera dueña de la guarapera "pues era su padre quien había puesto el dinero" (*El palacio*, p. 80). Pero el ciclo de intercambio de mujeres se frustra con la entrega violenta de Digna a la casa paterna ("Viejo, ahí le dejo su mondongo" *El palacio*, p. 57).

La venta de los terrenos y el no-intercambio de mujeres conforman la base económica de *El palacio*, pero estos dos ciclos no pueden leerse sin relación a un ciclo anterior—el relato de fundación de Polo, incluido en el intervalo que antecede a la "Primera Agonía"—ni tampoco sin conectarse a un ciclo posterior—el ingreso forzado de Fortunato al trabajo de la fábrica. El relato de Polo (el Nombre-del-Padre) traza el origen de la familia no sólo en otro círculo de parentesco y en otra isla, sino en otra escena de muerte—la agonía de la madre del futuro patriarca en el fragmento inicial, seguida del ahorcamiento del padre (*El palacio*, pp. 26, 60). A diferencia de las transacciones posteriores, basadas en una *venta* (las tierras por la venduta; la sexualidad femenina a cambio del estatus matrimonial), la trayectoria de Polo sitúa el origin material y moral de la familia campesina en un *robo*, ése que perpetúa Polo contra los trabajadores chinos (*El palacio*, pp. 53–54). El dinero del que se apropia Polo estaba destinado para los emigrantes asiáticos, para la compra de la liberación de su esclavitud. El acto de Polo transgrede la fórmula de la economía política en la cual la soreganancia o acumulación del capital asegura la vida sobre la muerte. En un rebote simbólico, el robo "original" del personaje-fundador determina el destino de supervivencia a que estarán sometidos los miembros de la familia. De manera análoga, Fortunato—único descendiente varón de la familia—roba las resmas de papel de la venduta para escribir y el dinero de abajo de la cama de los abuelos en su fuga de la casa (*El palacio*, pp. 177, 108).

El ciclo que inicia Fortunato con anterioridad a su fuga expone la transferencia del ámbito económico al simbólico puesto que en él tiene lugar uno de los intercambios fundadores del sistema narrativo de Arenas: el don de la escritura "devuelto" gratuitamente como resistencia a la obligación del trabajo. Este ciclo se desencadena en un relato breve introducido en la "Primera Agonía" de *El palacio*, que describe la actividad comercial en la ciudad de Holguín. Narrado dentro de los cánones de un estricto realismo, la secuencia presenta la actitud de Fortunato ante la esfera de los negocios y, además, su ingreso al trabajo de la fábrica. La factura descriptiva de esta secuencia comprueba la relación causafecto que conecta el ámbito económico real con un modo específico de narración—el verosímil o realista. Sin embargo, este relato complementa a los fragmentos imaginarios y simbólicos puesto que, al poner en marcha el intercambio determinante entre escritura y trabajo productivo, se desencadena otro circuito análogo a nivel simbólico en el cual contrastan los dos tipos de muerte engendradas por la actividad "dual" de Fortunato. El "trueque" trabajo/escritura sustenta, así, la entrada de la narración al plano simbólico.

La secuencia de *El palacio* donde se inicia este proceso de intercambio da lugar, a su vez, al tercer ciclo económico que detalla la novela, la producción de la fábrica, precedida por la mudanza de la familia y la no-circulación de mujeres. La obligación de Fortunato a trabajar es resultado de estos ciclos anteriores, pero es este recorrido el que efectúa más nítidamente el tránsito a lo simbólico por estar engarzado en el nudo de la economía imaginaria, que es el conflicto edípico. Fortunato "paga" con su trabajo no sólo la deuda contraída por la madre en la economía familiar, sino también su cuenta simbólica con un padre ausente. Este circuito de réditos se multiplica al perder Onérica su estatuto de "objeto negociable" en el matrimonio, resultado del ataque sexual de Misael. Para Fortunato, el Nombre-del-Padre queda borrado por el origen violento. Para Onérica, el rapto repercute en la transgresión de un código, ese que reglamenta la circulación social de las mujeres. Como esta ley prohíbe que Onérica se preste al intercambio una vez perdida la virginidad, la madre acarrea la obligación de trabajo—de ahí su ida a Nueva York a cuidar niños ajenos; Fortunato permanece y hereda la carga materna.

La condición de orfandad—real, puesto que Fortunato se queda solo, y simbólica, puesto que los dos padres viven—se salda con el trabajo, en una relación causal que recuerda al *potlatch* primitivo. En su análisis de las sociedades arcaicas, Marcel Mauss da un ejemplo del sistema de "prestación total" en el cual los lazos naturales se "artificializan" mediante el intercambio. Un hijo aceptado en crianza por el tío materno ofrece a su familia "adoptiva" una parcela de propiedad (la *tonga*). De esta forma el niño es canal transmisor de la riqueza que fluye hacia los padres adoptivos y, al revés, el receptor de la ofrenda brindada por éstos.[23] En *El palacio* el trabajo sustituye al flujo entre las dos familias, y el salario, a la propiedad intercambiada.

La participación de Fortunato en el circuito productivo se narra en una secuencia realista de la "Primera Agonía" de *El palacio*. Este fragmento es significativo porque traza el tránsito a lo simbólico al exhibir el fenómeno que Baudrillard ha denominado "el fin de la producción", el efecto simulado que resulta cuando el código del valor asociado con la ganancia y el capital se vuelve inoperante (Baudrillard, p. 15 y ss.) A Fortunato lo contrata Tomasico, dueño de la fábrica, para un trabajo a primera vista útil—construir las cajas donde irán empacadas las guayabas. Un joven trabajador instruye a Fortunato y conforme incrementa su ritmo de producción, obtiene un aumento correspondiente de salario:

> Al principio no ganaba más de cincuenta a sesenta quilos por día, pero poco a poco fui cogiendo velocidad. Y hubo días en que hice hasta mil cajas, que a viente centavos el ciento que es como las pagaban importaba dos pesos. (*El palacio*, p. 97).

En su experiencia de trabajo, Fortunato cumple la relación social de asalariado con el patrón Tomasico. Esta secuencia de *El palacio* comprueba que el vínculo de trabajo se establece en un intercambio mortal: el poder del patrón reside en posponer la muerte del trabajador, puesto que el quehacer cotidiano sólo prolonga la vida sometida del asalariado (Baudrillard, p. 53). El trabajo que Tomasico le ofrece a Fortunato es, así, un don de (sobre) vida, porque al patrón le corresponde íntegramente el ánimo (el *ánima*) de Furtunato, ya que el salario que gana *no le da para vivir*. En otras palabras, la moneda cobrada sirve para mantener únicamente el margen de supervivencia, convirtiéndose así en signo de la relación social de muerte pactada en el trabajo, de esa muerte lenta y diferida arrancada al trabajador día a día con el gasto de esfuerzos y de tiempo (Baudrillard, p. 52). Los "dos pesos" diarios que remuneran la mano de obra de Fortunato cifran la vida entregada en el rutinario trajín del empaque de frutas, o, a la inversa, la muerte paulatina en el agobio cotidiano del trabajo (Baudrillard, p. 52). Este vínculo se reproduce en la secuencia realista de *El palacio* al describirse la manera en que el trabajo de la fábrica consume el tiempo vital de Fortunato:

Me levantaba bien temprano. A eso de las tres, o las tres y media, sin necesidad de que nadie me llamara, pues quién no iba a despertarse con el escándalo de los tachos y poleas cuando echaban a andar [sic]. [. . .] Por la madrugada se adelantaba mucho más [. . .] pues no hacía calor. [. . .]. Cuando el trabajo se ponía más difícil era de las nueve de la mañana en adelante. [. . .] A esa hora iba a desayunar a la casa. Luego volvía, me quitaba la camisa, y seguía trabajando en camiseta. (*El palacio*, p. 97).

Hasta este punto, en el relato, el joven protagonista ejerce un trabajo "vivo", ese que cumple una finalidad productiva y genera plusvalía, conforme la primera etapa del sistema de producción, en el que predomina la mano de obra y no la maquinaria industrial (Baudrillard, p. 21). Esta "fuerza productiva original" se ilustra con el crecimiento de la demanda ("un pedido de más de quince mil barras de guayabas") que obliga a Fortunato a trabajar *over-time* ("y Tomasico nos pidió que nos quedáramos trabajando puesto que no había envases para echar tanto dulce", *El palacio*, p. 97).

Poco a poco el trabajo de Fortunato va cobrando cada vez menos sentido; va teniendo menos valor. Baja la producción de guayabas por la escasez de la fruta y, en consecuencia, el trabajo de Fortunato se vuelve improductivo; se convierte en trabajo "muerto" (Baudrillard, pp. 21–22). A diferencia de la etapa inicial, en que se incrementa el producto, ahora la fábrica de guayabas de Tomasico sólo repite el proceso productivo: en otros términos, simula la re-producción del código del valor. [24] Fortunato se convierte así en *"maniquí del trabajo"*, el término vacío que designa al obrero que no produce ya *nada,* sino que sólo hace gestos de laborar (Baudrillard, p. 25): "Como la fruta iba disminuyendo ya no era necesario hacer tantas cajas. Y había días en que Tomasico nos ordenaba que solamente hiciéramos un saco de cabezales y otro de largueros y fondos" (*El palacio*, pp. 97–98). En la novela, lo que transforma al trabajo "vivo" en trabajo "muerto" es la quiebra de la fábrica, causada por la ley de competencia propia del sistema de acumulación—al otro extremo del pueblo se instala una fábrica rival (*El palacio*, pp. 99).

La "desaparición de la fábrica" corresponde no sólo a la dinámica comercial de Holguín (odiada por Fortunato; *El palacio*, p. 91), sino a un fenómeno que abarca a todo el aparato productivo: el simulacro de producción bajo el cual el sistema disipa su capacidad productiva real y sólo repite, agotándose, el mecanismo o código de funcionamiento—la ley del valor (Baudrillard, p. 15). Este proceso involutivo se caracteriza por la "metamorfosis" del capital, la extensión de su forma a toda la sociedad, con la consecuencia de que el entorno público "cobra semblante de fábrica" (Baudrillard, p. 26). En *El palacio*, esta omnipresencia de la fábrica de guayabas se deja sentir al caer el peso monótono de la producción por sobre el ámbito interior de la casa. La fábrica invade la privacidad física y emocional de la familia, con la sola excepción del baño, asalto cifrado en la repetición del ritmo de las máquinas. El "guirindán" constante registra la absorción del ámbito social por el aparato productivo, y pauta también la caducidad regulada del sistema. El cierre de la fábrica, el "fin de la producción", ocasiona así la transferencia al plano simbólico, porque la fase simulada del capital da origen a la no-actividad de Furtunato:

> Yo siento de veras que la fábrica haya cerrado. No solamente por el dinero que ganaba que, a fin de cuentas, no alcanzaba para nada, sino porque ahora no tengo nada que hacer, y tengo que pasarme el día en la casa, oyendo a mi abuela peleando sin cesar con mi tía Digna, o con mi tía Adolfina, o con mi tía Celia quien, desde que se le envenenó su hija Esther, siempre está en las nubes. (*El palacio,* pp. 99–100)

Se establece una analogía, entonces, entre la "nada" del salario y del trabajo improductivo o "muerto", resultado del cese de la fábrica, y el "nada que hacer" que permite a Fortunato apropiarse de las voces de los otros (principio de la "Tercera Agonía", *El palacio,* pp. 159–163). El absoluto-cero de la nada, el vacío simbólico, es también la dimensión en que "vive" Esther, suspendida ahí por su muerte voluntaria. Por eso es la palabra clave al acertijo recurrente de Tico y Anisia:

—¿En qué piensas? ¿Qué estás haciendo?
—Nada—dijo.
Nada. (Palabra repetida 5 veces). (*El palacio,* p. 134).

Por otra parte, el rebote de lo real a lo simbólico se realiza mediante las correspondencias establecidas por la conversión del trabajo "vivo" al trabajo "muerto". El equivalente simbólico del ocio de Fortunato—el no hacer *nada*—consiste en otro tipo de trabajo igualmente inútil, concoctar vinos, una actividad tan "muerta" e insignificante como la producción simulada de "sacos y largueros"; de ahí el sentido de que Fortunato cojo lagartijas *detrás de la fábrica,* para equiparar los dos empeños vacíos (*El palacio,* p. 157). Al iniciar la "Tercera Agonía", esta actividad improductiva de Fortunato se revela consecuencia de un don gratuitamente entregado, la capacidad del cantar poético, potencial que otorga valor connotativo al nombre del personaje (*El palacio,* p. 159).

El tránsito a lo simbólico se efectúa, entonces, por la transferencia o intercambio entre los dos "trabajos" de Fortunato y sus relaciones con la muerte. Si el trabajo de la fábrica implica una muerte diferida, un tiempo aniquilado pero alargado en la analogía simbólica ("Una tristeza triste me dice: zanaco, horita cumples mil años y todavía estás clavando cajitas ahí, en la fábrica", *El palacio,* p. 177), el trabajo "inútil" de hacer vinos y palabras—garabatear los troncos de los árboles—resulta en la muerte violenta o sacrificial (*El palacio,* p. 41).[25] En una especie de inmolación iniciática, la muerte "doble" de Fortunato—acribillado por las guardias de Batista; después ahorcado por las "bestias" de la familia ("Función", *El palacio,* pp. 374–375) salda la deuda de vida en el trabajo. La repercusión simbólica de la inutilidad del trabajo se cifra en un encadenamiento metafórico, que empieza con la conciencia de Fortunato de su muerte cobrada a diario: "Y no se lo que es, pero hasta el rourrr, rurrr de las palomas en el techo me parece que es triste [. . .] y que anuncia que no hay jamás salida; que para mí no la habrá jamás" (*El palacio,* p. 177). La imagen de las palomas, introducida al concluirse el "Prólogo y Epílogo", connota la conversión metafórica de las mujeres de la familia a causa de la muerte ("Los palomas: rurr, rurr. El aro: rurr, rurr. El patio: rurr, rurr. La muerte: rurr, rurr", *El palacio,* p. 22). La metamorfosis de los personajes no es más que la depuración simbólica de las "bestias" imaginarias de la "Función", revertidas a la animalidad por la acusación de Jacinta, de que son "bestias" los miembros de la familia (*El palacio,* p. 127). El último eslabón de esta cadena de correspondencias asocia la imagen depurada de las palomas con la "bestia de trabajo" en que se convierte Fortunato (Baudrillard, p. 125).

Además del recorrido de Fortunato por una serie de pares simbólicos—trabajo productivo/muerte diferida; trabajo improductivo/muerte sacrificial, oposiciones disueltas en la relación escritura = trabajo "doble"/muerte "doble"—*El palacio* traza el nexo entre la economía real y la simbólica por una cercanía espacial, los límites colindantes entre casa y fábrica. El espacio de la narración es el patio de la casa, lugar donde se instala la muerte personificada (la primera oración de la novela y la secuencia realista, p. 95). El borde entre casa y fábrica está dominado por el "guirindán" constante—"aquel estruendo, aquel infatigable chasquido de tachos y poleas" (*El palacio,* p. 71) cifra la agonía del capital, el ritmo agotado de la economía productiva. Su paralelo es el "grapác" introducido casi simultáneamente al inicio de "Hablan las criaturas de queja". Como eco de lo simbólico, el sonido evoca la caza de las estrellas; la insistencia en violar el corte que separa a vivos y muertos (*El palacio,* p. 28).

La dimensión simbólica en los escritos de Arenas transgrede el principio ordenador de la sociedad contemporánea, la discriminación social contra los muertos, relegados al espacio proscrito de las tumbas ("poco a poco *los muertos dejan de existir.* Son arrojados fuera de la circulación simbólica del grupo"; Baudrillard, p. 145). Si la fábrica sintetiza la relación de muerte que promueve el movimiento del capital (Baudrillard, pp. 169–170), el panteón que el niño y su doble instalan en el interior del castillo mágico en *Celestino* deviene imagen de la relación simbólica (*Celestino,* p. 101). La incorporación del cementerio al castillo, al "laberinto" narrativo, comprueba que el sistema poético de Arenas se funda en un decreto simbólico, el intercambio vida/muerte, como su modelo *Pedro Páramo* de Juan Rulfo. Los muertos excluidos por la sociedad a la periferia de la ciudad "viva"

(Baudrillard, pp. 145; 147–149), se integran ficcionalmente ya no a un centro narrativo sino a una de las "tangentes" equidistantes que componen la narración, como la "Vida de los muertos" en *El palacio*.[26]

En la economía textual practicada por Arenas, el rebote entre lo económico y lo simbólico, resumido en el ciclo de intercambio entre escritura y trabajo, deja un resto o suplemento—la economía del inconsciente, el deseo incestuoso de Fortunato y el anhelo frustrado de Adolfina.[27] Sobra también el residuo de la falsa alegoría ejecutada en "Función": las tres "Moscas" en negrillas, la "escoria del discurso" o "lenguaje muerto" no circulado en la economía del texto (Baudrillard, pp. 227–229). El lenguaje poético de Arenas opera conforme la lógica de la ambivalencia, basada en el exterminio de significantes, la penuria de repetición que consume al significado (Baudrillard, pp. 231–249). Ese significado constituiría el "centro poético" de las ficciones de Arenas; sin embargo, el circuito de equivalencias en *Celestino* y *El palacio* conduce a la depuración del anatema o palabra sagrada ("Y Dios se resuelve en una pantalla blanca [. . .]", *El palacio*, p. 395) o a la diseminación de un verbo repetido (las "Pascuas" encantatorias en ambas novelas).

Las "sobras" de este flujo poético comprueban que un sólo anagrama mina el "vértigo de la disolución perfecta" con que se puede describir el efecto "alucinatorio" del lenguaje poético de Arenas (Baudrillard, p. 237). Justo al concluir la secuencia realista que efectúa el canje trabajo/escritura, un fragmento marginal narra el recuerdo infantil de Fortunato. Durante un paseo con su madre, un hombre se acerca a Fortunato y le da dos pesos, pero es rechazado violentamente por Onérica. "Cuando llegaron a casa de la tía, Onérica estaba llorando, y Fortunato supo entonces que ese hombre era su padre" (*El palacio*, p. 100). Con la dádiva, el padre ansía cancelar la deuda de identidad no saldada con el hijo, y recuperar para ambos un lugar en la tríada simbólica.[28] Este rédito lo marca el hecho de que el padre le ofrezca a Fortunato la misma cantidad de dinero que él ganaba diariamente como trabajador.

En la primera versión de la novela, la voz de la madre repite tres veces el nombre de Moisés.[29] Pero en el texto definitivo, este nombre se reserva para el marido de Digna, gestor del primer y segundo ciclo de intercambio. La sustitución de Moisés por Misael es la señal del anatema opacado en la demanda—el "QUIEN" que encabeza la escena de violación de Onérica (*El palacio*, p. 182). Este recorrido nos devuelve la imagen del centro poético a que alude el comentario de Eliseo Diego: el Nombre-del-Padre, paralelo a un texto sin origen emergente de una zona en silencio.[30]

Adriana Méndez Rodenas
University of Iowa

Notas

[1] Eliseo Diego, "Sobre *Celestino antes del alba*", *Casa de las Américas*, 8, no. 45 (1967), 165. La cita siguiente es de la misma página.

[2] Tomo en préstamo la expresión del prólogo de Alejo Carpentier a *El reino de este mundo*, 3ra. ed. (México: Co. General de Ediciones, 1971), p. 10.

[3] Emir Rodríguez Monegal, "The Labyrinthine World of Reinaldo Arenas," *Latin American Literary Review*, 8, no. 16 (1980), 131. Trad. propia.

[4] Angel Luis Fernández Guerra, "Recurrencias obsesivas y variantes alucinatorias en la obra de Reinaldo Arenas", *Caravelle*, no. 16 (1971), p. 134.

[5] Diego, "Sobre *Celestino*", p. 163. Diego utiliza también el término "alucinación" para referirse a la novela; ibid.

[6] Rodríguez Monegal, "The Labyrinthine World," p. 130.

[7] "Si tuviéramos que escoger un pie sintagmático para engarzarle como piedra angular en una arquitectura crítica que diera cuenta de esta obra, creo que ningún otro como 'recurrencias obsesivas y variantes alucinatorias' prestaría un mejor servicio". Fernández Guerra, "Recurrencias obsesivas", p. 133.

[8] Desde "Celestino y yo", Arenas pone en duda el catalogar con el término "novela" a su primera narración extensa; *Unión*, 6, no. 3 (1967), 117. También Eliseo Diego descarta la clasificación genérica de *Celestino:* "la cuestión de si se trata o no de una novela resulta cada vez más académica". En "Sobre *Celestino*", p. 165.

Hasta estos días, Arenas rechaza la etiqueta aplicada a sus obras:

[. . .] ni *Celestino,* ni *El mundo,* ni *El palacio* pueden considerarse novelas en el concepto tradicional de la palabra. [. . .] Yo creo que la novela actual tiene que ser así y tengo la teoría de que la novela cubana, por pertenecer a una isla abierta por todos lados donde lo mismo viene un viento, que un sol, que un rayo, que el mar; pues si algo tenemos es lo ecléctico. [. . .] El aire, la sabana, el viento, la lluvia y, por lo tanto, nuestra literatura está un poco a la intemperie. Mis obras son obras que están un poco a la intemperie.

Perla Rozencvaig, "Entrevista—Reinaldo Arenas", *Hispamérica*, 10, no. 28 (1981), p. 43.

[9] El proyecto de Arenas de elaborar una pentagonía novelesca se describe en la entrevista anterior, p. 48.

[10] Diego, "Sobre *Celestino*", p. 162. Explica Arenas acerca de su obra: "Hay como incesantes estallidos, momentos como de una explosión de carácter poético, de carácter de violencia". Rozencvaig, "Entrevista", p. 143.

[11] Adopto el término "economía textual" en préstamo de Julia Kristeva, entendiendo con él la manera de significar propia del lenguaje poético y sus repercusiones en la organización del texto narrativo. En este ensayo, sin embargo, no utilizo el concepto de lo simbólico propuesto por Kristeva, que se acerca más bien a la acepción lacaniana: "The symbolic, as opposed to the semiotic, is this inevitable attribute of meaning, sign and signified object for

the consciousness of Husserl's trascendental ego." Julia Kristeva, "From One Identity to the Other," en *Desire in Language—A Semiotic Approach to Literature and Art,* Leon S. Roudiez, ed. y Thomas Gora, Alice Jardine y Leon S. Roudiez, trad. (Nueva York: Columbia University Press, 1980), 134. El concepto de "economía textual" o poética se desarrolla en las páginas 132–140.

[12] Rodríguez Monegal, "The Labyrinthine World," p. 130. Flora González adelanta una lectura radial, no-consecutiva, de la narrativa del autor en "Repetición y escritura en la obra de Reinaldo Arenas". De próxima aparición en Roberto González Echevarría, ed. *Historia y ficción en la narrativa latinoamericana: Simposio de Yale* en Caracas: Monte Ávila.

Jean Baudrillard, *El intercambio simbólico y la muerte,* trad. Carmen Rada (Caracas: Monte Ávila Editores, 1980), p. 231. Como este texto servirá de marco teórico a lo largo de todo el ensayo, las referencias futuras se incorporan al cuerpo del trabajo.

[13] Baudrillard analiza la analogía establecida por Ferdinand de Saussure en su *Curso de lingüística general* entre moneda y signo, y el sistema de la lengua. A un nivel funcional, el valor corresponde al bien material que compra la moneda y, paralelamente, al objeto que la palabra designa (el significado). A un nivel estructural, el principio del valor determina el potencial mismo del intercambio; es decir, lo que permite canjear mercancías de valores equivalentes. La ley estructural del valor equivale a la articulación de oposiciones distintivas en el sistema de la lengua. Corresponde a la división bipartita del signo establecida por Saussure. Baudrillard, p. 11.

[14] En contra de una economía regida por el valor, Baudrillard prioriza una economía primitiva basada en el intercambio regulado de bienes materiales y espirituales. Análogamente, "[l] o poético recrea en materia de lenguaje esa situación de las sociedades primitivas: un corpus restringido de objetos cuya circulación ininterrumpida dentro del intercambio/don suscita una riqueza inagotable, una fiesta del intercambio". Baudrillard, p. 230. El modelo para las teorías de Baudrillard es el análisis de la dádiva circulada entre clanes primitivos que lleva a cabo Marcel Mauss en *The Gift—Forms and functions of Exchange in Archaic Societies,* trad. Ian Cunnison (re-ed., Nueva York: W. W. Norton & Co., Inc., 1967).

[15] La ley de reversibilidad simbólica se resume así: "Una reversibilidad minuciosa, tal es la obligación simbólica. Que cada *término* sea *ex-terminado,* que el valor sea abolido en esta revolución del término contra sí mismo; tal es la única violencia simbólica equivalente y triunfante de la violencia estructural del código". Baudrillard, p. 9; énfasis del autor.

[16] González, "Repetición y escritura", p. 1.

[17] En préstamo de Baudrillard, definimos la economía real como término sinónimo de "economía política", entendiéndola en su acepción ya clásica: el análisis de un modo de producción y su crítica interna. Baudrillard amplía el concepto de "economía política" para abarcar el fenómeno analizado en el primer capítulo de *El intercambio simbólico:* el efecto de re-producción simulada del sistema (pp. 15–16). Este espejismo de producción se incorpora al sentido de "economía política", causando la reformulación del término:

La economía de lo simbólico en la narrativa de Reinaldo Arenas/77

La economía política es en lo sucesivo lo *real* para nosotros; es decir, exactamente lo que es el referencial del signo: el horizonte de un orden difunto, pero en el que la simulación preserva un equilibrio "dialéctico" del conjunto. Lo real, *por lo tanto*, lo imaginario.

Baudrillard, p. 40. En este trabajo, optamos por el término "economía real" limitándonos al referente del texto, aunque en el análisis de *El palacio* mostramos el fenómeno de producción simulada que comenta Baudrillard.

[18] Reinaldo Arenas, *Celestino antes del alba* (Caracas: Monte Ávila, 1980), p. 119 y, del mismo autor, *El palacio de las blanquísimas mofetas* (Caracas: Monte Ávila, 1980), p. 126. Las referencias a ambas novelas pue se hallan en el ensayo, pestenecen son a las ediciones citadas.

[19] Félix Martínez Bonati, *Fictive Discourse and the Structures of Literature—A Phenomenological Approach*, trad. Philip W. Silver (Ithaca, New York: Cornell University Press, 1981), pp. 106–107.

[20] Según Baudrillard, "[l] a muerte quitada a la vida, es la operación misma de lo económico", mientras que "[l] a vida devuelta a la muerte es la operación misma de lo simbólico", p. 150 de *El intercambio simbólico*.

[21] Baudrillard redefine la tríada lacaniana "real/imaginario/simbólico" al postular que la disyunción vida/muerte sostiene un (falso) principio de realidad, con la muerte erigida en dominio imaginario. Lo simbólico anularía esta disyunción y disolvería los dos extremos, permitiendo la continuidad—social y simbólica—entre vivos y muertos. Véase pp. 153–154 de *El intercambio simbólico*. En este trabajo, sin embargo, recobramos la acepción lacaniana de lo imaginario: "Una relación dual, un desdoblamiento en espejo, como una oposición inmediata entre la conciencia y su otro". La relación dual se escenifica en el vínculo entre el niño y la madre; posteriormente en la fase del espejo con que se inicia la resolución del Edipo. Anika Rifflet Lemaire, *Lacan*, trad. Francisco J. Millet (Buenos Aires: Ed. Sudamericana, 1970), p. 109; 133–137.

[22] En un trabajo anterior, analizo el "grado cero" narrativo de la apertura/clausura de *El palacio*: "*El palacio de las blanquísimas mofetas*: ¿Narración historiográfica o narración imaginaria?", *Revista de la UNAM*, 39, no. 27 (julio 1983), pp. 14–21. De igual manera que una oración instala la economía real, en *El palacio* la tachadura o reminiscencia de la frase popular, "es la muerte en bicicleta", estimula la economía simbólica; ibid. p. 17.

[23] Mauss, *The Gift*, p. 7. En *Celestino*, el niño considerado intruso en la familia adoptiva de los abuelos se resiste a saldar la deuda: "Celestino y yo procuramos trabajar lo menos posible, pero en cuanto abuelo se da cuenta que estamos vagueando, viene hasta donde estamos nosotros y nos da un fustazo". *Celestino*, p. 54.

[24] Esta etapa corresponde a "un modo hipercapitalista" de producción, o, lo que es igual, a la simulación del acto productivo; Baudrillard, pp. 16–17.

[25] La relación entre los dos tipos de muerte se explica así:

> El trabajo es una muerte lenta. Esto se entiende generalmente en el sentido de extenuación física, pero hay que entenderlo en otra forma: el trabajo no se opone, como una especie de muerte, a la "realización de la vida"—esa es la visión idealista—el trabajo se opone *como una muerte lenta, a la muerte violenta*. Esta es la realidad simbólica. El trabajo se opone, como muerte diferida, a la muerte inmediata del sacrificio.

Baudrillard, *El intercambio simbólico*, p. 52. Énfasis del autor.

[26] Fernández Guerra, "Recurrencias obsesivas", pp. 136–137.

[27] Comenta Arenas en una entrevista: "[. . .] en *El palacio* [. . .] hay un momento en que el personaje fundamental, Fortunato, converge con Adolfina y los dos se convierten en los personajes centrales de la trama". Rita Virginia Molinero, "Donde no hay furia y desgarro no hay literatura—Entrevista con Reinaldo Arenas", *Quimera*, no. 17 (marzo 1982), p. 21.

Para el concepto del inconsciente como el resto no-intercambiado, producido por la acumulación de vida-sobre-muerte que caracteriza al capital, consúltese Baudrillard, p. 171. Es el resto o suplemento lo que circula y se acumula en el proceso económico, ocasionando el valor de los objetos y el valor de los signos; ibid., p. 227.

[28] Conforme la psicología lacaniana, el Nombre-del-Padre y su metaforización es la vía de acceso a la identidad del sujeto, a su deseo y vivencia en el plano simbólico. Consúltese Rifflet-Lemaire, *Lacan*, pp. 142–146.

[29] Reinaldo Arenas, "El palacio de las blanquísimas mofetas", *Unión*, 9, no. 4 (diciembre 1970), 39.

[30] Cf. el diálogo desde la muerte de Esther y Fortunato: "Estamos aquí para testificar esa ausencia. Tú eres mi soledad, y yo represento para tí la certeza de que estás solo", *El palacio*, p. 143. Para otra interpretación del "centro poético" en las obras de Arenas cifrada en la figura materna, véase Andrew Bush, "The Advent of the Exception: The Poetic Center of the Fiction of Reinaldo Arenas", manuscrito, trabajo leído en el congreso "Literatura contemporánea de las Américas: El escritor y su mundo", Universidad Interamericana de Puerto Rico, febrero 24–25, 1982.

X
INVENCIÓN Y REVELACIÓN DE LA REALIDAD EN *EL PALACIO DE LAS BLANQUÍSIMAS MOFETAS*

> La literatura expresa a la sociedad;
> al expresarla, la cambia, la contradice
> o la niega. Al retratarla, la inventa;
> al inventarla, la revela. La sociedad
> no se reconoce en el retrato que le
> presenta la literatura; no obstante,
> ese retrato fantástico es real: es el
> del desconocido que camina a nuestro
> lado desde la infancia y del que no
> sabemos nada, salvo que es nuestra
> sombra (¿o somos nosotros la suya?).
>
> Octavio Paz, *Tiempo nublado*, p. 161.

Que Reinaldo Arenas ahonde en su mundo, en su realidad, y que lo mitifique no es patrimonio exclusivo de este prolífico y talentoso escritor cubano. Los escritores hispanoamericanos en general, muy especialmente los que escriben en las últimas décadas, han tomado conciencia de que lo que los rodea es su realidad, y que esa realidad reclama su descubrimiento, su exploración y denuncia por vías de la literariedad. Ahora bien, lo que sí resulta casi una exclusividad es la postura audaz y portentosamente franca que asume Arenas al rastrear, examinar y moldear estéticamente esa realidad suya/nuestra.[1] Octavio Paz plantea con gran consternación el fallo de nuestros intelectuales que, por una razón u otra, no logran ejercer a cabalidad el papel de voceros e intérpretes del país real. El preocupado ensayista, frente a la urgencia presente de canalizar los problemas más serios que padece Hispanoamérica sin perder su acervo cultural, indica: "... son unos cuantos—un verdadero puñado—*los intelectuales independientes* que han asumido la función crítica y que se atreven a pensar por su cuenta".[2] (Suponemos lo escrito en cursivas). Pues bien, a esa escasa nómina de *"intelectuales independientes"* pertenece por su rica imaginería y su sentida preocupación social Reinaldo Arenas.

No nos sorprende la honesta e independiente postura intelectual del poeta después de descubrir la falta de respeto que le inspira la historia que se anuncia y proclama con sello oficial. "... En todo país, [declara] y especialmente en los países totalitarios, hay una historia oficial que es la que generalmente se publica, pero la historia real, la que se padece, solamente pueden contarla sus víctimas. Entonces [concluye] a mí me interesa más la historia contada por sus intérpretes que por los historiadores . . . "³ En esta declaración Arenas fija responsablemente su posición en relación con la historia oficial. Del mismo modo se constata en ella la sensibilidad del escritor hacia el hombre que la sufre. De ahí que sea la exploración y denuncia de la miseria y alienación que padece el hombre colocado en las partes media e inferior de la pirámide social, magnificados por el fenómeno político del momento, el motivo que reclama la invención literaria de Arenas en *El palacio* . . . , desde su código artístico, por supuesto. Explorar la invención de esa realidad, de una manera somera, es el propósito de este trabajo. Y como se trata de la realidad vale la pena acercarnos al pensamiento del escritor sobre su modo de novelar. El novelista postula que él trabaja sus creaciones partiendo de una" . . . circunstancia muy real, a veces específica . . . "⁴ transcendiéndola luego con su imaginería al plano mítico. Arenas se detiene en este quehacer suyo para ampliar su concepto de la realidad. Consigna así: " . . . Creo . . . que la realidad es múltiple . . . El mismo hecho, estrictamente real en el sentido más científico de la palabra, se va dividiendo en diversas interpretaciones que también pueden ser reales de acuerdo con la mirada que le dirijamos. Yo soy enemigo de ver las cosas desde un punto de vista convencional. Para mí, (prosigue) la realidad es tan diversa que tiene muchas maneras de ser interpretadas. (Y concluye) Yo creo que el ser humano es real precisamente porque es, podemos decir, surrealista. Tiene la capacidad de imaginar, de soñar, de padecer y de crear . . . "⁵ El escritor no nos trata de confundir con este pensamiento suyo. Toda su invención artística, desde sus primeras narraciones,⁶ ha sido elaborada en base a diferentes planos o dimensiones que se fragmentan y vuelven a fragmentar devolviéndonos en añicos la realidad que él literaturiza. Estos planos dimensionales están cargados de una enorme dosis de elementos fantásticos, con el propósito, sin duda, de explicar la realidad específica de una manera menos convencional, pero por la misma razón más rigurosamente humana. En *El palacio*, Arenas se acoge a ese código estético-filosófico, tanteando, examinando y compulsando, desde una multiplicidad de niveles cargados de una rica imaginería, las privaciones y tensiones del hombre víctima de su propia vida y del contexto político de la época. El novelista se nos presenta así como el vocero, el intérprete de esa realidad suya/nuestra, revelándonosla mediante los recursos mencionados y otros muchos que no podremos dilucidar en el curso de este trabajo. De ahí entonces que las peripecias de las criaturas que pueblan *El palacio* se nos ofrezcan desde niveles que se multiplican, superponiéndose dentro de los niveles del texto, formando una complejísima red muy difícil de penetrar. En ellos abunda el elemento fantástico: alucinaciones, obsesiones, sueños, impulsos y deseos que cooperan para formar la intrincada fantasmagoría que es el texto.

Conviene pasar rápidamente por la organización del material novelesco. *El palacio* está organizado de la manera siguiente: un "prólogo-epílogo" forma la primera parte; la segunda contiene "las quejas de las criaturas" y cinco "agonías"; la tercera comprende una representación dramática y la sexta "agonía" remite el discurso al comienzo, formando así un círculo continuo. A estas partes hay que sumar los capitulillos *Vida de los muertos* y el trozo simbólico de "La Mosca"— putrefacción y descomposición—con el que concluye cada una de las partes componentes del texto/no texto. Pero hay que detenerse en el "prólogo-epílogo" porque en él se programa el discurso novelesco. En efecto, narrado en primera persona por Fortunato, la criatura más importante del relato, en cuya voz se escuchan las voces de las criaturas, exhibe éste y los demás conceptos que más adelante desarrollará el escritor en el *corpus* del texto. El "prólogo-epílogo" constituye el primer círculo continuo y es asimismo anuncio temático, ideológico y estilístico del segundo círculo por el que se desplaza toda la narración. La sección se abre con la muerte— personaje novelesco—y se clausura con ella. Entonces, "La muerte levanta los brazos y la luna se esmorece a carcajadas. La casa empieza a brillar y a brillar. La muerte levanta más los brazos como en un gesto de liberación total. Como quien acaba de cumplir un castigo. Como quien se desprende por fin de una responsabilidad insoportable . . . "[7] O sea, el "prólogo-epílogo" verifica la muerte de Fortunato, su condición de víctima expiatoria, su liberación total, antes de penetrar en el texto. El vocero e intérprete de las desdichas y vicisitudes de las criaturas de *El palacio*, como se comprobará más adelante, está muerto, como ellas, antes de que se inicie el relato. Las criaturas viven desde la muerte para expresar sus quejas y agonías en un virtuoso amasijo de realidad y fantasía que, por supuesto, conlleva una cronología trasegada. El trayecto novelesco gira entonces en torno al eje temático muerte-vida-muerte. El "prólogo-epílogo" nos proporciona un motivo más que juega un papel extraordinario en la novela. Se trata de la rueda de la bicicleta que maneja la muerte. La rueda gira y gira agresivamente en todo el espacio de esta sección señalando el girar y girar del discurso novelesco. Es decir, el lenguaje gira y gira sobre sí mismo confabulándose para escamotearnos toda salida posible. Es asimismo la rueda de la vida que inevitablemente nos conduce a la muerte. La rueda es entonces el paradigma que ordena la circulación del trayecto novelesco. Es importante, por otra parte, indicar que esta sección dicta la dimensión trágico-cómica del texto, la desnudez del lenguaje y la diversidad tonal que demanda su infinita fragmentación. Por lo demás, el "prólogo-epílogo" enuncia la calidad englobante del texto—prosa/verso/cartas/cuentos/noticias/versiones/voces/—intertextualidad que opera como una subversión textual, copia fiel de la subversión de la época. El escritor nos plantea en él el caos infernal de cada personaje, de la casa y del contexto político de la época, reafirmando esta visión el propio texto en su desconcertado y atormentado tono. El libro es Cuba y su historia republicana desde la voz de su intérprete. Pero vayamos a nuestro planteamiento.

Las peripecias, sueños, obsesiones y alucinaciones de los personajes de *El palacio* se nos ofrecen desde distintos ángulos. A primera vista se descubre un narrador en tercera persona tratando de asumir la función de organizar y dar orden a ese caos que es el relato. Se trata de un cronista pueblerino que alterna su discurso con la voz de los pobladores de *El palacio* y las otras voces del texto, para transmitirnos el denso paisaje exterior e interior de los personajes y el escenario en que se desplazan. El tono de este discurso está permeado de un fuerte tono paródico.[8] El segundo nivel corresponde al monológico. Es el discurso en el que las criaturas proyectan directamente sus obsesiones, quejas, frustraciones y sueños. El lenguaje en este caso es coloquial, a veces explosivo, repitiéndose, deformándose, quebrándose hasta el silencio, resolviéndose, en otras oportunidades, en un habla delirante.[9] Es preciso anotar que, incubado en ese mundo que descubre la voz monológica de un personaje dado, se advierte la realidad de otras criaturas de la casa, por lo que es lícito plantear que las oscilaciones de la perspectiva dividen infinitamente la imagen de la realidad, comprobándose así la invención artística de una realidad específica desde ángulos diversos. Sirva de ejemplo el cuadro de la casa que nos revela Digna en uno de sus incesantes monólogos:

"Voy al patio a sentarme un rato sobre el tronco seco. Voy al patio y lo primero que me encuentro es a Fortunato, que se me acerca con un cuchillo clavado en el cuello./ Voy al patio y empiezo a dar gritos. A dar gritos. Pero nadie me oye. Y Fortunato caminando por el techo de la casa, mientras se saca y se vuelve a enterrar el cuchillo en el cuello una y dos veces, una y tres veces/ . . . una y cien veces./ Entonces me llego hasta la sala. Pero en la sala, los demonios están celebrando una fiesta, y antes de que me boten, me voy. No sé, realmente, dónde meterme. Si me acuesto en la cama me encuentro con que ya estaba acostada desde hace siglos, y enseguida me dan deseos de levantarme. Si abro una gaveta del escaparate para esconderme en ella, las bestias salen corriendo como si fueran ratones, y me dan un susto tremendo, y salgo desatrancada para encerrarme en el baño. Pero en el baño, mi hermana Adolfina se está pegando candela, y a ella no le gusta que la molesten cuando hace eso, y sería capaz de lanzarme un brazo encendido si me hago la boba./ Nada. Que no se qué hacer". (103–4).

La cita suministra un despliegue incalculable de sensaciones, de alucinaciones, de sentimientos del que monologa y del otro. El personaje arrastra así su soledad, su desesperación, su desasosiego, su miedo, y hasta su odio, de una habitación a otra de la casa. *El palacio* es un mundo donde acecha la hostilidad, donde cada ser es un alma en pena que padece su propio infierno y el del otro.

Invención y revelación de la realidad/83

Hay además personajes que se desdoblan arrojándonos sus obsesiones desde las miradas de los otros. Adolfina, por ejemplo, se ve a sí misma desde la perspectiva de la gente del barrio, burlándose y condenándose como una:

"Puta frustrada. Cabaretera mala. Fletera. Maestra... Así que la quedada quería ser maestra. Sí maestra. Ah, pero maestra. Dime tú, si quería ser maestra y todo. Pero, que habrá creído esta vieja loca. Capaz que le hubiese abierto la portañuela a uno de mis hijos. Así que maestra. Qué barbaridad. Tú lo que querías era meterte a la vida. Lo que deseabas era acostarte con Sultanejo y Perencejo. Sí, sí, sí. No, no, no. Eso es lo que quiere, pero no es lo que quiero. Eso es lo que busco, pero no es lo que quiero" (140).

Salta a la vista la ambivalencia del personaje que quiere y no quiere, ambivalencia, hija sin duda, del contexto familiar tradicional que constituye su cárcel. Es esa casa familiar la que crea su drama íntimo, su frustración en su realización como mujer y como ser humano que alimenta sueños, anhelos e impulsos. Frustraciones que terminan socavando las profundidades del ser humano para quien la vida se ha propuesto presentarse como una prolongada estafa.

Existe otro nivel que corresponde al de los capitulillos titulados *Vida de los muertos*, al parecer, auténtico espacio de los muertos, pero por donde se desplazan los personajes muertos-vivos-muertos, porque en este trayecto novelesco no hay límites precisos entre el mundo de los muertos y el de los vivos. La narración en estos pasajes se detiene a veces en la primera persona; otras, pasa a la tercera persona, ambas desde el mismo personaje: "Nadie," porque "No hay Nadie. Hay Nadies" en *El palacio*, (205). Eso explica por qué Arenas nos presenta a estos personajes como criaturas fantasmales.

Ahora bien, el juego evolutivo de los actantes y del contexto político-social propicia la superación del plano o de los planos de la casa que se abre al exterior: al barrio, a la ciudad, a la sierra. Y, aún más, a un mundo colocado más allá. Se produce entonces el nudo entre el discurso familiar y el político que, como el primero, aparece preñado de elementos fantásticos. En *El palacio* la denuncia de este nivel queda a cargo de los actantes, del cronista pueblerino y de otras voces narrativas, quebrando, nuevamente la ya intrincada realidad.

El discurso político señala el abandono en que eternamente han vivido estas víctimas de la historia oficial," acosados siempre, hambrientos siempre, humillados y estafados, frustrados siempre, cómo iban a poderle interesar los distintos matices, los rumbos, que tomara la situación política...." (225). Sus quejas, sus agonías, jamás habían sido resueltas, canalizadas por el gobierno de turno. Lo que muy concretamente se plantea es el eterno divorcio entre los que manipulan las riendas del gobierno, los llamados dirigentes del pueblo, y la verdadera realidad del pueblo.

Si alguna vez unos delegados se asomaron a la tierra de Polo con el falso propósito de convertirla en colonia cañera, fue para despojarlos de lo poco que poseía la tierra:

> "los delegados desaparecieron—ya habían cobrado el ajuste—, y jamás volvieron. La finca quedó pelada, 'sin un árbol ni una bestia'... El viejo trató de reclamar, de demandar. Fue al pueblo a pie, regresó, volvió a ir... Pero, "¿cuándo fue eso? ¿Cuándo Machado? ¿Cuándo Batista? ¿Cuándo Prío?... Qué importaba. En la memoria confluían todas las desgracias" (173-74).

Con claridad meridiana el monólogo muestra el eterno abuso del poder sufrido por el pueblo en todos los contextos políticos cubanos vividos por la familia. De suerte que es la explotación del pobre el denominador común de la historia de Cuba que imaginariamente encapsula Arenas en esta novela. En esta ocasión es el recuerdo envuelto en la niebla de los años y de los padecimientos el que se encarga de borrar los rostros de estos personajes oficiales convirtiéndolos, finalmente, en un solo y único fantasma: Nadie.

El discurso político cobra gran envergadura porque algo inusitado, violento, transgrede todos los niveles llegando hasta el mundo familiar, hasta el momento ajeno a los vaivenes políticos. El fenómeno que no perdona la ajenidad coloca a estas criaturas en una coyuntura histórica (¿ahistórica?) que pareciera ser cierre y apertura de época. Lo que se ficcionaliza entonces es el vértigo de una revolución que pretende humanizar el futuro desde la deshumanización del siempre dilatado y por lo tanto congelado presente. El despliegue de la fuerza, de la violencia, del fenómeno comporta la exacerbación de los males de siempre: el hambre, el odio, las calamidades, a los que hay que añadir el terror, la persecución y el crimen:

> "..fue tanto el terror general, fue tanta la ofensa colectiva, el odio dirigido a todos, que no quedó otra alternativa que reflexionar sobre el nuevo espanto. No les quedó otra alternativa que olvidarse de su propio odio para atender al nuevo, ese que ahora llegaba, solicitando todas las fuerzas y hasta los más íntimos aborrecimientos" (230).

Para Fortunato "las cosas se pusieron tan intolerables que tuvimos que olvidarnos [monologa] quisiéramos o no, de nuestro propio infierno y trasladarnos, obligatoriamente, al infierno de todos; (233). Y al recrudecerse el fenómeno se recrudecen los padecimientos de siempre, surgiendo otros no conocidos que se filtran en el mundo familiar. Escaseaban los alimentos, se cerraban los espectáculos públicos, aumentando la incertidumbre y las plagas. Es entonces cuando el ropaje carnavalesco que viste todo el discurso exhibe sus colores más subidos. Los rezos de Jacinta se convierten en letanías paródicas:

Invención y revelación de la realidad/85

"Madre María, madre de Dios, nos hemos quedado sin una gota de leche para darle a los muchachos. Las cosas se ponen cada día más duras. Qué será de nosotros. Esos condenados rebeldes ya lo tienen todo cercado. Dios mío, y los guardias dijeron que nos iban a quemar la casa. La casa ardiendo, y yo achicharrándome, Madre María: y las pobres criaturas . . . llorando por leche. Y no tener ni un quilo para comprar un poco de azúcar en bolsa negra y prepararles una zambumbia que les llene la barriga. Ay, si esta noche yo pudiera dormir. Oh, Virgen María, si esta noche yo pudiera cerrar los ojos y, prácata, quedarme en seguida rendida. Y no me dolieran, como me duelen, los riñones. Y que los mosquitos no me descuartizaran, como me descuartizan. Tengo que darte gracias porque al fin la fábrica cerró, al parecer, para siempre, y, aunque nos muramos de hambre, no tenemos que estar oyendo ese guirindán, guirindán, ¡qué ya me había vuelto loca! Ay Virgen Santísima, si volviera la leche. Si las cosas se arreglaran. Y esta casa volviera a ser algo aunque fuese . . . " (230).

El monólogo recoge todos los males padecidos anteriormente, ahora más acentuados: la falta de alimentos, de medios económicos para remediar las penurias, el terror a los rebeldes y a los guardias, el cansancio físico y metafísico. Se concluye así que la visión infernal de la casa se magnifica. Al guirindán de la fábrica lo supera el guirindán del fenómeno revolucionario; la lucha entre los rebeldes y los soldados oficiales, cuyo cerco niega toda posibilidad de escape. El conflicto conlleva asimismo el aceleramiento de la aniquilación de los miembros integrantes del núcleo familiar. Digna y Celia rompen el cerco de unos y otros escapando por las puertas de la locura, primero, de la muerte, después. Polo, mudo desde que quebró la fábrica, se refugia en la venduta donde conversa con la muerte. Jacinta antes de morir le escribe cartas a Onérica en las que pretende informarle de la fuga de Fortunato, derivando en una plática monológica repetitiva y discontinua en la que cuenta las desdichas de la familia, asediada por el diablo que se les ha metido en la casa, todo transgredido por las molestias que le causa la nigua que tiene en el pie, una nigua que habla y ríe y se esconde de ella: "Ay y cómo si eso fuera poco, ahora tengo una nigua en el pie./ Ay y cómo me pica./ Me pica, me pica, me pica" (315). Tico y Anisia, después de romper la loza de la locera piensan que no tendrán más remedio que envenenar a la abuela porque sus rezos en la calle, con motivo de la llegada de la carne a la carnicería, los identifica a ellos, ora como rebeldes, ora como batistianos, en concordancia con la ideología política de los muchachos del barrio, produciéndose una superposición de la realidad. Una mirada retrospectiva nos permite visualizar el vivir como un conjunto alucinante en el que las notas más resonantes son las obsesiones, las alucinaciones, la locura, la muerte y el desamparo del ser humano.

Cabe considerar separadamente a los dos personajes restantes de *El palacio*, Fortunato y Adolfina, porque ellos son los únicos que franquean las puertas físicas de la casa enfrentándose a lo otro, la alteridad. A Fortunato el cerco asfixiante de la casa le plantea dos alternativas: o se incorpora al ejército de la dictadura oficial como casquito, o se alza y une en la sierra a los rebeldes. Opta por lo último.[10] Adolfina, por su parte, sufre su propia revolución carnavalesca. Hasta ahora había esperado al hombre buscado/no buscado. Primero en los Perronales, luego en Holguín. Ahora, casi al final de su vida, decide realizar sus impulsos de mujer. Lo curioso de estas fugas es que ambas aparecen textualmente entretejidas. Parecen ser fugas sincrónicamente desarrolladas, aunque la de ella toma una noche: "su gran noche"; la de él, se dilata días y semanas. Las dos fugas denuncian otras realidades. Él, la del umbral de la sierra y su falsedad; ella, la de los ballús, lo único auténtico en la ciudad. Los dos personajes regresan a la casa. Adolfina, para seguir el camino trazado por los miembros de la familia. Por fin se decidía a usar los fósforos y el alcohol que tantas veces llevara al baño.[11] Empero, para Fortunato, la casa representa una estación, que luego del viaje a la Sierra no le garantiza la seguridad personal. Carga él ahora con la ambigüedad de ser un rebelde para la familia, el barrio y la soldadesca oficial, aunque irónicamente hubiese sido rechazado en la Sierra por no contar con el único pasaporte que lo identificase como rebelde: el arma. Vuelven a jugar los planos de la realidad. Su destino queda marcado: la cárcel. Después de padecer humillaciones y minuciosas torturas, Fortunato muere acribillado a tiros. Más tarde aparece colgado, fijándose de esa manera los parámetros temporales de la narración. Fortunato colgado en Cuba transparenta la imagen del bisabuelo colgado en Canarias. (60) Pero la muerte de Fortunato es paradigmática. Él es la víctima que necesitan las facciones opuestas para el cambio/no cambio. Morir a manos del ejército de la dictadura oficial es igual a morir a manos de los rebeldes. La historia oficial se encargaría de resolver esos opuestos. Es de notar que la ciudad de Holguín, lugar donde se desarrolla gran parte de la novela, denota esa oposición. En efecto, Holguín es la ciudad cercada por las dos fuerzas: los rebeldes operaban diseminados por el norte de la ciudad; los soldados oficiales tenían su sede en la propia ciudad. Vuelven a operar los opuestos que se superponen para reflejar una sola imagen en el espejo de la historicidad oficial: la imagen del pasado rebelde transparenta la del soldado oficial, borrándose, otra vez, espacio, tiempo y la propia cara del hombre. De la misma manera juegan los opuestos desde el plano nacional: a la imagen del jefe rebelde se le superpone la del congelado dictador burocrático militar, al parecer, para siempre. Por eso Adolfina grita desesperada:

"Yo no quiero oír ya nada porque ya todo esto ha sucedido. Porque ya todo esto que va a empezar, lo he visto antes. ¿Dónde? no se. Pero todo lo que hago, se que ya lo he hecho, y todo lo que oigo son palabras averiadas de tanto haberlas escuchado. Y es terrible volver a oír lo que siempre he estado presintiendo, lo que siempre se está (sic) padeciendo" (233).

Invención y revelación de la realidad/87

Importa volver sobre las fugas de Fortunato y Adolfina para apuntar que Arenas combina lo fantástico y lo real en una prodigiosa y horrible fantasmagoría proyectando, a través del doble drama de los personajes, una danza macabra y burlesca que nos conmueve profundamente. Las fugas propician además el apogeo de la subversión textual, proponiendo una acumulación de planos que inciden en la realidad desde lo conjetural. Las "voces" del pueblo penetran en el texto. "Voces" que multiplican la realidad con las conjeturas sobre la aparición de Fortunato y las peripecias de Adolfina en su fuga; conjeturas también entretejidas, verificándose, de nuevo, la superposición de las imágenes de los personajes: "—Se enteraron ustedes—dijeron las voces—hay un ahorcado ahí, junto al atejón. Y dicen que se parece mucho a Fortunato. Mujer muerta anoche al no encontrar un hombre que le quisiera hacer el favor. Mujer muerta... Y dicen que estaba todo magullado" (234). Hay "versiones" que proponen una diversidad de historias sobre el alzamiento de Fortunato y sus aventuras. Y contrapunteando la narración, en letras más pequeñas o más grandes, que se dejan al margen de la página o en el centro, enriqueciendo los niveles del discurso novelesco, aparecen partes del ejército rebelde y del oficial, entrevistas a Batista, reflexiones de los personajes de la obra, anuncios de productos de belleza, de productos medicinales, de ventas de automóviles, consejos de belleza para el cuidado de la piel, instrucciones para caminar, carteleras teatrales, pronósticos del tiempo, conjeturas sobre la fuga de Adolfina, mención del onomástico del Papa, así como textos de otros textos. O sea todo un *collage* de textos literarios, de la propia obra, y muy principalmente de los periódicos de épocas pretéritas, de la presente y de otras por venir, trasiego temporal que produce la paralización. La intertextualidad define el ideologema de la novela.

El nivel narrativo que nos parece más importante, sin embargo, es el discurso dramático que proyecta la realidad de Fortunato. Esta confesión autobiográfica se nos concede en las seis agonías de su muerte, cuya duración toma unos minutos en el diciembre de 1958. Desde que se le da la orden de detención hasta que su cara toca la tierra. Es de notar que cinco "agonías" están colocadas como umbrales que se abren a las agonías de las criaturas de ese cosmos novelesco en las cinco secciones en que se divide la segunda parte, lo que sugiere un encapsulamiento de "agonías" de seres en una unidad. Ya desde ese momento, Fortunato es él y el otro. En el monólogo se nos revela la vida de Fortunato en *su* realidad íntima, no en la que el resto de la familia denominaba la "verdadera". Este discurso descubre un mundo de sensaciones, los momentos más dramáticos de su vida. Pero lo que resalta en esa confesión es su preocupación frente a lo *otro*, su poder de trascenderlo todo, porque, "si algo permanecía fijo en él era la condición fatal, inexplicable... de encargado de administrar los gritos" (159). Por eso, porque aún siendo uno de ellos, se le había concedido la facultad de escudriñar y compartir los sufrimientos y agonías de los demás, de padecerlas en proporción mayor, Fortunato asume la función de creador, de intérprete, de vocero de los dolores de vidas humildes, lo que a todas luces coincide con el pensamiento de Arenas:

> Muchas veces había sido Adolfina, y había padecido como ella, o quizá más, la urgencia de ser abrazada, penetrada, desollada, asfixiada, aniquilada de amor por alguien. Muchas veces había sido Celia, y conoció entonces el esplendor de los sufrimientos tradicionales, y la locura. Muchas veces fue Digna y supo de otros rostros, de la estafa y de la soledad que creía imposibles. Muchas veces fue Polo y Jacinta y supo entonces hasta donde podían llegar la furia y la frustración, la necesidad de rencor y blasfemia. Muchas veces fue Tico y Anisia y comprendió entonces que para sobrevivir urgen dos condiciones: la inocencia y la crueldad. Muchas veces fue Esther y como ella razonó, no sin terror, que la muerte voluntaria es el único acto puro, desinteresado, libre, a que puede aspirar el hombre, el único que lo salva, que lo cubre de prestigio, que le otorga, quizá, algún fragmento de eternidad y de heroísmo. Muchas veces, siempre, seguramente, sí, había sido todos ellos, y había padecido por ellos y quizá—porque él tenía más imaginación, porque él iba más allá—al ser ellos había sufrido más que ellos mismos dentro de su autenticidad, dentro de su propio terror, invariable, y les había otorgado una voz, un modo de expresar el estupor, una dimensión de espanto que quizá, seguramente, ellos mismos jamás llegarían a conocer ni a padecer". (162).

Luego, si hemos comprendido medianamente a Arenas, la liberación del hombre de lo que él considera una estafa, la vida, sólo puede conseguirse con la muerte. Por otra parte, el escritor ha cumplido con su código estético-filosófico, fragmentando la realidad socio-política de una familia para ofrecérnosla en una amalgama de realidad y fantasía, destacando así un determinado motivo de su literatura. Por último, esa pluralidad de realidades encapsuladas en el nivel agónico de Fortunato y la incesante mosca que contamina el texto/no texto, clausurándolo en cada una de sus partes, nos conduce a concluir que para Arenas todo se resuelve en la Nada. Todos somos fantasmas que, como Fortunato, desaparecemos en "un millón de partículas mínimas ardientes, rojas, contaminando toda la tierra". (392). Fortunato es él, es cada miembro de la familia, es Arenas, es el incesante hombre en su eterno recurrir, lo cual es una manera borgiana de decir que somos "Nadie". En el círculo continuo que rige la novela—la rueda de la bicicleta—, confluyen todas las oposiciones que terminan en un fénix, desapareciendo y apareciendo.

Esther P. Mocega González
Northern Illinois University

Notas

[1] En una entrevista publicada recientemente Arenas declara: "Cuando triunfó Fidel Castro yo tenía apenas 15 años. Entonces yo he vivido en ese contexto durante la época más importante para el ser humano que es la época de la adolescencia hasta la de ahora. Quiéralo o no, ese mundo tiene que haberme afectado y lo tengo que reflejar y lo he reflejado. A medida que esa circunstancia se iba haciendo más sórdida eso ha ido afectando los textos". Monica Morley y Enrico Mario Santí, "Reinaldo Arenas y su mundo alucinante: Una entrevista", *Hispania*, Vol. 66, No. 1, p. 118.

[2] Octavio Paz, *Tiempo nublado*, Barcelona: Seix Barral, 1983, pp. 128–9. El ensayista mexicano, al tratar de dilucidar con buena fe el problema de la América Hispana, señala otros elementos no menos importantes. Declara: "La incomunicación entre el país real y sus clases dirigentes, sin excluir a los intelectuales, es un hecho característico y persistente de la historia moderna de México. Como se sabe, México es parte de esta América a que nos referimos. El pueblo no ha logrado articular sus quejas y sus necesidades en un pensamiento político coherente y en programas realistas porque las minorías intelectuales y políticas que, en otras partes, interpretan y dan forma a las confusas aspiraciones populares, entre nosotros están hipnotizadas por ideologías simplistas. Aquellos intelectuales que no son catequistas de las iglesias y sectas de izquierda, defienden el *status quo*, donde están sus intereses".

[3] *Hispania*, p. 118.

[4] Ibid., p. 117.

[5] Ibid.

[6] Ver Alicia Borinski, "Re-Escribir y Escribir: Arenas, Menard, Borges, Cervantes, Fray Servando", *Revista Iberoamericana*, Nos. 92–3, Julio-Diciembre, 1975, pp. 605–16. En este estudio se examina la pluralidad de la perspectiva como un juego del escritor que circula en su narración de un pronombre a otro.

[7] Reinaldo Arenas, *El palacio de las blanquísimas mofetas*, Caracas: Monte Ávila, 1980, pp. 21–2. Las citas que le siguen se incorporarán al texto del ensayo con el número de la página.

[8] ". . . hay un narrador que trata de darle coherencia a todo ese desconcierto de gritos y de dolor que es esta novela. Ese narrador es como una caricatura de ese narrador omnisciente, ese pequeño Dios, que en la novela tradicional se situaba en un plano superior al de los personajes y desde ahí los miraba de un modo indiferente", declara Arenas. Perla Rozencvaig, "Entrevista", *Hispamérica*, año X, número 23, 1981, p. 47.

[9] Adriana Méndez Rodenas, *El palacio de las blanquísimas mofetas:* ¿Narración historiográfica o narración imaginaria?", *Revista de la UNAM*, 27 (Julio, 1983) p. 16. La estudiosa de Arenas ha visto que el lenguaje se pone a caminar, por eso indica" "el énfasis en el lenguaje hablado provoca la dominancia del material semiótico de la voz, entendida en todas sus modulaciones: la entonación, (sic.), el grito, el suspiro, la queja, el murmullo—hasta el silencio es evocado por los espacios en blanco de las páginas, que deben ser oídas más que leídas".

[10] La fuga de Fortunato aparece recreada por el artista en un cuento anterior a la novela, "Comienza el desfile". Aunque con un tratamiento diferente en esta novela, la fuga de Fortunato pareciera partir de este cuento. El relato se ha publicado en *Termina el desfile* y *Con los ojos cerrados*.

[11] La muerte de Adolfina, representada en la sección dramática del texto, remeda la de "La Vieja Rosa". Adolfina sale del baño ". . . convertida en una bola de fuego . . . " (379). Igualmente, La Vieja Rosa sale al patio, ". . . casi envuelta en llamas". p. 7. Citamos por *La Vieja Rosa*. Caracas: Editorial Arte, 1980.

XI

LA CREACIÓN A PARTIR DEL SILENCIO EN DOS NOVELAS DE REINALDO ARENAS

En homenaje a la obra de Lezama Lima, Reinaldo Arenas define su postura literaria basándose en dos elementos esenciales a su visión poética: el ritmo y la imagen:

> Ahora, en este breve respiro que nos concede la calma, uno puede detenerse y pensar; uno puede cerrar los ojos (abrir los ojos) y mirar. Uno puede empezar a interpretar. Uno puede empezar a amar. Pues cuando todo eso sucede, cuando, tan raramente, se provoca ese hechizo, se produce esa luz, se recogen las voces, uno empieza a sentir el verdadero ritmo de las cosas . . .
> Mas si alguien oye esa vibración; si alguien puede, a pesar de todo, escuchar ese ritmo que está un poco más allá; que solicita del silencio y de la participación del silencio, que solicita de la belleza, entonces es que ha llegado el amor. Es decir: ha llegado el ritmo y la imagen. Ha llegado, sobre todo, el receptor de ese ritmo y de esa imagen: el que atiende y vigila. ¿Y quién es el que vigila sino el que espera? ¿Y quién es el que espera sino el que cree? ¿Y quién es el que cree sino el que crea? ¿Y quién es el que crea sino el poeta?[1]

Para interpretar, el poeta se ubica en la calma, en la ausencia del ruido. Para mirar, para interpretar, hay que cerrar/abrir los ojos. La creación consiste en el acto contradictorio de ver, de iluminarse, con los ojos cerrados. El que vigila recoge las voces presentes en la calma y participa de una epifanía en la que la iluminación y la voz confluyen en el lenguaje poético. El escritor ofrece un lenguaje que, poblado de imágenes silentes, trasciende la contradicción de decir las cosas mediante el silencio. Arenas explica la creación en términos paradójicos: el intérprete percibe la luz con los ojos cerrados y escucha las voces que participan del silencio.

Ritmo e imagen constituyen los elementos que coexisten paradójicamente en la escritura, ya sea poética, ya sea narrativa. ¿Cómo proyectar una voz en silencio? El ritmo que el poeta intuye "solicita del silencio y de la participación del silencio".

El poeta oye una vibración—esta metáfora hace del sonido, de la voz, una percepción inaudita. Los conceptos de ritmo e imagen concuerdan en un lenguaje que surge entre el abrir y cerrar de ojos, en un lenguaje que, poblado de imágenes, evoca la voz silente del poeta. Interpretar significa dar sentido al silencio en el lenguaje. Con la serie de preguntas que cierran el fragmento citado, Arenas anuncia la llegada del ritmo y la imagen; la llegada del poeta que no sólo espera y cree, sino que crea y produce el hechizo donde reinan el entendimiento y la comunicación.

En las páginas que siguen, veremos cómo la voz poética efectúa la conciliación de ritmo e imagen mediante un lenguaje que participa del silencio.[2] Haremos una lectura de *El palacio de las blanquísimas mofetas* (1980), donde el protagonista Fortunato descubre su condición de poeta. Luego pasaremos al análisis de *Otra vez el mar* (1982), donde el silencio y la imagen finalmente dan nombre a la voz del narrador que se proyecta al final de la novela.[3]

En *El palacio*, el poeta incipiente lucha contra la falta de tranquilidad que reina en su casa. El joven vive con sus abuelos, tías y primos en una casa donde todas las mujeres se quejan constantemente a gritos: "Mi familia es la más escandalosa del mundo. Aun cuando están conversando de cosas sin importancia, la gente que pasa por la calle se para por un momento, pues piensan que están matando a alguien o algo por el estilo. Y yo tengo la desgracia de tener que vivir con ellos desde que nací"(p. 94). Y como si esto fuera poco, al ruido constante de las lamentaciones en el interior de la casa, se añade el de una fábrica de dulces de guayaba que agobia a la familia con su "guirindán" perenne. Para sobrellevar estas voces que se repiten sin sentido, el abuelo se niega a hablar con la familia. Sólo se digna a comunicarse con los clientes de la venduta que ayuda a mantenerlos al margen del hambre. Fortunato vigila el silencio del abuelo, siempre esperando el momento en que le dirija la palabra:

> La venduta deja muy poco. O mejor dicho; no deja ninguna utilidad. Pero si no fuera por ella, el abuelo no tendría nada que hacer y se pasaría el día entero metido en la casa sin hablar. Porque nunca habla mi abuelo. [. . .] Por las noches [. . .] pone el radio y oye el noticiero. Un día me pareció que dijo: qué barbaridad. [. . .] Me pareció que lo dijo y me fui para el patio, y, aprovechando que era de noche y nadie me veía, empecé a hacer muecas y a dar brincos de alegría. Pero al día siguiente no volvió a decir ni media palabra. Y desde entonces no lo he oído hablar más. (pp. 94–5)

Los gritos de la abuela y las tías no se distinguen del "guirindán" de la fábrica por carecer de silencio, de sentido. Ambos repiten una monotonía angustiosa. Las palabras del abuelo, sin embargo, surgen del silencio y comunican al muchacho la epifanía de la palabra; la voz del abuelo, que por ser insólita, produce en él la alegría. En otra ocasión, Fortunato escucha al abuelo decir la palabra *Pascuas*, y el joven toma conciencia del poder creativo de ella: "Ha visto a su madre llorando. Ha oído los gemidos de su abuela en el rezo. Dios. Dios. Pero de pronto el abuelo ha dicho *pascuas*, y aquella palabra, dando saltos, ha llegado a sus oídos, y aquella palabra se ha convertido en miles de palabras insospechadas, únicas, musicales, mágicas. Palabras que, de pronto, abren recintos fabulosos, palabras que lo transportan, palabras que son catedrales, ramos que acarician, mares de cabrilleantes fulgores [. . .]" (pp. 161–2).

La palabra *pascuas*, plena de significado, trae el regocijo. La conciencia de lo insólito efectúa la transformación de una voz ubicada en el silencio, en imágenes concretas que no gimen sino que evocan la alegría del descubrimiento. Fortunato reconoce su condición de poeta cuando oye la palabra en el silencio y produce la magia mediante la proliferación de imágenes: *pascuas* da lugar a catedrales, ramas que acarician, etc. Pero la poesía trasciende la dicha de la experiencia para desenmascarar el reverso de la moneda: "¿No es la dicha? ¿No es la libertad plena? ¿No es el privilegio de tocar lo insólito, de participar en las transfiguraciones? [. . .] Es también la muerte, [. . .] haciendo posible la poesía . . . "(p. 162).

El lenguaje constituye el lugar propicio para el encuentro de los opuestos. La novela gira alrededor de dos palabras contradictorias que le sirven como punto de partida: pascuas y nada. El abuelo pronuncia la primera, la segunda proviene de Esther, la prima de diez y siete años que se suicida en el mes de junio para quedar en la memoria de todos como la figura de la muerte. Su muerte significa el triunfo de haberse escapado del caos familiar y por un momento constituir el centro de todas las miradas: "Alta, triunfal, llena de flores, salió a junio. [. . .] Alguien lloraba y aquel llanto era por ella" (p. 87). La muerte también significa la desintegración: "Ya junio con sus múltiples relinchos [. . .] comenzaba a tironear, a descuartizarla, a engullirla" (p. 89). Hablando con Esther, Fortunato descubre la otra palabra que le proporcionará las dos caras de la visión poética:

—¿En qué piensas? ¿Qué estás haciendo?
—Nada—dijo.
—Nada
—Nada
—Nada
—Nada
—Nada.

La palabra *nada* proviene de esta figura triunfante y aterradora que encuentra la redención en la muerte. Y la muerte significa fin y principio: "¿Había terminado? ¿Comenzaba? [. . .] Pero ya andaba lejos. Ya sabía otras cosas" (p. 89). El conocimiento sobre el poder de las palabras nace del silencio (del abuelo) y de la muerte (de Esther). Fortunato dice de su prima: "Ella inventaba cada palabra. Y al decirla se transformaba en miles de palabras diferentes. Cualquier palabra que fuese, por muy repetida que estuviera, ella la decía, y zazz: se convertía en muchas palabras. En tantas, que podría estarme muriendo la vida sin llegar a decir nunca las palabras que ella decía de una sola palabra" (p. 133). El poeta, atento a la imagen y al ritmo de las cosas, intuye en el silencio y en la muerte el poder plurivalente de las palabras. Cada palabra encierra una contradicción: *pascuas* significa resurrección y libertad (del poeta), pero "es también la muerte" (p. 162). *Nada* connota el vacío de la desintegración pero también encierra en sí la blancura brillante de una muerte en junio. El poder de la poesía ahora en manos de Fortunato, consiste en transformar cada palabra en miles de palabras diferentes.

El lenguaje poético de Arenas oscila entre las voces contradictorias de "pascuas" y "nada", entre la poesía y la prosa, entre el silencio y el grito. La voz del poeta trasciende las contradicciones con una imagen visual pero silente (la muerte blanca y pútrida de Esther). Esa imagen sugiere el lugar desolado e inhóspito del lenguaje poético. En *El palacio* el diálogo entre las voces poéticas ocurre en el presente del infierno. Ese diálogo borra la blancura con palabras que comunican mediante la paradoja de afirmar algo negando su presencia:

>—Tengo miles de hojas en blanco.
>—Escribe, escribe. No dirás nada.
> Nunca te oirán.
>—Tengo que contar.
>—Cuenta, cuenta. Ya te aburrirás.
>—¿Aquí nadie se interesa por los otros?
>—Aquí no hay otros.
>—Y yo, ¿y tú?
>—Estamos para significar esa ausencia.
> Tú eres mi soledad, y yo represento
> para ti la certeza de que estás solo. (p. 143)

La proliferación de voces, de palabras, intenta llenar las miles de hojas en blanco, pero sólo cumple la función de anunciar la voz ausente del poeta.[4]

En su análisis de un cuento de Borges. Michel Foucault sugiere que "el espacio común del encuentro [de animales fabulosos y reales] se halla él mismo en ruinas. Lo imposible no es la vecindad de las cosas, es el sitio mismo en el que podrían ser vecinas. [. . .] ¿Dónde podrían yuxtaponerse a no ser en el no-lugar del lenguaje?"[4] El no-lugar del lenguaje de Arenas se encuentra en "el infierno" de la novela donde la escritura no dice nada ("Escribe, escribe. No dirás nada") y la voz resuena en el vacío ("Nunca te oirán"). En el espacio inhóspito del infierno,

La creación a partir del silencio/95

el diálogo niega su posibilidad de existir al negar la presencia de los hablantes. Sin embargo, el lenguaje efectúa la proeza de afirmar una presencia de significación ("Estamos para significar") en la ausencia de voces precisas ("Tú eres mi soledad, y yo represento para ti la certeza de que estás solo"). El lenguaje efectúa lo imposible: niega las voces pero afirma el diálogo contradictorio. En el no-lugar del lenguaje poético, en el espacio entre la afirmación y la negación, el poeta niega su presencia y la presencia de un significado accesible a todos para afirmar un modo de significar contradicciones.

Teniendo en cuenta el poder de la poesía de transformar una voz insólita en imagen ambivalente, pasemos a un análisis de *Otra vez el mar* (1982). La novela empieza con una bella descripción del mar que destaca el juego de luz y borra el sonido de las olas:

> El mar. Azul. Al principio no. Al principio es más bien amarillo. Cenizo, diría... Aunque tampoco es cenizo. Blanco quizás. Blanco no quiere decir transparente. Blanco. Pero luego, casi también al principio se vuelve gris. Gris, por un rato. Y después oscuro. Lleno de surcos todavía más oscuros. Rajaduras dentro del agua. Quizás sean las olas. O no: sólo espejismos del agua, y el sol. Si fueran olas llegarían a la costa. Es decir, a la arena. Pero no hay olas. Solamente, el agua. Que golpea, casi torpe, la tierra. Pero, no la golpea. Si la golpeara se oiría algún ruido. Hay silencio. (p.9)

La luz del sol, reflejado en la superficie del mar crea un espejismo que evoca en silencio el paso del tiempo. Así el mar pasa de ser azul en el día, a amarillo en el ocaso y oscuro en la noche. La superficie del mar, paradójicamente blanca, revela "rajaduras dentro del agua", signos que vislumbran la actividad de la escritura en el transcurso del tiempo. Lo observado consigue expresión afirmando un color, luego negándolo hasta aceptar que el mar no es azul, sino de todos colores, desde el blanco al negro. En esta descripción, todo color participa del blanco, de la luz del sol que se refleja. En la superficie del mar, o sea, del lenguaje, el blanco y el negro resaltan con igual intensidad y se niegan recíprocamente.

La novela también empieza con la premisa de que para llegar a nombrar algo, hay que partir del silencio. El arte de nombrar, de nombrarse, en *Otra vez el mar* tiene su raíz en la blancura y el silencio del mar hasta el momento final de la novela cuando el narrador puede nombrarse. La voz unívoca del narrador coincide con el final de lo narrado. Para prolongar el relato y postergar el final, la voz narrativa ha de ser silente, ha de desplegarse en imágenes visuales.[5] La metáfora del mar al principio sugiere la mutabilidad de la visión poética en el proceso narrativo y también subraya la imposibilidad de comunicar algo abiertamente.

Otra vez el mar consta de dos partes; la primera, una narración en prosa de una voz femenina sin nombre. La segunda, compuesta de seis cantos en verso, corresponde a un narrador llamado Héctor, el esposo de la protagonista de la primera parte. La primera parte carece de divisiones marcadas; el índice, sin embargo, la divide en seis días, cada día empezando con el despertar de la narradora. El aspecto visual de las cosas impera en la visión femenina centrada en la expresión de pesadillas y alucinaciones. La narración se ubica en el intersticio del sueño y las apariciones de dinosaurios que pueblan los días transcurridos en la playa. A la esposa, los días de playa le proporcionan el lujo de pensar, de soñar y de enfrentarse a la falta de comunicación entre ella y Héctor, su marido. Para Héctor, estar cerca del mar significa poder leer y dejarse conquistar por un chico joven que está de vacaciones con su madre en la cabaña adyacente. La esposa pasa los días sospechando la relación entre su marido y el muchacho, pero sin pronunciar queja. La última semana de vacaciones, el muchacho aparece muerto después de haberse caído de un promontorio y haber sido arrastrado por el mar a la orilla, cerca de la cabaña de la madre.

En la segunda parte de la novela, que consiste de seis cantos, el yo narrador femenino es desplazado por el yo masculino de Héctor, que aunque masculino, se define fuera de la norma por ser homosexual. Finalmente, las dos entidades genéricas desaparecen para descubrir el yo que han creado hombre y mujer. Ellos son ficciones de un fantástico diálogo en el que sólo existe el yo también marginado del creador. El diálogo contradictorio que hemos citado de *El palacio* ("Tengo miles de hojas en blanco") cifra y presagia la estructura dialogística de *Otra vez el mar*. La primera y la segunda parte constituyen las voces ubicadas en el lugar inhóspito del lenguaje (el infierno: la novela), voces que conversan pero afirman la ausencia de los hablantes. Las voces de los personajes desaparecen para dar lugar a una voz unívoca que también se ubica en el silencio. Por eso, al final de la novela el narrador Héctor afirma su presencia nombrándose y en ese mismo momento, desaparece. La voz narrativa en *Otra vez el mar* cobra integridad mediante la negación y la ausencia.

El agente femenino que narra en la primera parte calla porque observa la falta de utilidad de las palabras: "Sigo pensando que las palabras no sirven para nada. Quizás, al decir *sí* o *no* cumplen una función. Pero cuando se necesitan para otras cosas, fallan. Por lo demás, se puede afirmar o negar sin tener que abrir los labios" (p. 12). Además de observar la inutilidad del lenguaje, la narradora escapa de la infelicidad de su vida matrimonial con alucinaciones enraizadas en el silencio: "De nuevo tengo la intención de hablar, de usar, de manipular palabras. ¿Me servirían acaso para demostrarle a alguien que ahí, en la carretera, a un costado, hay ahora un dinosaurio que se pasea lento por ese sendero deslumbrante? [. . .] Y más allá, hacia aquel extremo donde la playa se vuelve piedra y empieza el mar abierto, otro grupo de animales, al parecer, danzando. Qué inútiles las palabras.

Bastaría decir 'mírenlos' para que al momento desaparezcan. No hablo" (pp. 12–3). Este fragmento demuestra el poder contradictorio del lenguaje que al negar un hecho, al mismo tiempo lo afirma. El silencio libera el lenguaje para que pueda decir que hay un dinosaurio en el sendero y también para subrayar que las palabras pueden borrar su capacidad de significar. Decir algo implica hacer desaparecer el significado, en este caso los dinosaurios. Para la mujer, la expresión mediante alucinaciones se ubica en el silencio; en el poder del lenguaje de borrar el significado. Las palabras enunciadas abiertamente borran el mundo deslumbrante de sus visiones. El nombrar las cosas en voz alta las reduce a su función lingüística y disminuye su poder emotivo. Al escándalo de los dinosaurios que chillan, la narradora opone la calma, su creación: "Pero por encima de todo la calma. Es decir, la representación" (p. 13). Con el lenguaje del silencio, la mujer consigue comunicar no sólo la visión de los animales, sino también su perplejidad ante ella: lo inusitado de la experiencia la deja muda. Con el silencio, ella cobra conciencia del poder contradictorio del lenguaje.

El concepto de la epifanía de la creación a raíz del silencio prevalece en la obra de Reinaldo Arenas. Otro momento muy representativo ocurre en *El palacio* cuando el joven poeta Fortunato aparece en la superficie blanca de la luna y después de callar el sonido de las cigarras entona su canción solitaria. En *Otra vez el mar* el sonido preponderante de las cigarras vuelve loca a la mujer que llega a asociar su canción con la muerte cuando dice Héctor: "chillan de ese modo porque ya terminó el verano y tienen que morirse" (p. 13). Para la mujer que narra el sonido significa el fin, la muerte; al anular las voces, ella participa de su mundo visual y prolonga el diálogo consigo misma. Con el silencio llega la creación. Pero dicha creación ha de ser también silente: por eso sueña y concibe alucinaciones. La enunciación de palabras y aun la expresión de emociones mediante el llanto significarían el fin de su narrativa.

En la obra de Arenas, la conciencia del poder de representación de la palabra surge en el silencio. El lenguaje calla al afirmar la presencia visual de imágenes proliferantes (los dinosaurios). Para reflexionar sobre el acto creativo, la narradora calla los chillidos de los dinosaurios y niega que las voces puedan significar su presencia. La poesía ilumina las contradicciones con imágenes visuales siempre negando las voces que chillan (i.e. el guirindán de la fábrica, los grillos y el sonido de las olas). La poesía surge de la posibilidad de iluminar callando (negando); el lenguaje adquiere dimensiones literarias cuando encierra la paradoja: el mar es blanco y negro y las olas callan al golpear la arena blanca. Ritmo poético quiere decir vibración y no sonido. Recordemos que con el sonido de los grillos acontece la muerte de la narradora. Para significar algo, el lenguaje incurre en la contradicción de ilustrar una ambivalencia negando lo dicho: "El mar. Azul. Al principio no. Al principio es más bien amarillo".

La expresión mediante lo visual en la ausencia de la voz encaja perfectamente dentro del papel de la mujer en la sociedad hispanoamericana y en la novela. Antes de irse de la casa materna con Héctor, la jovencita que todavía vive con su madre describe su condición de mujer al opinar sobre la del hombre: "Debe ser terrible ser varón en estos tiempos, porque, en fin, la mujer no cuenta para nada; si la ofenden sólo tiene que echarse a llorar o pedir auxilio" (p. 46). Y efectivamente, ya de casada, la narradora se caracteriza por ser siempre la que escucha a Héctor quejándose interminablemente de la revolución (p. 177), la que llora calladamente para que Héctor no reconozca su tristeza y su insatisfacción (p. 169), la que, como el agua, toma dócilmente la forma del vaso en que cae (p. 153). Su papel de madre, de receptora del hijo, sirve sólo para justificar una función biológica, sometida a una tradición formulada por el hombre: "*Mujer sentada con un niño*. ¿Lo digo yo? ¿Lo piensa Héctor? ¿Lo pensó él y lo digo yo? ¿Lo dijo él y lo repito yo? *Mujer con niño. La madre y el niño*" (p. 115). Aun las imágenes que la identifican fueron formuladas por el hombre. Ni siquiera los pensamientos le pertenecen, el hablar cae bajo el dominio del hombre. Las imágenes visualizadas se transforman: "la mujer con un niño" puede ser intercambiada por "la madre y el niño", las palabras mujer y madre equivalen a decir la misma cosa; la superposición de imágenes borra la diferencia. El decir está regido por la indecisión, una pregunta le sigue a la otra con el propósito de borrar a la persona que habla. Lo dicho consiste en un eco de lo anteriormente concebido por otro. Para no morir, la narradora desaparece detrás de la imagen creada por otro.

Para expresarse, para definirse, la mujer ha de habitar en el silencio, en el ámbito visual. Con sus ojos y no con su voz la mujer descubre el tiempo y la soledad: "Mirándolo [al dinosaurio] [...] siento como una especie de secreta comunión entre dos soledades" (p. 104); "Y miro el mar: La una del día, pienso. Miro el mar: las dos de la tarde, pienso" (p. 105). Mirando el reflejo de la luz en el mar, la mujer capta el pasaje del tiempo porque el silencio le permite pensar. La conciencia del tiempo equivale a las rajaduras dentro del agua que permiten profundizar, dar significado, a la superficie esencialmente llana del lenguaje. El acto de mirar, de interpretar, equivale a la comunicación de lo que el lenguaje calla bajo la superficie. Mirando, la mujer toma posesión de lo que antes la aterrorizaba y lo interpreta a su manera formulando un lenguaje visual.

El descubrimiento del tiempo y la soledad son pasos imprescindibles para la enunciación literaria que es por definición muda. El único grito que se permite ella, ocurre en sueños: "Grito. Y mi voz también se va perdiendo, disolviendo, difuminándose entre la gran claridad" (p. 97). Su salvación emerge cuando cierra los ojos y sueña, y así crea un mundo de fantasías que dan expresión a todos sus temores y deseos. Como le es prohibido el hablar, cuando lo intenta: "empiezo a vomitar cotorras y otras aves escandalosas" [...] "Trato de hablar y sólo logro expulsar hojas secas" (p. 168). En su locura onírica la narradora ha logrado descubrir y aprender a tolerar el paso del tiempo y la soledad. Cuando regresa a La Habana, los dinosaurios ya no la acechan e incluso sueltan carcajadas mientras se pintan los labios a la orilla de la carretera (p. 84). Para no simular o repetir la voz perecedera de los grillos, la mujer se encierra en sí y crea su mundo a partir de lo opuesto: el silencio. Para no definirse en función de la voz masculina que intuye la temporalidad en términos de muerte (las cigarras que se oyen pero no se ven y que mueren después de cantar), la mujer se define en función de lo visual y del silencio. Por eso, cuando sueña, emite imágenes (cotorras y hojas secas) que connotan su voz pero que no la expresan. Paradójicamente, para no enloquecer, para no desaparecer, la esposa inventa una locura regida por un lenguaje estrictamente visual. Sus sueños le pertenecen precisamente porque son secretos, callados, y porque se definen al margen de la voz masculina que ocupa el centro de la narración en la segunda parte.

Para hallar una voz qua sea semejante a su condición anónima de mujer, la narradora de la primera parte concibe un lenguaje que calla su nombre, que borra su nombre, y que la identifica en términos calificados de "negativo" por el hombre. La mujer invierte los valores masculinos y define su voz a partir de la ausencia del sonido. Lo narrado surge al negar la presencia de la voz del otro y al afirmar el aspecto visual y silente del lenguaje, aspectos que ahora cobran una carga positiva. Como la mujer no puede salirse fuera de esa imagen homogénea de mujer y madre creada por el hombre, su voz afirma esas características visuales y silentes que la asemejan a esa imagen. Su locura onírica insiste en la semejanza para crear una diferencia en su voz que no se asemeje en nada a la voz explícita de ese "otro" que la ha mantenido callada. Contra la dicción vociferante de su marido Héctor, la mujer ofrece la locura y el silencio.

Podríamos trazar un paralelo entre las voces contradictorias de "pascuas" y "nada" en *El palacio* y las voces de la mujer y el esposo que dialogan en *Otra vez el mar*. Las voces femeninas hacen multiplicar las palabras mediante imágenes deslumbrantes, aunque siempre contradictorias. Las voces masculinas invaden el silencio. Pero decir algo en voz alta significa también negarlo. En ambos casos, las palabras intentan sostener un diálogo que anula las voces afirmando la ausencia del que emite ese diálogo.

Si la primera parte de la novela insiste en lo visual, la segunda irrumpe con la palabra de Héctor:

> El mar
> es ahora un estruendo apagado
> que disfraza sus ofensas con tranquilos
> susurros.

[. . .]
El mar.
estruendosa carcajada
furia en constante acecho,
luminoso estertor" (p. 197)

El grito que oímos es del "hijo desesperado", del escritor que, sabiendo que sus palabras caerán en el olvido, cumple la imperiosa necesidad de decirlas (p. 390).
La narradora de la primera parte viste la máscara del silencio para expresarse; la segunda parte, narrada por Héctor en verso, abre con un fragmento de Lezama Lima: "El hombre desnudo entona su propia miseria". El que Héctor se quite la máscara de hombre casado para anunciar su homosexualidad no implica que las palabras no le sirvan al poeta de ropaje para vestir una traición: "La literatura es la consecuencia de una hipocresía legendaria. Si el hombre tuviese el coraje de decir la verdad en el instante en que la siente y frente al que se la inspira o provoca; [. . .] si tuviese el coraje de decir lo que es [. . .] sin tener que escudarse en un acertijo de palabras guardadas para más tarde; si tuviese la valentía de expresar sus desgracias como expresa la necesidad de tomarse un refresco, no hubiese tenido que refugiarse, ampararse, justificarse, tras la confesión secreta, desgarradora y falsa que es siempre un libro" (pp. 230-1). Las palabras traicionan porque quedan desplazadas en el tiempo y porque jamás hacen explícito lo indecible. El mar no es transparente, es blanco. La conciencia del lapso temporal, el paso de la emoción al grito, constituye el escudo que protege al hombre pero es también su arma. Con palabras tardías el hombre hace algo más que pedir un refresco, produce una literatura.
El poeta es el que lo dice (p. 345) y lo dice con un lenguaje que estalla en imágenes e irrumpe en aullidos. Aún cuando cubre su silencio con palabras reconoce que el escándalo que producen no dejan de intuir o comunicar el silencio aterrador que las sostiene: "Perdone que utilice un lenguaje tan evidente. Me es imposible/hablar" (p. 275). El lenguaje ahora escandaloso de Héctor, continúa subrayando su naturaleza contradictoria. Las palabras siguen siendo evidentes, literales, pero siguen callando su significado, aún cuando Héctor las hace resonar en voz alta. El lenguaje mudo de la mujer calla, pero enuncia el tiempo y la soledad que la acechan. Héctor irrumpe con los sonidos del mar para callar la angustia de no poder nombrarse mediante el lenguaje. Estas contradicciones afirman que el acto de significar algo consiste en negar la comunicación; en producir un lenguaje metafórico que deslumbre con la luz del mar y que "disfrace sus ofensas con tranquilos susurros". La locura del lenguaje yace en su poder evasivo y contradictorio.

Las palabras de Héctor no han conseguido ni más ni menos que el silencio de su mujer. Las dos partes coexisten superpuestas como dos imágenes contradictorias en la superficie del lenguaje. El fluir de imágenes y el chillido de las palabras han querido posponer el regreso de los esposos a la ciudad. Los esposos regresan en automóvil a La Habana: "Allá vamos... El chillar se esfuma [...] Aún tengo tiempo de volverme para mirar el asiento vacío a mi lado. Allá voy solo—como siempre—en el auto. Hasta última hora la fantasía y el ritmo... Héctor, Héctor, me digo precipitándome. Desatado, furioso y estallado, como el mar" (p. 418). Al final de la novela el lector se da cuenta que Héctor y su mujer, el amante y la madre existen en el lenguaje de un "yo" que enuncia su nombre por primera vez. Su diálogo fantástico cobra realidad en el instante que ha de desaparecer. El último "yo" se desenmascara pronunciando su nombre, confiesa su soledad, su condición de creador elusivo, pero no deja de vestirse de palabras, de un diálogo consigo mismo que declara su fin literario. Al nombrarse, este "yo" creativo detiene la narración y cumple la función de vincular las dos partes de la novela y de hacer desaparecer las diferencias de género y de enunciación entre los dos narradores previos. Al relegarse a la ficción, los tres narradores afirman el mismo "yo" del autor implícito que se ha desplazado para evadir la fijeza de una definición única, y para significar una multiplicidad de imágenes y de voces. El último Héctor desaparece para reiterar la metáfora del mar que refleja el lenguaje literario mutable y contradictorio.

La evasión constante del significado mediante imágenes que niegan lo dicho y un yo que se desplaza, producen el silencio evocativo en *Otra vez el mar*. Más que preguntar ¿Qué es lo que dice el lenguaje? la novela pregunta ¿cómo lo dice? Y para decirlo el lenguaje produce la metáfora del mar con imágenes contradictorias y voces mutables. La narración se ubica en el espacio de la calma y en el tiempo del regreso de las vacaciones, en un momento tardío. El don de la obra es precisamente el de integrar palabras como "el mar" con significados emotivos como soledad y angustia y de hacerlo con imágenes y murmullos que no hablan, pero que lo dicen todo.

En la obra de Arenas, el hechizo poético surge a partir del silencio. Esto no sugiere solamente que el acto de crear ocurre en la tranquilidad de la reflexión, sino que la poesía descubre las contradicciones inherentes en el lenguaje. La función del poeta consiste en entonar un ritmo dialogístico con signos visuales, con metáforas plurivalentes como la del mar; la poesía surge de la contradicción: del ritmo y la imagen, del grito y el silencio, del amor y la muerte; para nombrar así al que atiende y vigila, al creador.[6]

Flora González
Emerson College

Notas

[1] Reinaldo Arenas.. "El reino de la imagen". *La Gaceta de Cuba.* No. 88 (1970), p. 23.

[2] Para una explicación teórica de la voz narrativa que se proyecta mediante el silencio, ver el artículo de Shoshana Felman. "Women and Madness: The Critical Phallacy" *Diacritics,* 5, No. 4 (1975), pp. 2-10.

[3] Reinaldo Arenas, *El palacio de las blanquísimas mofetas* (Caracas: Monte Ávila, 1980). *Otra vez el mar* (Barcelona: Argos Vergara, 1982). Anotaremos el número de la página con la mención del texto tal como aparece en las ediciones citadas.

[4] Michel Foucault, "Prefacio", *Las palabras y las cosas,* traducción Elsa C. Frost (México: Siglo XXI, 1968), p. 2.

[5] Ver el artículo de Peter Brooks en que se desarrolla la idea de la tensión narrativa basada en una lucha entre las fuerzas de Eros que posterga el fin y las de Tanatos que intenta concluir lo narrado. Ver también Harold Bloom, "Freud and the Poetic Sublime: A Catastrophe Theory of Creativity". *Antaeus,* 30/31 (1978). pp. 355-76. Peter Brooks "Freud's Masterplot: Questions of Narrative" *Yale French Studies.* 55/56 (1977), pp. 280-300.

[6] Este trabajo ha sido leído en dos partes en las siguientes ocasiones: "La creación a partir del silencio en dos novelas de Reinaldo Arenas", 1 de marzo de 1984 en *El Caribe: Encuentro Cultural,* Universidad Interamericana, San Juan, Puerto Rico; "La conquista de la locura y el silencio en *Otra vez el mar* de Reinaldo Arenas", 29 de marzo, 1984 en *Annual Spring Convention of The Northeast Modern Language Association,* Philadelphia, Pennsylvania.

XII

OTRA VEZ ARENAS Y EL MAR

I. INTRODUCCIÓN

> "*Otra vez el mar* es, con *Paradiso*, una
> de las mejores novelas que nuestro país
> ha producido, también una de las más
> críticas y más cubanas".[1]

No es gratuito el elogio de Severo Sarduy a la novela *Otra vez el mar*. Esta obra, la más compleja del autor hasta el momento, permitirá por su valor literario y sus distintos niveles de rectura una diversidad de acercamientos críticos. Conversaciones con el autor, inmediatamente después de publicarse la novela, más mis apreciaciones particulares del texto dieron como resultado el siguiente trabajo.

Otra vez el mar es la novela del desgarramiento ante una revolución deformada, traicionada, en este caso específico la Revolución Cubana. Dos personajes, un hombre y una mujer, hacen el recuento de este desgarramiento, enfocándolo desde el doloroso sentir de cada uno. La obra, dividida en seis Días y seis Cantos, involucra paisaje, historia, vida personal, sueños y pesadillas, haciéndolos converger hacia una visión totalizadora de los últimos veinte años del panorama cubano.[2]

Estructuralmente es una obra de ritmo sinfónico, dividida en largos movimientos. Los dos personajes fundamentales marchan paralelamente, cada uno con su terror, pero a veces se mezclan y confunden.

La novela está concebida en un tono y lenguaje poéticos, pero tiene también la estructura y rigor de una obra policial: el posible amante (adolescente) pudiera ser el policía encargado de vigilar a Héctor quien, a pesar de ser homosexual, tiene cargos importantes en el Gobierno. El cenicero, que en un momento de embriaguez un personaje deja caer bajo un sillón, será reclamado por la empleada que realiza el inventario de la cabaña a la hora de la partida. Y hasta las palabras que en diferentes monólogos pronuncian algunos personajes serán captadas por el otro: "He aquí el aborrecimiento...", "He aquí el sitio en llamas..."[3]. Estas palabras constituyen el resultado del poema o monólogo que compone el personaje masculino en el Canto I, y que el personaje femenino escucha y comenta en el Primer Día. Así, sucesivamente, los acontecimientos se entrelazan hasta que, en las últimas páginas, ambas voces convergen formando una sola voz que marcha hacia la liberación-destrucción.

Entre las varias formas en que puede leerse esta novela hay dos fundamentales: la lineal y la alterna, es decir, un Día de la Primera Parte con un Canto de la Segunda. De cualquier modo que se lea debe hacerse con suma atención para poder abarcarla en toda su magnitud.

Aunque la obra forma parte de un ciclo, es en sí misma, independiente. La construcción de esta novela tomó dieciséis años.

II. ANTECEDENTES

"... ciertamente pocos manuscritos han sufrido tantas vicisitudes como éste".[4]

La primera versión de esta novela se comenzó a escribir en 1966. Una vez terminada fue destruida en Cuba en 1971 por el albacea literario de Reinaldo Arenas al sentirse aludido en un episodio (el momento en que Tedevoro es salvado por Santa Marica). La segunda reescritura volvió a desaparecer, esta vez a manos de las autoridades cubanas, al ser el autor arrestado en 1974. Con los textos dispersos por Europa y los pasajes que habían quedado en la memoria el autor, reconstruyó, una vez más, *Otra vez el mar*.

III. SINOPSIS

"Un análisis del desgarramiento de la historia personal que provoca la revolución en la historia colectiva".[5]

Otra vez el mar es la tercera novela de la pentagonía concebida por Reinaldo Arenas. Las dos obras anteriores son: *Celestino antes del alba* (1967) y *El palacio de las blanquísimas mofetas* (1975). Si en estas dos obras anteriores se desarrollaba el tema de la infancia y la adolescencia del artista en distintas épocas históricas, en la tercera novela tenemos al hombre en la sociedad cubana desde 1959 hasta el final del verano de 1969 en La Habana.

Una pareja, Héctor y su esposa, un niño de ocho meses y una señora de edad con su hijo adolescente se encuentran pasando seis días de vacaciones junto al mar. Lo que ocurre durante esos seis días entre estos personajes, lo que imaginan, sueñan, o creen que ocurre, constituye el núcleo central. La novela está dividida en doce capítulos, seis de estos capítulos constituyen los Días, y seis los Cantos. La Primera Parte (Días) está narrada por la mujer, cuyo nombre no se pronuncia en ningún momento; la Segunda (Cantos), por Héctor.

La novela comienza precisamente cuando han terminado los seis días de vacaciones y la pareja (Héctor-esposa) abandona la playa. Es en ese momento cuando ambos personajes, cada uno por su cuenta, irrumpen a hablar, a recordar, a cantar, a imaginar, bifurcándose, expandiéndose, encontrándose a veces en medio de sus propios recuerdos, remontándose al pasado (infancia, adolescencia, prehistoria...) o al futuro (cataclismos, sueños, tiranías perfectas y galaxiales...).

IV. TIEMPOS

Los tiempos en que se desenvuelve esta novela son múltiples y se mezclan unos con otros. Cuatro de ellos son los fundamentales y están claramente definidos:

1. *Un presente instantáneo* (o tiempo técnico): el tiempo exacto que dura el recuento de los personajes (cinco o seis horas) desde el momento en que salen de la playa hasta la llegada al túnel que comunica con la ciudad de La Habana. Desde ese presente instantáneo ellos irán partiendo, adentrándose en los otros tiempos de la narración.

2. *Un pasado reciente* (o tiempo anecdótico): los seis días pasados en la playa contados minuciosamente por la mujer y también por Héctor. En este tiempo cada uno cuenta lo que supone que ha visto, imagina, sueña o padece.

3. *Un tiempo histórico:* en el que se relacionan acontecimientos sociales, familiares, experiencias vitales. Todo lo que de una u otra manera ha marcado sus vidas y ha quedado en forma de recuerdo. Infancia en el campo, conflictos familiares, adolescencia, iniciamientos sexuales y amorosos, tiranía batistiana, revolución, totalitarismo, nueva represión.

4. *Un tiempo poético* (tiempo mágico): integrado por los sueños de cada personaje, sus alegorías, sus delirios, éxtasis, imaginaciones y visiones, sublimación del recuerdo, interpretaciones alegóricas del futuro, utopías y desastres. Dentro de este tiempo poético (fundamental en esta obra) están las diversas transformaciones que sufre el personaje principal (Héctor), quien es a veces un monje (recordándonos un poco al Fray Servando de *El mundo alucinante*), un negro esclavo, un homosexual en una plantación cañera o un habitante de un alegórico imperio del futuro. Dentro de este tiempo poético está también el profundo sentir de cada personaje, su soledad, sus búsquedas, su amor y sus invenciones. También podría incluirse aquí el tiempo bíblico (Génesis y Apocalipsis) que impregna toda la obra; los seis días en la playa son también los seis días de la creación del mundo. Cada mañana al despertarse el personaje femenino hace una observación sutil sobre lo primero que ven sus ojos, visión que coincide con las primeras imágenes que aparecen en el Génesis durante los seis días de

la creación. Así, al final (mañana del sexto día) serán ella y él, los dos desnudos, lo primero que verán sus ojos. Es decir, serán la creación, el descubrimiento del hombre y el fin.

V. PERSONAJES

1. *Esposa-mujer:* El personaje femenino tiene a su cargo la mitad de la narración de la novela. Su forma de ser es lenta, minuciosa, sensible, casi vegetal a veces. Pasa, sin embargo, de las descripciones más realistas a momentos de delirio, alucinaciones, locura y fantasía. Ella salta incesantemente de uno a otro tiempo. Siempre en presente, viviendo en ese instante el tiempo que describe; recordando y convirtiendo su recuerdo en momento vivido, otra vez inventado, padecido o disfrutado, otra vez, por primera vez, recorrido. De ahí que toda la primera parte de la novela se desarrolle en tiempo presente. Vale citar el exergo de Octavio Paz que precede a esta primera parte: "La memoria es un presente que no termina nunca de pasar".[6]

Minuciosidad, prolijidad, curiosidad femenina, celo, incertidumbre, dependencia, amor y soledad, maternidad y desesperación, nostalgia de algo que nunca se ha tenido la certeza de poseer, que ni siquiera se sabe realmente qué cosa es, son las características de este personaje. También el hechizo, el goce ante la belleza del tiempo, la tarde (el violeta) invade estos territorios femeninos. Enredada en tal plenitud, llena de tal goce, desbordante de colores y paz, es como ella únicamente puede desprenderse de la memoria y ser parte integral del crepúsculo. Es por ello que en cada atardecer el relato se suspende y aparecen tres espacios en blanco. Debo decir que deberían aparecer tres espacios en blanco, según me informa Arenas mismo, en esta primera edición, pero a veces, por errata, no se mantienen las separaciones.[7]

También incorpora a sus sueños figuras de la mitología femenina (Helena de Troya) de marcadas apetencias sexuales como contraposición a su modestia y abstinencia. Figuras logradas en su esplendor sexual y por lo tanto secretamente admiradas por ella. Al igual que en Héctor, luna y mar juegan en ella un papel fundamental. El paisaje no es un simple paisaje, sino un coro viviente que se humaniza, participa, critica y exalta. A cada instante se le escucha dialogar con los pinos, con una gaviota, con el mar.

Sentimos siempre una especie de agonía en este personaje. Quiere vivir y no puede. Al final sabremos que como en las novelas de Cervantes y Unamuno, este personaje sufre precisamente por ser un simple personaje, no vive, está en su "niebla". En la segunda parte ocurre lo mismo y los personajes le dicen a Héctor que ellos son más reales que él. Él, desde luego, es el narrador o Dios.

2. *Héctor:* Con todo un pasado (infancia y adolescencia) desarrollado ya en las novelas anteriores *(Celestino antes del alba* y *El palacio de las blanquísimas mofetas),* Héctor es el poeta, el buscador de la belleza, del amigo, pero siempre está padeciendo a un medio represivo que lo excluye, condena y reduce. Su finalidad primera y última es la libertad; su necesidad imperiosa es la expresión, la búsqueda de la belleza a través del canto. El encuentro (el invento) con su doble, el adolescente (ese otro "yo" que desesperadamente crea y que al encontrarlo lo destruye, destruyéndose a sí mismo) es el punto culminante de la agonía de Héctor quien está bajo un sistema represivo e ineludible, como lo estaban Celestino y Fortunato en las dos novelas anteriores. El personaje que se alzó contra Batista, que arriesgó lo poco que tenía (su vida), es ahora el que ve de nuevo, enfurecidamente, la implantación de una nueva tiranía mucho más cruel, prepotente y tecnificada en su acoso que todas las anteriormente padecidas. Por primera vez el sentimiento de estafa lo invade. Sus Cantos están recorridos por el resentimiento, la furia y la desesperación. La contaminación política es absoluta, nadie puede evadirse de ella, pues todo es ya político, hasta quejarse del calor. Por eso cuando llega el amigo no hay posibilidades de encuentro. Todo ha sido envenenado, a tal extremo que Héctor piensa que el muchacho puede ser un policía disfrazado de adolescente que intenta seducirlo para denunciarlo.

El poeta, tocado por esa furia, cuenta (canta, piensa) usando su imaginación; así, enumerando, vociferando, inventando, renunciando al amigo, marcha hacia su destrucción que es también su liberación. Esos Cantos ya no se "garabatean" en los troncos de los árboles, como hacía Celestino, ni se escriben en las resmas de papel del abuelo, como hacía Fortunato. Sencillamente se piensan, se murmuran por lo bajo, se "cantan" para uno mismo... Una vez más Héctor es aquí el que asume, padece e interpreta, víctima y cantor, crítico furioso y rebelde, la realidad social que invade los dominios de su mundo personal, pues los márgenes que había dejado la historia oficial para la historia particular ahora no existen, y el hombre ha sido reducido hasta tal punto que su mundo personal (su terror y sus sueños) son ya también parte (o apenas si se diferencian) de la maquinaria política. Es por eso que ahora el personaje está, quiéralo él o no, involucrado en una incesante toma de conciencia política; furiosa, inevitablemente, tiene que participar, padecer, ver y oir todo el espanto, y furtivamente debe cantar, expresar ese espanto cuando pueda, cuando haya sosiego o inspiración, porque a cada momento tiene menos derecho a desatar su íntimo discurso. La clave de esta letanía nos la da el mismo personaje en las páginas finales cuando interrumpe la narración para exclamar:

"Mira. Ah, mira
como te has convertido en un

>   ser
>   politizado
>   girando enajenado
>   alrededor del tema común
>   el gran tema
>   el único tema posible
>   ya".[8]

3. *El adolescente:* Este personaje que apenas pronuncia unas palabras en toda la novela desempeña un papel fundamental, es como la otra cara del mismo Héctor: el posible y misterioso amigo, la belleza, el deseo, lo prohibido y la tentación. Nunca sabremos exactamente si es un ángel o un demonio, el candor o la depravación, Arenas lo ha creado ambiguo a propósito.

4. *Un niño de ocho meses:* Personaje a la expectativa, lanza al mundo el mudo reto de sus enormes ojos interrogantes y alertas.

5. *Una señora cincuentona:* Es por contraposición el único ejemplar "doméstico" que aparece en la obra. Mujer simple y noble. Vive para su hijo adolescente. Ve siempre las cosas por el lado más elemental y sencillo. Cargada de una inmensa ternura familiar, se conforma con alimentar a su hijo y con que la escuchen. Precisamente por querer tan poco, por conformarse con tan poca cosa, su historia resulta más patética.

6. *Personajes obsesivos y omnipresentes; personajes cíclicos de la pentagonía:*
   a. *Madre ausente-presente:* Noble-diabólica, de pronto es un tirano siniestro y otras veces una simple campesina amorosa. Personaje en torno al cual giran tanto Héctor como la mujer, tanto el adolescente como el niño de ocho meses.
   b. *La luna:* Otro personaje fundamental en toda la pentagonía. Ejerce una irresistible atracción y control sobre casi todos los personajes de la novela. Ella es el rostro de Adolfina girando en el cielo *(El palacio de las blanquísimas mofetas),* la superficie donde se tiende Celestino y descansa *(Celestino antes del alba).* La que hace que Fortunato regrese a la casa cuando ya estaba en la calle, con la maleta y los diecisiete pesos, dispuesto a irse para La Habana. Aquí su rostro gigantesco (luna llena) ilumina, se le aparece a Héctor en el preciso instante en que él culminará su encuentro y unión sexual con el adolescente; la luna, inmensa, le hace ver su debilidad, lo desnuda y lo muestra tal como es para obligarle precisamente a renunciar a su autenticidad y a sus deseos. Pero aquí es más compleja porque pudiera ser la esposa, cuando Héctor va a realizar el acto sexual con el joven, se dice que la ve a *ella* allá arriba, es la luna (creemos), pero también sabemos por el recuento de la esposa que ella había seguido al adolescente, se

confunden, o mejor, se alían (mujer-luna) para impedir la realización del personaje central. Lo hacen manso, lo fuerzan a retornar a lo doméstico, como a Fortunato. Esa misma luna también le hace una mueca *maternal*.[9]

c. *El mar:* Personaje principal y central de la novela, es, entre otras cosas, el ansia de libertad, de vida, de infinito. Es deseo, belleza, inquietud, sobresalto, posibilidad, reto, muro y posesión, canción incesante y cambiante que acompaña a todos los personajes. Dis, la Virgen, un dinosaurio, Helena de Troya, París, los cangrejos, y finalmente, el cuerpo destrozado del adolescente, tienen como escenario el mar. El mar es la primera y la última palabra que aparece en la novela. Le da nombre a la misma y limita, geográfica y temporalmente, a Cuba. El mar escolta, rodea, bordea, impregna toda la novela. El mar invade la obra y la puebla con su esplendor, crueldad y canto. El mismo ritmo de la novela sigue las fluctuaciones de la marea. Finalmente "la noche celebra sus orgías con el mar, y a ti (Héctor) no te invita".[10]

VI. MITOS FAMILIARES, DESTRUCCIÓN DE MITOS CLÁSICOS Y CREACIÓN DE NUEVOS MITOS

"La tía odiada", "la prima Eulogia", "los primos", tienen un carácter de mito familiar en esta pentagonía. Muchas veces aparecen aquí ligeramente señalados, su historia ya está desarrollada en las novelas anteriores.

No es por azar ni capricho que esta novela juega con irreverencia, desenfado y burla con varios mitos y símbolos de la cultura occidental. Los personajes de esta obra han vivido casi todas las etapas sociales (primitivismo campesino, matriarcado, capitalismo, socialismo). No hay quien los engañe. Ellos también traen dentro la rosa marchita del que ha viajado en la máquina del tiempo. Por eso todo lo cuestionan, ven la otra cara (quizás la real) de lo que el mito esconde. Ellos saben. Aquí Helena de Troya es, entre otras cosas, una puta descarada y ninfomaníaca; la misma guerra de Troya adquiere una simbología sexual. El combate no es con espadas sino con falos erectos. Dios, la Virgen y los ángeles caminan sobre el mar para tomar un hidroavión y partir definitivamente hacia el exilio. En cuanto a la prehistoria, un dinosaurio es también una mezcla de lujuria, agonía, soledad y burla, y a veces es La Habana, ese otro monstruo. Los mitos revolucionarios se derrumban, las repetidas consignas sólo han servido para crear una cola futurista que está custodiada por guardias fieles al tirano, pero el pueblo que forma esa cola de proporciones colosales desea abandonar la Tierra descascarada y sin atmósfera. La demagogia se ha instalado en lugar de la razón; la represión y el poder, en lugar de la belleza y el amor, pero no han podido quitarle al hombre el consuelo del mar, el rumor del mar, la caricia del mar. No han podido arrebatarle su grandeza, "Y el hombre desnudo entona su propia miseria" (Lezama Lima, exergo que abre la segunda parte).[11]

En esa miseria entonada, en esos cantos susurrados o imaginados está el triunfo de la condición humana, su redención y su grandeza. Porque, en última instancia, más que la denuncia a una sociedad o a un sistema lo que le interesa a nuestro personaje (y a su autor) es la búsqueda de una expresión, de una enfurecida salvación, de un ritmo, y si está en el infierno el canto tiene que ser infernal. Por eso en los últimos renglones de la novela se lee (ya en el instante en que el protagonista marcha hacia la destrucción): "Hasta última hora la fantasía y el ritmo..."[12]

VII. TÉCNICA

Arenas considera que la novela es el género por excelencia para la experimentación y la invención. No se atiene a ningún tipo de convencionalismo del género. Así, partiendo de una anécdota casi inexistente (el encuentro con el adolescente), se incursiona en la poesía, el teatro, la especulación filosófica y el testimonio. La tipografía, el lugar que ocupan las palabras en el texto, también forma parte del contenido y de la forma de la obra. Se considera que las palabras no sólo están puestas para ser leídas, sino también para ser vistas.

Quisiera llamar la atención sobre técnicas utilizadas por Arenas con su conocido humor. *Deus ex machina:* Hay un cuento dentro de otro cuento (como en *El Quijote, Las mil y una noches*...) donde un homosexual (Tedevoro) está a punto de morir a mano de varios "hombres"; todo esto lo ha provocado La Tétrica Mofeta (el propio Arenas que se burla de sí mismo y entra a la obra como personaje). Es el momento en que sólo un Dios puede salvar al "héroe". Arenas lo crea, aparece Santa Marica (el doctor Cortés, quien destruyó la primera versión de *Otra vez el mar*) que, como los dioses, utiliza un recurso desconocido, divino, para salvar a su protegido: deja caer entradas para distintos restaurantes de La Habana (El Cochinito, El Conejito...). Los presuntos asesinos se lanzan sobre los billetes y Tedevoro se escapa. La ridiculización del Deus ex machina mediante la creación de un Santo (a) que proteja a los homosexuales y a la vez refleje el estado de miseria en que se vive en Cuba es un método genial. El doctor Cortés estará de vuelta en la cuarta novela de la pentagonía, me dice Arenas, porque su canonización será discutida con el Papa Juan Pablo II.

VIII. LA NOVELA DE LA DICTADURA

> "Anticastrismo en tono épico, una
> novela moderna, pero clásica".[13]

Hemos visto a la crítica "progresista" acoger casi siempre muy bien las novelas que giran en torno a las tiranías latinoamericanas, lo cual me parece elogiable. Así ha ocurrido desde *Tirano Banderas* y *El Señor Presidente* hasta *El otoño del patriarca,* pasando por *Yo el supremo,* *El recurso del método* y *Oficio de difuntos. Otra vez el mar,* sin embargo, no ha sido tan bien recibida. Arenas, como siempre, arremetió contra todo y todos. ¿Qué esperaban los admiradores de Fidel Castro? ¿Esperaban loas a un tirano que ha usurpado el poder por treinta años, un dictator que ha provocado el exilio del diez por ciento de la población y ha encarcelado y/o fusilado a miles de cubanos? Arenas es un escritor que está más allá del bien, del mal y del mar. Por esta razón tampoco podrán las derechas ponerlo de su parte. Héctor (como el autor) vive dentro de un sistema donde media el interés y la absoluta hipocresía, prefiere estrellarse con su carro que entrar en La Habana para seguir la incesante función. El autor viene de un universo terrible y sabe que Dios, la Virgen y los ángeles se fueron de Cuba. ¿Acaso la iglesia ha condenado dentro de la Isla los miles de fusilamientos? ¿Acaso la iglesia visita a los prisioneros políticos? ¿Acaso . . . ? No, es por ello que Arenas ataca duro y profundo.

IX. ARENAS EN SU PLENITUD

" . . . uno de los mejores escritores
cubanos de todos los tiempos".[14]

Sin duda, *Otra vez el mar* es superior a sus obras anteriores, pero es una novela que intentó abarcar demasiado. Estoy pensando en un lector extranjero, no en mi caso o en el de otro cubano que pueda entender perfectamente todas sus claves y angustias. Quizás hubiese facilitado la lectura el alternar cada Día con un Canto, porque lo voluminoso de la obra y algunas reiteraciones pueden desorientar al lector. Pudo sintetizar más o, por el contrario, crear dos novelas. Todo su odio, toda su ternura, toda su angustia existencial en una Isla totalitaria puede, y debe, ofrecerse con mayor rigor. Ahora bien, no debemos olvidar que aún no hacía tres años que Arenas había abandonado Cuba cuando ofreció esta novela, por tanto, sin la decantación que produce el tiempo se enfrascó en un proyecto gigantesco, narrando en ocasiones acontecimientos menores o incluyendo a personajes insignificantes de nuestra triste historia personal que nada aportan a la obra. Esto, quizás, pueda verse en el futuro como una virtud, puesto que recrea un período de nuestra historia utilizando no sólo a los personajes descollantes, sino a todos los que tuvieron que ver con la injusta e ilógica vida que Arenas se vio forzado a llevar durante esos diez años. Guardando las debidas distancias entre los dos creadores, no puedo omitir la comparación con *La divina comedia,* donde Dante situó a cada uno de sus contemporáneos en el sitio que se merecían según él (Infierno, Purgatorio o Cielo). Ambas obras son ricas en creación e imaginación y para otros, digamos los historiadores de la vida cotidiana, son como libros de *Quién es quién.*

Algún crítico ha manifestado que los personajes son creaciones demasiado simplistas. No comparto esa opinión, en primer lugar porque ellos sólo viven en la mente de Héctor. Todo es pura invención. Héctor no es un intelectual en el mejor sentido de la palabra, sino un simple campesino que se ha cultivado en la capital después de 1959. En cuanto al adolescente, es innecesario apuntar en sentido negativo que es un ser primario. Claro que lo es. Es un ser elemental, y eso es lo que salva a los adolescentes. Arenas, como Unamuno, obliga a sus personajes a deambular en un mundo alucinante, neblinoso. Las creaciones de Héctor son como el Augusto Pérez de Unamuno en *Niebla*.

Considera Fernando Villaverde que: "*Otra vez el mar* es hasta ahora la novela cubana descollante, quizás termine siendo la más representativa de un desgraciado período que a su autor tocó vivir . . ."[15] Creo que sí, y hasta este momento no tenemos una obra superior a ella que nos ofrezca en todo su espanto, tierno e infernal espanto, la década de los sesenta.

El crítico uruguayo Ángel Rama escribió que: ". . . no se necesita ser adivino para saber que en pocos años será un gran escritor internacional".[16] Podemos afirmar, variando los tiempos verbales utilizados por Angel Rama en 1980, que ya es un gran escritor internacional y esta novela lo reafirma.

X. CONCLUSIÓN

Otra vez el mar es una lucha exaltada para que prevalezca el triunfo de la imaginación, de la libertad. Una batalla incesante cuyas armas son las palabras, no ya escritas en los troncos de los árboles ni en las resmas de papel del abuelo, sino aquí y ahora (Cuba 1959–1969). El canto se imagina, no se puede pronunciar: "Rápido, rápido"—exclama en el Canto Sexto—porque "Ya está sonando la bárbara fanfarria . . ."[17] En esa batalla entre represión y expresión el poeta sale triunfante, pues su imaginación, su indignada memoria, su "canto", pudo ser concluido, pudo ser imaginado. Héctor termina de decir y parte. Perece. Tiene que morir porque permanecer (quedarse) es aceptar, es claudicar.

Al final Héctor nos revela, y se revela a sí mismo, que va solo en el auto. Es entonces, en ese último renglón del libro, cuando descubrimos que todo no fue más que una invención del personaje, que el único que existe es él (por eso solamente Héctor tiene nombre propio en la novela). Él marcha solo con sus fantasmas, invenciones y obsesiones, con sus transfiguraciones. Él ha asumido la voz de los demás, los que no pueden ni hablar, ni pensar. "Hasta última hora la fantasía y el ritmo",[12] nos dice, destruyéndose, aniquilándose para poder nuevamente reaparecer, distinto y siempre el mismo, en la siguiente novela. Héctor parte triunfalmente, o como él dice en la última línea: "Desatado, furioso y estallando como el mar".[18]

Roberto Valero
Georgetown University

Notas

[1] Severo Sarduy, Carta a Reinaldo Arenas, *Unveiling Cuba*, 3 (abril 1983), p. 4.

[2] En realidad, la novela abarca fundamentalmente una década, desde el triunfo de la revolución en 1959 hasta 1969, pero se mencionan algunos acontecimientos menores que ocurrieron después de 1969.

[3] Reinaldo Arenas, *Otra vez el mar* (Barcelona: Argos Vergara, 1982), p. 31. Todas las citas corresponden a esta edición.

[4] Alexander Coleman, Texto de recomendación a Penguin Books (junio 2, 1983). Los manuscritos que fueron sacados de Cuba clandestinamente se encuentran en la biblioteca de Princeton University, catalogados entre los manuscritos raros que posee dicha institución.

[5] Carlos Barral, Presentación de *Otra vez el mar* en Madrid, *Unveiling Cuba*, 3 (abril 1983), p. 4.

[6] Arenas, *Otra vez el mar*, p. 7. Tomado del poema de Octavio Paz "Poema".

[7] *Ibid.* En p. 70 no aparece el espacio en blanco. En p. 91, sí distinguen entre la tarde y la noche.

[8] *Ibid.*, p. 396.

[9] *Ibid.*, p. 352.

[10] *Ibid.*, p. 345.

[11] *Ibid.*, p. 195.

[12] *Ibid.*, p. 418.

[13] Mariano Aguirre, "Un tosco realismo antisocialista", *El País* (febrero 13, 1983), p. 4.

[14] Carlos Alberto Montaner, *El País* (febrero 27, 1983), p. 6.

[15] Fernando Villaverde, "El deseo cumplido de Reinaldo Arenas", *The Miami Herald* (mayo 1, 1983), p. 21.

[16] Angel Rama, "Reinaldo Arenas hacia el ostracismo", *El Universal* (Caracas, julio 17, 1980), p. 22.

[17] Arenas, *Otra vez el mar*, p. 415.

[18] *Ibid.*, p. 415.

XIII

AUTORREFERENCIALIDAD *EN OTRA VEZ EL MAR*

Otra vez el mar, novela de Reinaldo Arenas, trae a primer plano las ineludibles tensiones entre expresión y represión que surgen al encontrarse el artista en circunstancias opresivas.[1] Contenido ideológico y dinámica narrativa se entrelazan al reflejarse el rechazo de una ideología autoritaria en la anarquía textual que caracteriza el relato. Por su impulso subversivo, *Otra vez el mar* es una muestra de carnavalización literaria; las transgresiones de la novela, tanto en el plano textual como en el temático, obedecen a un código carnavalesco, código que me propongo rescatar parcialmente al desenmascarar un discurso que a su vez insiste en desenmascarar un régimen totalitario y un sistema narrativo.[2]

Quisiera comenzar el análisis de *Otra vez el mar* con el Índice, que reproduzco a continuación:

PRIMERA PARTE 7
Primer día: Pero ya está aquí la claridad 42
Segundo día: El cielo es lo que veo cuando abro los ojos .75
Tercer día: Y ya es el verde, el verde quien invade, cubre
  completamente la mañana. 97
Cuarto día: Puedo distinguir, a través del mosquitero y de
  las persianas, el resplandor de la madrugada 128
Quinto día: Remolinos de aves amarillentas cayendo sobre las olas 169
Sexto día: Héctor desnudo, tendido sobre la cama, es lo primero que veo 191

SEGUNDA PARTE 195
Canto Primero 197
Canto Segundo. 213
Canto Tercero 254
Canto Cuarto 283

Canto Quinto 325
Canto Sexto 358

NOTAS. 419

    Si a primera vista parece ser un índice tradicional que consta de dos partes, cada una de ellas subdividida en seis secciones, la manera en que se objetivan estos doce apartados rompe la aparente simetría: en la primera parte se emplean "días" y en la segunda "cantos". Esto parece sugerir, si asociamos los dos términos con modalidades narrativas, que la primera mitad de *Otra vez el mar* recrea la "realidad" (un texto mimético), mientras que la segunda, al emplearse el vocablo "cantos", vocablo que se asocia con la tradición épica, se inscribe en el ámbito literario (un texto auto-consciente).[3] Se efectúa, además, una inversión en los sintagmas de ambas partes, ya que los adjetivos ordinales se encuentran antepuestos y pospuestos a los sustantivos respectivamente—como si cada parte fuera el reflejo (inverso) de la otra. Por último, al final del índice se anuncian "Notas", una presencia aparentemente anómala en un relato de ficción. De ahí que en vez de satisfacer la curiosidad de los lectores, este índice resulte enigmático y nos invite a comenzar la lectura de la narración para intentar resolver los interrogantes que ha suscitado.

    En efecto, una primera lectura de la primera parte revela un texto transparente que se rige por normas literarias a las que acude normalmente el escritor tradicional para aprehender la "realidad". En su regreso a casa, una mujer, cuyo nombre desconocemos, evoca en un ininterrumpido fluir de la conciencia unas vacaciones con su esposo (un frustrado artista homosexual) y su hijo en una playa habanera. Con un accidente automovilístico acaecido en las cercanías de la capital el sexto día, la historia de esta familia se cierra con un desenlace plausible. Por consiguiente, aquí podría concluir *Otra vez el mar*, manifestándose—si así ocurriera—como un texto mimético tradicional que relata las desavenencias conyugales de una pareja en la Cuba revolucionaria.

    No es tan fácil penetrar la textura narrativa de la segunda parte. En lo que puede considerarse el exordio del Canto Primero, emerge un hablante que, apostrofando al mar, le implora: "Mar de la Furia,/ escucha ahora mi grito/ de hijo desesperado,/ pues seguro estoy de que ellos/ no me van a dar tiempo/ para que lo repita" (199). Y, aunque antes le habían salido "lombrices" (200) cuando se había propuesto "decir cosas hermosas" (200), este hablante insiste en entonar su nuevo canto, explicándose a sí mismo el programa a seguir:

> Pero tú cantarás,
> óyelo bien,
> tú les retorcerás el cuello a los pavorreales

y te cagarás sobre los castos árboles
tú te meterás en el culo el campanilleo dominical
de los heladeros,
tú alimentarás con arsénico a los últimos parientes de
la "Antigua Esperanza",
tú lanzarás "los zapaticos de Rosa" al zarzal en
llamas.
Tú denunciarás ante los guardacostas a la
que pesca en el mar
[. . .]
tú te masturbarás sobre el "torrente prodigioso"
[. . .]
Tú revolverás la mierda que se esconde siempre
tras la divina retórica.
Tú enseñarás a desconfiar de las grandes palabras,
de las grandes promesas,
de las grandes pantomimas heroicas.
Tú atosigarás con blasfemias la ciudad que te asfixia (202–03).

De este fragmento se desprende que un hombre ha resuelto (como explica el epígrafe de Lezama que encabeza esta parte de la novela) "entona[r] su propia miseria" (195). Al hacerlo, su canto—un "grito" (199) doliente y burlón—se ciñe al programa poético iconoclasta que acabo de citar. Este *ars poetica* (en el cual se oyen ecos del *ars poetica* antimodernista del mexicano Enrique González Martínez) articula un deseo de "retorcer"—subvertir/destronar—la tradición lírica cubana (Eliseo Diego, José Lezama Lima, José Martí, Gertrudis Gómez de Avellaneda, José María Heredia) para fustigar también en un discurso agresivo a todo aquél que trata de silenciar su canto. Así que el cantor, valiéndose de un lenguaje escatológico (cagar, meter en el culo, masturbarse, revolver la mierda),[4] nos hace presenciar un proceso creador subversivo: carnaval y auto-referencialidad convergen en el juego serio que es *Otra vez el mar*.[5]

Repleta de modalidades carnavalescas, la segunda parte (texto amorfo, multifacético y auto-consciente) manifiesta su espíritu festivo y transgresor en sus malabarismos lingüísticos (retruécanos, fonetismo, grupos de aliteraciones), en sus estrategias narrativas (supresiones nominales, notas al calce y al final de la novela, yuxtaposición de incidentes temporal y espacialmente inconexos para sugerir simultaneidad) y en su naturaleza multigenérica (la copresencia típica de textos poéticos, narrativos y ensayísticos). Pasando por alto una serie de textos que integran esta sección de *Otra vez el mar*, me limitaré a considerar brevemente la medida en que la segunda parte participa en un juego especular con la primera parte, especularidad que hace resaltar el sustrato ideológico de esta novela carnavalescamente auto-referencial.

Si recordamos el índice, es fácil ver cómo su organización nos invita a una lectura especular del texto. También, una vez leído el relato sobre Héctor y su familia (en la primera parte), el lector se pregunta qué seguirá a una historia que ha llegado a su fin, pero que forma parte de un texto que se prolonga y cuyas primeras palabras (de la segunda parte) son una repetición de aquéllas con que se abre la novela: "El mar". De ahí el título, *Otra vez el mar,* título que con el sintagma adverbial "otra vez" y con el sustantivo "mar" (un espejo líquido) insiste en sugerir duplicación/reflexividad. Ahora bien, la segunda parte no será una reproducción exacta de la primera. Sí existe una duplicación pero con variación, ya que la mimesis del producto (primera parte) le cede el paso a la mimesis del proceso (segunda parte);[6] se ofrece ahora en un texto auto-consciente la génesis del relato sobre la pareja, poniéndose al descubierto por medio de un complejo truco narrativo su calidad de escritura y el hecho de que lo que se relata en la primera parte es una fantasía y no un relato (auto)biográfico, como se le hace suponer al lector hasta llegar a las últimas líneas de *Otra vez el mar*. De seriedad literaria o mimetismo tradicional pasamos, a través del filtro del carnaval, a los juegos retóricos de la novela auto-consciente.

Sin revelarnos su identidad, el hablante de la segunda parte, a medida que genera otros textos, parece desdoblarse en un "él", en un ser que está atravesando situaciones difíciles por ser un escritor homosexual en un país que prohibe todo tipo de expresión individual, tanto artística como sexual, que sea incompatible con las normas imperantes. Al reconocer en este "él" al joven esposo de la primera parte, el lector tiene que continuar su lectura intratextualmente, ya que para llenar las elipsis de la primera parte tiene que acudir a la segunda y viceversa, efectuando una lectura especular que el propio texto le impone. En otras palabras, desaparece el texto lineal y en su lugar emerge un texto reflexivo que obliga al lector a considerar cada parte en el contexto de la otra para aprehender la novela en su totalidad.

Parte central del relato es la atracción homosexual que siente Héctor por un chico que conoce en la playa. Aunque en la segunda parte se describe la unión carnal de ambos, en la primera se escamotea la consumación del acto, prefiriéndose destacar las solitarias masturbaciones de cada uno. Esta omisión se explica por ser la esposa la narradora de la primera parte, quien los ve masturbándose pero no fornicando. ¿Por qué se adopta esta perspectiva limitada y también por qué reprime Héctor sus preferencias sexuales y se entrega a su mujer al final de la primera parte? Con lo que parece ser una reflexión sobre su propia situación personal, que está en proceso de convertirse en escritura, el hablante de la segunda parte nos proporciona la respuesta. Así medita al elaborar el desenlace del relato:

Entramos.

—*Querida, ¿estás ahí?*

Es la hora de la síntesis. El momento de empuñarla con la tradición. La hora de tomar el cuerpo que desesperado se nos ofrece. De aceptar el cuerpo que obediente nos acepta. La hora de ejecutar las inutilidades ruidosas, el antiguo crimen gracias al cual estamos aquí, cometiéndola.

—¿Querida? ¿Estás ahí?

(La atraigo hacia mí)

Es la hora que nos protege y compromete. La esperada hora del pago y las reconciliaciones. Respiraciones entrelazadas, gritos (a discreción, por favor).

—Querida, ¿estás ahí? ¿Eres tú eso que blando (qué blando) cede? ¿Eres tú eso que blanco (qué blanco) se repliega, extiende, aprieta, extrae? ¿Querida? ¿Eres tú eso?

Pero la mujer parece asustada de las interrogaciones y me abraza. Mi pobre loco, mi pobre niño, dice. No sabe que mi mal consiste en ser excesivamente un hombre. Y cedo, cedo y penetro.

Ella abre el abismo que nos une y me abraza.

Ella me otorga el terror y nos revolcamos.

Abre su insondable desconsuelo dedicado a mí (qué odio, qué furia, qué inevitable amor).

Abrazados nos diluimos. Lejanos, qué lejanos, sollozando.

Ah, henos por fin aquí todos reunidos, tan prudentes, haciendo lo que nuestros padres hubiesen aprobado, henos aquí, al fin todos, circunspectos, cantando en coro, como niños buenos a los que una persona mayor vigila mientras forman la ronda gentilmente dándose una manita triste y húmeda (409–10).

Cabe preguntarse, para comenzar, por qué se injertan aquí textos de José Manuel Poveda y Nathalie Sarraute (notas al pie de página y cursivas identifican las citas), textos que no forman parte de la "versión final" del relato, es decir, de la (auto)biografía disfrazada de "novela" que constituye la primera parte de *Otra vez el mar*. "Crepúsculos deformes" es un breve relato de Poveda en el cual el narrador acude con regularidad a los encantos de una mujer para "evitar la grosería del suicidio".[7] En *Tropisme XXIII*, de Sarraute, el personaje femenino, aunque reconoce que las personas con que se asocia diariamente son detestables, se une a ellas "dans la ronde. [. . .] comme une bonne petite fille docile, elle leur donnait la main et tournait avec eux."[8] Llevada por un "tropismo" (un estímulo exterior), esta mujer pierde su individualidad y se la ve "chantant en choeur comme de braves enfants qu'une grande personne invisible surveille pendant qu'ils font la ronde gentilment en se donnant une menotte triste et moite."[9] En los dos textos que se insertan, la supervivencia de los personajes se asegura por medio de entregas (a una mujer y a un grupo)—una entrega voluntaria en el relato de Poveda, e instintiva en el de Sarraute. Así que se escuchan ecos de "Crepúsculos deformes" y *Tropisme XXIII* en *Otra vez el mar*: la historia de Héctor parece duplicar estos textos porque el joven se entrega a una mujer y, al hacerlo, se incorpora a una sociedad que él detesta (por exigir la heterosexualidad). De manera análoga a la mujer de *Tropisme XXIII*, entonces, Héctor se deja llevar por los prejuicios del grupo, traicionando sus verdaderas inclinaciones sexuales; pero el coito conduce al joven de *Otra vez el mar* al suicidio, precisamente lo contrario de lo que ocurre en "Crepúsculos deformes". Por medio de este juego intertextual, el hablante enmascarado de autor de la segunda parte sitúa al lector en una situación privilegiada; lo hace testigo del proceso irónico que rige el plan de la conclusión del relato (primera parte). "Es la hora de la síntesis"—nos dice—y se ve obligado a "empuñarlo con la tradición", lo cual implica continuar el fraude del matrimonio. Su texto tendrá un desenlace distorsionado; será, por así decirlo, un "crepúsculo deforme", pues Héctor, como la mujer de *Tropisme XXIII*, abraza la inautenticidad y participa "dans la ronde"— en un juego de vigilancias, de oprimidos y opresores.[10]

La tensión entre homosexualidad y heterosexualidad que caracteriza a Héctor (tensión que se soslaya en la primera parte al no abordarse el tema abiertamente y al hacerse que Héctor acepte el matrimonio) se intensifica al establecerse los nexos entre las dos partes de la novela. Tanto temática como estructuralmente, *Otra vez el mar* sigue, como lo revela el pasaje que nos ha servido de muestra textual, un patrón de restricciones y libertades, silencios y delaciones, abstención y expresión. Es significativo, por lo tanto, que la primera parte se ubique dentro de la "tradición" (los valores sancionados por la sociedad), en una escritura igualmente tradicional (un texto mimético con las limitaciones cognoscitivas de un narrador homodiegético que no tiene alcance a las interioridades de Héctor, el personaje problemático); y que la segunda parte, al rechazar la tal "tradición", hace explícito lo que se escamotea en la primera, empleando una escritura subversiva (un texto auto-consciente). *Otra vez el mar* nos invita a formular una relación entre sexo y texto[11] porque, como se ha visto, a las restricciones (sexuales y narrativas) de la primera parte se contraponen las libertades de la segunda (se rechazan las convenciones genéricas, tanto literarias como sexuales). Además, esto se reafirma a través de la especularidad de las dos partes, especularidad que nos incita a realizar un cotejo de dos diatribas de Héctor que se duplican casi textualmente, con la curiosa variante que en la primera parte (177–81) Héctor se ocupa de la situación del artista en Cuba, y que su eco en la segunda parte (353–55) trata sobre la situación del homosexual.[12] Así, en *Otra vez el mar,* la homosexualidad llega a convertirse en instrumento metafórico; ser homosexual y ser artista conllevan las mismas dificultades dado que en Cuba se reprimen de igual manera la expresión sexual y la artística. Para existir hay que someterse al sistema o al menos silenciar toda manifestación desautorizada. Esto queda compendiado en la figura de Héctor, escritor homosexual que se auto-censura (acción análoga al suicidio final) al serle vedada su propia interpretación del placer del texto/sexo.

Novela auto-consciente, *Otra vez el mar* despliega gradualmente sus estrategias narrativas. Pero al compartir sus "secretos" con el lector, hace de él cómplice y víctima simultáneamente. Si hasta la última escena de ambas partes (el regreso en auto a La Habana) se nos ha hecho creer que la primera parte—narrada por la esposa—es la (auto)biografía novelada del hablante/autor de la segunda parte (en particular los días que pasa con su familia en una playa habanera), hemos caído en una trampa. Ello ocurre porque un texto que insiste en exhibir su dinámica textual resulta ser irónicamente un texto enmascarado que espera hasta el final de la celebración carnavalesca (las tres últimas oraciones de la novela) para desenmascararse: "Aún tengo tiempo de volverme para mirar hacia el asiento vacío, a mi lado. Allá voy yo solo—como siempre—en el auto. Hasta última hora la fantasía y el ritmo . . . Héctor, Héctor, me digo precipitándome. Desatado, furioso y estallando, como el mar" (418). Esta inesperada conclusión nos obliga a reorganizar nuestra percepción del sistema narrativo de *Otra vez el mar*. En el momento en que el auto se precipita contra la barrera que lo separa del mar, Héctor toma conciencia de que nadie lo acompaña, de que todo ha sido una fantasía; sólo él existe y los demás seres son una invención suya imaginada durante un recorrido automovilístico. *Otra vez el mar* es, en teoría, un texto inexistente—una ausencia. Esta paradoja textual se lleva a sus límites cuando nos damos cuenta de que el Héctor personaje de la primera parte, aunque ha resuelto dejar de escribir, parece estar componiendo mentalmente lo que resulta ser la segunda parte. Por lo tanto, se convierte en el autor o creador del hablante de los cantos, quien al desdoblarse en un personaje que proyecta relatar su supuesta (auto)biografía se revela como el autor de la versión narrada por la esposa, cuyo esposo a su vez compone mentalmente . . . [13]

De este modo, la "ficción" de la posible existencia de un texto inexistente (un texto ausente) pone en relieve la situación del escritor en Cuba. En otras palabras, la naturaleza paradójica de *Otra vez el mar* (si existe o no existe) emblematiza la precaria e igualmente contradictoria existencia del artista cubano, cuyo dilema articula Héctor en términos igualmente paradójicos: "Cualquier cosa que cuentes se vuelve conflictiva solamente por el hecho de ser contada tal como es; y si inventas, si imaginas, si creas, entonces es aún peor" (177–78); y en otro lugar dice: "Nada más que para sobrevivir tendrás que traicionar y negar precisamente lo que te justifica y eres" (353).[14]

Si la función del artista, tal como la concibe Héctor, es "dar un testimonio" (179), esta misión desaparece cuando se establecen límites que prescriben la funcionalidad de la palabra escrita. El escritor marginado, después de refugiarse provisionalmente en la creación masturbatoria de fantasías, necesita hallar otra manera de expresar su "furia muda" (416). Héctor escoge el suicidio. Por negársele a su "grito" (199) una existencia como escritura, Héctor opta por grabarlo en las murallas contra las cuales estrella su auto. Aunque a Héctor le preocupa si" ¿[...] prevalecerá el testimonio de [su] muerte?" si "¿Será *legible*?" (416, lo escrito en cursivas es mío), el suicidio le proporciona la única oportunidad de componer—y convertirse a la vez en—su último y más trascendente texto.[15] De hecho, el silencio elocuente de este "texto corporal" nos remite a otro silencio igualmente elocuente, el "cuerpo textual" que es *Otra vez el mar*, un texto imaginado que se queda supuestamente en la inmaterialidad del silencio. Héctor y su muerte se convierten en emblemas del escritor y de la labor creadora en Cuba, preocupación que organiza la novela de Arenas. Si en un acto de rebeldía vital Héctor se suicida, el autor implícito de *Otra vez el mar*, en un acto de rebeldía textual, comete un suicidio análogo. Escribir un texto auto-consciente, un texto subversivo, en una sociedad que no valora (que castiga) la creación poética, equivale a una auto-aniquilación. De manera análoga a Héctor, que espera poder comunicar su denuncia oblicuamente con un gesto sin palabras, el autor implícito de *Otra vez el mar*, a través de una modalidad literaria que se caracteriza por su aparente espíritu lúdico, aspira, paradójicamente también, a expresar un mensaje trascendente. Elaborando aún más esta analogía entre el suicidio de Héctor y *Otra vez el mar*, podríamos preguntarnos: ¿es posible que al autor implícito de *Otra vez el mar* le preocupe también si su texto "será legible"? O formulando la pregunta en términos más generales, ¿pueden o deben co-existir la auto-referencialidad y la preocupación política en un mismo espacio textual? Al menos en *Otra vez el mar* lo que podría ser un fracaso se convierte en un verdadero logro; no sólo no queda la denuncia encubierta por las estrategias narrativas sino que éstas hacen que aquélla resalte. No existe por consiguiente en *Otra vez el mar* una competencia o tensión entre la función estética y la función comunicativa; por el contrario, ambas se funden en una novela cuya dinámica textual realiza su misión doblemente reveladora. En *Otra vez el mar* se censura un sistema opresivo por medio de un arte subversivo. Desnudándose, poniendo al descubierto la retórica de su sistema narrativo, este texto auto-consciente desnuda también la retórica de un sistema totalitario: se desenmascaran simultáneamente las manipulaciones y los mecanismos textuales (*Otra vez el mar*) y políticos (Cuba). Al parecer este lector ha escuchado la "furia muda" expresada por el suicidio de Héctor de la cual la escritura de *Otra vez el mar* es un resonante eco.[16]

Jorge Olivares
Colby College

Notas

[1] Reinaldo Arenas, *Otra vez el mar* (Barcelona: Argos Vergara, 1982). Todas las citas se tomarán de esta edición y sólo consignaré la página correspondiente en el mismo texto del artículo.

[2] Sobre la carnavalización literaria he consultado: Mikhail Bakhtin, *Rabelais and His World,* trad. Hélène Iswolsky (Cambridge, Mass.: The M.I.T. Press, 1968); Id., *Problems of Dostoevsky's Poetics.* trad. R. W. Rotsel (Ann Arbor, Mich.: Ardis, 1973), págs. 83–149; Julia Kristeva, *El texto de la novela,* trad. Jordi Llovet (Barcelona: Lumen, 1974), págs. 227–48; Id., "Word, Dialogue, and Novel," *Desire in Language,* ed. Leon S. Roudiez, trad. Thomas Gora, Alice Jardine y Leon S. Roudiez (New York: Columbia University Pres. 1980). págs. 64–91: Barbara Babcock-Abrahams, "The Novel and the Carnival World: An Essay in Memory of Joe Doherty," *MLN,* 89 (1974), 911–37; Laurent Jenny, "Le Discours du Carnaval," *Littérature,* 16 (1974), 19–36; Emir Rodríguez Monegal, "Carnaval/antropofagia/parodia", *Revista Iberoamericana,* 45. Núms. 108–09 (1979), 401–12.

[3] La asociación es más compleja de lo que sugiero aquí. Es verdad que el vocablo "canto" nos remite a la épica, conexión que se justifica aún más por considerarse un Homero (256, 261, 262) el cantor de estos cantos. Pero, a la vez, por encontrarse diseminado en la segunda parte un estribillo, "Aé, Aé" (235, 252, 281), puede que el vocablo aluda a un género popular, a una canción de comparsa en particular que todo cubano conoce ("Aé, aé, aé la chambelona, yo no quiero la rumbita ni tampoco la rumbona") y cuya letra sufre una curiosa adaptación burlesca en la época post-revolucionaria para denigrar a Castro ("Aé, aé, aé la chambelona, Fidel no tiene madre porque lo parió una mona"). Interesante, además, es que la épica griega—*La Ilíada*—se halla presente en *Otra vez el mar,* pero en la primera parte. La narradora sueña con Helena de Troya, personaje sobre el cual siempre está buscando información y nos cita uno de los textos que ha leído ("La existencia de los jóvenes esposos era muy feliz, cuando llegó a Lacedemonia un joven extranjero muy hermoso" [36]), texto que resume también la vida matrimonial de la narradora. Ambas historias se reflejan, pero con variaciones significativas. En *La Ilíada,* el triángulo lo constituyen Menelao, Helena y Paris. el joven extranjero que causa la discordia al raptar a Helena; en *Otra vez el mar,* Menelao queda transformado en Héctor, la narradora se identifica con Helena, y el chico es una versión de Paris. Como en el texto homérico, el chico/Paris es el "miembro" transgresor, pero aquí no seduce a una mujer sino a un hombre, acto homosexual y simbólicamente incestuoso a la vez por llamarse su "víctima" Héctor (el nombre del hermano de Paris). De la misma manera que el relato de *La Ilíada* se subvierte o invierte, el vocablo "canto" parece pasar por un proceso análogo—ambos se asimilan al topos carnavalesco del *mundus inversus.* Esto se confirma al darnos cuenta de que el "Homero" de la segunda parte es el autor de la primera parte: su *Ilíada* invertida, textual y sexualmente. Dejaré para otro estudio la interesante conexión que se establece en *Otra vez el mar* entre sexo y texto, entre homosexualidad y homotextualidad (auto-referencialidad).

[4] Sobre el lenguaje escatológico del carnaval ver Bakhtin, *Rabelais and His World,* págs. 145–95.

[5] "As a primary means of involving the novel in play and dialogism, carnivalization is central to the development of recent self-conscious games of writing and reading. Whether it is used as a primary mode of signification as in Sterne or Rabelais or as counterpoint as in Flaubert or Hardy, the presence of a carnivalesque semiotic introduces the motive of play in its most de-constructive aspects. The *jeu sérieux* of carnival allows the novelist to remind us of novel possibilities, of what might be if the world were re-arranged and, thus, to comment on the way things are. Like all forms of play, the carnivalesque novel is playful precisely because it focuses away from the content features of the procession of events and toward the form itself. Play is play precisely because it is self-centered and calls attention to itself. Thus, it is through such novels that we come to recognize most fully the meta-dimension of all fictions—that the novel from its very beginning (if not quite so overtly as the modern novel) had as its primary subject the processes of signification, the act of creation itself." Babcock-Abrahams, pág. 935.

[6] Sobre "mímesis del producto" y mímesis del proceso" ver Linda Hutcheon, *Narcissistic Narrative. The Metafictional Paradox.* (Waterloo, Canadá: Wilfrid Laurier University Press, 1980).

[7] José Manuel Poveda, "Crepúsculos deformes", *Proemios de cenáculo* (La Habana: Publicaciones del Ministerio de Educación. División de Cultura, 1948), pág. 61.

[8] Nathalie Sarraute, *Tropismes* (París: Minuit, 1957), pág. 135.

[9] Ibid., pág. 135.

[10] "Tropisms constitute the elements of a complex but instinctual *politics of survival* rather than the revelation of individual characters" (lo escrito en cursivas es mío). Valerie Minogue, *Nathalie Sarraute and the War of the Words* (Edinburgh: Edinburgh University Press, 1981), pág. 8.

[11] Dejo para otro estudio más detallado, como explico al final de la nota 3, la relación sexo/texto.

[12] Si la especularidad de la novela sugiere la asociación artista/homosexual, la esposa la sugiere algo más explícitamente cuando ella, mientras escucha las quejas de su marido sobre las dificultades del artista, se dice: "Y yo me digo, todo eso no es más que un rodeo para conversar la verdadera conversación, la confesión" (180).

[13] *Otra vez el mar* es un texto que al parecer se auto-genera, donde no se establecen jerarquías autoriales, como el grabado "Drawing Hands" de Escher. Ambas obras son ejemplos de lo que Douglas R. Hofstadter llama "recursive structures" con un auto en un "inviolate space." Ver su *Gödel, Escher, Bach: An Eternal Golden Braid* (New York: Vintage Books, 1980). Una lectura cuidadosa revela que el Héctor de la primera parte es el "autor" (sin escribirla) de la segunda porque algunas palabras y frases aisladas que su mujer le oye decir, sin comprenderlas, reaparecen en la segunda parte. También, el narrador de la segunda parte,

en lo que parece ser un acertijo textual, resume el sistema narrativo de *Otra vez el mar*: "Supone él que él supone que supone lo que ella sobre él suponiendo está que supone" (322).

[14] Aquí se refiere al homosexual, pero como ya hemos dejado consignado el texto de *Otra vez el mar* establece una sinonimia entre ser artista y ser homosexual.

[15] Es significativo que al final de la primera parte ya se había establecido una relación entre suicidio y texto. Allí, cuando se llevan al chico ahogado, el salvavidas "con los pies *borra* las marcas que había dejado el cuerpo del muchacho en la arena" (192, lo escrito en cursivas es mío) y todas las personas se dispersan para seguir en la rutina diaria como si nada hubiera ocurrido. Héctor espera que su suicio (su texto) no corra la misma suerte que el del muchacho y que, a diferencia de los "lectores" del incidente en la playa, los suyos reconozcan y no ignoren su mensaje. Esta relación entre suicidio y escritura se sugiere también con una referencia oblicua al famoso soliloquio de Hamlet: "¿Seguir? ¿No seguir? He aquí el dilema . . . ¿Qué, pues, sino el estímulo de esa airada, divina, persistente sed de venganza, de desquite, de cuentas a rendir, de no partir sin antes decir, dejar, estampar en la eternidad, o donde sea, la verdad sobre la porción de horror que hemos padecido y padecemos, nos hace resistir, soportar, fingir, y no mandar a la mierda de una patada descomunal tanta fatiga, envilecimiento y locura? . . . Morir—¿jamás soñar?—. Morir—¿tal vez quedar?—. Tal vez, antes de partir, estampar definitivamente eso que no nos permiten jamás decir y somos: Nuestro unánime, intransferible grito. Morir . . . ¿Tal vez quedar?" (págs. 386–87)

[16] Este artículo es el resultado de un seminario sobre la literatura auto-consciente patrocinado por el National Endowment for the Humanities en el verano de 1983 en Cornell University. Quiero dejar constancia de mi agradecimiento por su apoyo al NEH, a mis compañeros de Risley Hall y a John Kronik, director del seminario.

XIV

LA PARÁBOLA DEL DESQUITE

Thomas Babington Macaulay, en su ensayo "On the Royal Society of Literature," publicado hace más de siglo y medio (junio de 1823) en *Knight's Quarterly Magazine,* afirma categóricamente:

> Literature is, and always must be, inseparably blended with politics and theology; it is the great engine which moves the feelings of a people on the most momentous questions. It is, therefore, impossible that any society can be formed so impartial as to consider the literary character of an individual abstracted from the opinions which his writings inculcate.[1]

En el siglo XX, con el énfasis en las masas y en la transferencia al Estado u otros órganos colectivos (el Partido, el Comité, el Secretario General del Partido, etc.) no sólo de las propiedades, las industrias y los comercios particulares sino los derechos de expresión, de publicación, de crítica, de disentir, en fin, de ejercer libremente el pensamiento, el discernimiento, el criterio racional, gran número de literatos han expresado sus opiniones, y a veces han polemizado, sobre el importante tema apuntado por Macaulay—literatura y política—ampliándolo con nuevos razonamientos modernos basados en teorías políticas contemporáneas, y juicios muy parciales. Ser escritor obligado a defender los principios y los actos de una revolución que se autotitule socialista o comunista se ha convertido en un ritual, en un requisito, en una moda literaria para algunos intelectuales contemporáneos, sin relación alguna con lo que la praxis revolucionaria demuestre en cada caso. Otros no se dejan obnubilar tan fácilmente, como Octavio Paz, que atestigua:

> Los antiguos dogmáticos veían en la monarquía a una institución divina y en el monarca a un elegido del Señor; los nuevos ven en el partido a un instrumento de la historia y en sus jefes a sus intérpretes y voceros. Asistimos al regreso del absolutismo, disfrazado de ciencia, historia y dialéctica. . . . El puente que conducía de la religión a la política,

en los siglos XVI y XVII, era la teología neotomista; el puente que en el siglo XX lleva de la política al totalitarismo es una ideología pseudocientífica que pretende ser una ciencia universal de la historia y de la sociedad.[2]

Reinaldo Arenas nació el 16 de julio de 1943. Por tanto, ha sido testigo ocular de la lucha fratricida que derrocó al dictador Fulgencio Batista e instaló a su sucesor, Fidel Castro, quien permanece en el poder desde hace más de un cuarto de siglo. No es, pues, absurdo descubrir un amplio trasfondo político en sus ficciones. Veamos esto en una novela y dos cuentos. Las tres narraciones son modelo de armonía creadora desde el punto de vista literario de asunto, estructura, técnica y estilo. Todo se adapta para lograr un fin artístico perfectamente logrado. Esto demuestra la maestría del autor, dado que no es raro que la literatura de intención política pierda en méritos intrínsecos al quedar aprisionada por una rígida directriz previa que impide la creación espontánea y el feliz juego de la imaginación y el lenguaje.

Arenas irrumpe en el ámbito de la fama, no sólo de las letras hispánicas sino del mundo occidental, del brazo de Fray Servando Teresa de Mier con su novela *El mundo alucinante,* traducida a los principales idiomas modernos. Fray Servando, colosal y magnética figura de la historia religiosa y política de México, estaba empolvado y bastante arrinconado en las letras hispanoamericanas hasta que Arenas lo resucita con su fantástico libro. Arenas lee la autobiografía de Fray Servando e inmediatamente reconoce que este patriota y sacerdote era un verdadero héroe de novela.

La narración va precedida de una breve y admirable carta a "Querido Servando".[3] En ella, Arenas explica sus vicisitudes, "desde que te descubrí, en un renglón de una pésima historia de la literatura mexicana" (pág. 9), y su vehemente afán de acopiar más información para entenderlo mejor, hasta que, extasiado, "Lo más útil fue descubrir que tú y yo somos la misma persona" (pág. 9). La carta termina con estas líneas:

> Estás, querido Servando, como lo que eres: una de las figuras más importantes (y desgraciadamente casi desconocida) de la historia literaria y política de América. Un hombre formidable. Y eso es suficiente para que algunos consideren que esta novela debe ser censurada. (pág. 10).

¿Por qué manifiesta Arenas el temor de la censura? Porque el autor se ha compenetrado tan profundamente con su biografiado, campeón denodado de los ideales de libertad e independencia de México, que las justicieras ideas de Fray Servando expresadas en la novela pudieran convertirse en incentivo que diese alas a pensamientos antitiránicos peligrosos. El libro no pudo publicarse en Cuba, donde no existen editoriales privadas—sólo el gobierno publica—pero vio la luz en la Editorial Diógenes, de México. Esto presenta un curioso simbolismo político en relación con el autor y su obra, pues Diógenes de Sínope (412–323 AC), filósofo griego de la escuela cínica, demostró un desprecio absoluto por su generación, y cuenta la leyenda que Alejandro Magno lo visitó en Corinto y le preguntó: "¿Qué solicitas de mí? ¿Qué me pides?" Y el filósofo le respondió: "Que te apartes para que tu sombra no me impida gozar del sol". La carta inicial y la angustia de la censura, así como toda la novela y los dos cuentos que luego estudiaré, permiten inducir el desprecio evidente del autor por una parte de su generación, aquélla que le censuró o le prohibió escribir, que le aherrojó la palabra escrita y oral.

El mundo alucinante lleva un subtítulo: "Una novela de aventuras". ¿Por qué esa explicación que pretende limitar el mucho más amplio, complejo y profundo mundo temático del libro? De lo explicado en el párrafo precedente, más las reiteradas ideas de libertad, críticas del avasallamiento intelectual y político, acumuladas en toda la novela, se puede inferir que dicho subtítulo, que parece anunciar un texto ingenuo e inofensivo, es un subterfugio del autor para tratar de despistar a los censores, lograr la publicación de la obra, y evitar ser acusado de escritor subversivo, o cualquier otro cargo similar. Fray Servando tenía pasión por la libertad, y sus virtudes cardinales no eran la humildad, la mansedumbre, y la inercia—la novela lo enfatiza. Reinaldo Arenas reconoce en su carta inicial: "Lo más útil fue descubrir que tú y yo somos la misma persona" (pág. 9). Por tanto, no es necesario emplear un aparato epistemológico complicado para descubrir la sutil segunda intención del subtítulo, pues la novela es mucho más que un libro de aventuras, como *El Lazarillo de ciegos caminantes* de Concolorcorvo o, más recientemente, las novelas de Emilio Salgari.

El mundo alucinante está cargado de política porque Fray Servando fue un hombre excepcional que por alcanzar la libertad sufrió toda clase de peripecias y se impuso a increíbles infortunios. Tal vez la lengua viperina del fraile dominico mexicano en esta fantástica biografía fue causa de una nueva desventura de su vida (en el papel) pues el autor tenía terminado su libro desde 1966, pero no logró publicarlo hasta tres años después, y no en Cuba, sino en México. Veamos algunos ejemplos de los juicios del protagonista que fundamentan sus ideas políticas y sirven de clave para la interpretación temática de la novela, así como la mordacidad con que se expresan.

> Poderosos y pecadores son sinónimos en el lenguaje de las Escrituras, porque el poder los llena de orgullo y envidia, les facilita los medios de oprimir y les asegura la impunidad. (pág. 40)

La cita que antecede es una transcripción fiel, exacta, tomada por Arenas de las memorias del fraile conocidas con el título de *Apología y relaciones de su vida*, y así lo hace constar al pie de la página. No significa que la novela sea estrictamente realista, pues Arenas, hábilmente, opta por una técnica narrativa fabulosa, pero con una base factual histórica. Esto le permite captar la acrimonia del fraile y aumentar el tono ríspido cuando le conviene. Mediante esta técnica, Arenas transforma la realidad, la actualiza, con sugerencias sutiles e implicaciones políticas aplicables al presente del autor, y a su mundo. No sin razón Arenas dice en su carta a Servando: "tú y yo somos la misma persona" (pág. 9). Veamos más de esto.

> Podré yo al fin trabajar en lo que constituye mi fuerte y mi mayor anhelo: *la independencia de mi tierra.* (pág. 99)
>
> ¡Tonto!, porque quiero que sepas que has caido en un engaño,¡ y de qué tamaño!... y de que irás a parar a la cárcel por muchos años para que así puedas aprender a través de este desengaño, fraile. (págs. 100, 101)
>
>   Al ver que el pueblo había logrado cambiar de gobernante, pero con ello no había hecho más que cambiar de tiranía.... Entonces vi que todo es fraude en el mundo político. (pág. 136)
>
>   Y me maravillaba al ver cómo en las propias desgracias, y mientras más duras sean éstas, más duro se vuelve uno para afrontarlas, y cómo es que entre mayores sean las mezquindades que nos rodean, más poderosas y fuertes se vuelven las ideas que nos surgen al paso para combatirlas. (pág. 142)
>
>   Algo hacía que la prisión fuera imperfecta, algo se estrellaba contra aquella red de cadenas y las hacía resultar mezquinas e inútiles. *Incapaces de aprisionar*... Y es que el pensamiento del fraile era libre. (151)

A partir del Capítulo 28, cambia el lugar de la acción de la novela. El fraile regresa a América en una expedición revolucionaria para liberar su patria del yugo opresor. Pero sus vicisitudes no cesan. Cae preso de las tropas virreinales. Huye, vuelve a México y el general Dávila, que lo ha hecho su prisionero y lo tiene en la más subterránea bartolina, le da la libertad:

> No sé, ciertamente, de quién será usted más enemigo, si de La Monarquía Real Española o del nuevo Imperio de Iturbide; pero como creo que más daño le puede hacer a él, que ahora comienza, que a nosotros, que ya vamos de retirada, he resuelto darle la libertad. (pág. 185)
>
> El fraile le responde:
>
> Hace usted muy bien en tomar tal decisión, pues si bien mi odio a Fernando VII y a todos sus burros reales es infinito, tiene para mí más importancia el derrocamiento de este emperador emplumado que acaba de coronarse en su tierra para vergüenza de los verdaderos mexicanos. (pág. 185)
>
>   Fray Servando no acepta el simple cambio de amo. Él quiere una verdadera

La parábola del desquite/129

república. Para él, la guerra por la libertad está vigente. Todo el Capítulo 32 es el coloquio entre Fray Servando y el emperador Iturbide.

—Debería usted respetar a *Su Majestad*.

—¡Al carajo con *Su Majestad!*, *Señor Agustín*, le digo gústele o no le guste, esto de su coronación no es más que una sucia pantomima.... ¿Cree usted que después de cuarenta años de lucha por la independencia me voy a conformar con esta sucia traición?. ... Y me pregunta usted si me siento conforme y si estoy satisfecho. Pues sepa que no lo estoy, y que no lo estaré hasta no verlo a usted sin esa corona y sin la cabeza que la sostiene.

—¡Me amenazas!, ¡Servando! (pág. 187)

—Usted es mi enemigo, *Señor Agustín*, como lo es para mí cualquiera que se ponga en contra de la libertad y de la independencia....

—¡Ya basta, señor Mier! Me ha ofendido usted demasiado. Voy a llamar a los soldados para que lo encierren.

—¡Ya veo cuál es su democracia! ... El hecho de que yo vuelva a caer preso sólo indica que México aún no es libre. (pág. 188)

Termina el capítulo con estas palabras del batallador protagonista: "Ya en la cárcel, y a la luz de una vela chisporroteando, comencé a escribir en su contra y a preparar *la verdadera revolución*" (pág. 188).

Destronado Iturbide, comienza la república, y con ella la adulación y la idolatría al triunfador, Guadalupe Victoria.

Pero a veces el delirio de los admiradores, los aplausos y los gritos de "¡Viva nuestro Gran Libertador!", "¡Viva el que nos redimió del imperio!", (pág. 196)

El anciano fraile no está satisfecho con las falsedades del nuevo régimen republicano.

De nada sirve lo que hemos hecho si no danzamos al son de la última cornetilla. De nada sirve. Y si pretendes rectificar los errores no eres más que un traidor, y si pretendes modificar las bestialidades no eres más que un cínico revisionista, y si luchas por la verdadera libertad estás a punto de dar con la misma muerte.... ¿Servir a esta chusma brutal que todo lo reduce a esquemas, gente que confunde la democracia con la mala educación. ... ¿Esto es el fin? ¿Esta hipocresía constante, este constante repetir que estamos en el paraíso y de que todo es perfecto? ¿Y, realmente, estamos en el paraíso? ¿Y realmente ... existe tal paraíso? Y si no existe, ¿por qué tratar de inventarlo? ¿Para qué engañarnos? ¿Acaso hemos hallado el lugar que nos ha sido prometido? ¿Acaso ya hemos visto el consuelo y el descanso? ¿Acaso ya no hay más que desear? Pues no. Pues no, todavía. (pág. 207)

El eco de la palabra decimonónica del arúspice mexicano resuena en el presente en otras ficciones de Arenas en que las interrogaciones parecen ser las mismas, y la respuesta también: "¿Esta hipocresía constante, este constante repetir que estamos en el paraíso y de que todo es perfecto?.... ¿Para qué engañarnos?.... *¿Acaso ya no hay más que desear?* Pues no. Pues no, todavía" (pág. 207). Su cuento "Comienza el desfile" tiene la fecha 1965. Presenta el primero de enero de 1959, momento inicial del triunfo de Fidel Castro—Batista había huido la noche anterior. La euforia es general. Comienza el "desfile". Arenas bosqueja ese episodio singular, pero hay claves que permiten descubrir la desilusión y la falsedad de algunos mitos. El narrador es un joven innominado de 14 años de edad que se ha alzado. Pero no es un héroe. Se subleva por aburrimiento: "Chico—le dije—aquí no hacemos nada, ¿qué tú crees? ¿Por qué no nos alzamos?"[4] Y en la carta que le deja a la madre lo mismo: "Querida mamá, me voy con los rebeldes porque aquí no hago nada" (pág. 9). La vida en el campamento tampoco es épica:

> Pero entonces esperaba; allí, en el campamento, esperé durante un mes y pico. Entre los rebeldes, sin hacer nada; oyendo sus cuentos de relajo; espantando las guasasas. Tomando, a veces, un trago de ron. Comiendo la carne chamuscada de las vacas que nos regalaban, o que (según ellos) comprábamos a crédito. Pero llega la noticia: no se reciben más alzados si no traen armas largas.... Hay que regresar". (pág. 9)

Y su conducta posterior, después de regresar a su casa, tampoco lo es. Ringo, centinela del campamento con quien ha entablado amistad, le regala un flamante cuchillo nuevo para que mate a un "casquito", le robe el rifle y regrese al campamento rebelde. Trata de hacerlo, pero el valor le falla. Por otro lado, su familiae—madre y abuelos—le llaman loco, logran disuadirlo de sus propósitos revolucionarios y lo ocultan en una finca lejana. Allí se queda, cargando cubos de agua todo el día.

Pasa el tiempo, y, de pronto, surge la gran noticia: Batista ha huido. Todos salen a la calle, a la carretera, comienza el desfile. Ahora, todos son revolucionarios, todos son partidarios de Fidel Castro. El protagonista, de regreso a su casa, se une a la multitud que se dirige hacia la ciudad de Holguín. Llega, la madre y los abuelos lo están esperando en el portal, lo abrazan. El abuelo compra una bandera roja y negra con un enorme 26 en el centro (la bandera del 26 de julio). «"Caray, muchacho", dice, y me entrega la bandera. "Sal a la calle con ella—me dice mamá—todos los vecinos te están esperando"» (pág. 20). Él tira la bandera en el baño y comienza a ducharse, a quitarse el polvo del desfile. «"Apúrate—dice mi madre al otro lado de la puerta—te estamos esperando". No le respondo» (pág. 21).

¿Qué simboliza todo esto? La desilusión. Que no se ha alcanzado el paraíso prometido, tal como decía Fray Servando de su revolución mexicana. Que hay falsedad. Que se crean mitos revolucionarios apócrifos. Que los oportunistas y los aprovechados fingen ser auténticos rebeldes. Que la solución feliz de la guerra civil, y la esperanza de un futuro mejor no se han plasmado en la realidad. Obsérvese el escepticismo: "... y el escándalo de "Viva Cuba libre" (ese grito que, aunque parezca increíble, aún no se ha gastado)" (pág. 8). El acto del protagonista de ducharse (desoyendo a su familia y a los vecinos), en vez de salir a la calle gritando y enarbolando la bandera, no sólo indica decepción sino desprecio por la hipocresía de su familia y sus conciudadanos. Tiene la categoría de rito purificante.

Han pasado veinte años, la gritería, los cantos, los versos patrióticos, la esperanzada alegría de la muchedumbre de "Comienza el desfile" se convierte en "Termina el desfile" (cuento final del mismo libro) en masa amorfa, abigarrada, heterogénea, aterrorizada, anhelante, apretada por sus propios componentes de más de diez mil personas que se asilan en la Embajada de Perú en La Habana para huir del paraíso no alcanzado, aparentemente conquistado dos décadas antes y proclamado con alborozo y gran despliegue de banderas negras y rojas del 26 de julio. ¿Qué ha sucedido? Según se desprende de las dos narraciones, estos lodos provienen de aquellos polvos que el joven de 14 años trató de quitarse en la ducha. La duplicidad y la decepción general terminan en el éxodo en masa. El joven, al rechazar el fingimiento, intuyó el futuro.

La estampida hacia la Embajada de Perú es el resultado de una vida imposible, según cuenta el protagonista:

> Salir a la calle, bajar la escalera llena de desperdicios (el ascensor nunca funcionaba), llegar a la calle, ¿para qué?... Salir era constatar (una vez más) que no había salida. Salir era saber que no se podía ir a ningún sitio. Salir era arriesgarse a que le pidieran identificación, información, y, a pesar de llevar encima (como siempre llevaba) todas las calamidades del sistema: carné de identidad, carné de sindicato, carné laboral, carné del Servicio Militar Obligatorio, carné del CDR, a pesar en fin, de ir, cual noble y mansa bestia, bien herrada, con todas las marcas que su propietario obligatoriamente le estampaba, a pesar de todo, salir era correr el riesgo de "caer", de "lucir" mal ante los ojos del policía que podía señalarlo (por convicción moral) como *un personaje dudoso, no claro, no firme, no de confianza*, y, sin mayores trámites, ir a parar a una celda, como le había ocurrido ya en varias ocasiones. (pág. 150, 151)
>
> Irse, irse, esa era la *cuestión*. Antes había sido alzarse, liberarse, sublevarse, esconderse, emanciparse, independizarse, pero ahora ya nada de eso era posible, no porque se hubiese logrado o no fuese necesario, sino porque, ya ni siquiera concebir en voz alta, y hasta en voz baja, esas ideas, era recomendable. (pág. 152)

El protagonista es escritor, pero lo persiguen, le roban (la policía) sus manuscritos, vive horripilado:

Minuciosa, delirante, colérica e incesantemente voy dándole salida a mi espanto, a mi furia, a mi resentimiento, a mi odio, a mi fracaso, a nuestro fracaso, a nuestra impotencia, a todas las humillaciones, estafas, burlas, y, por último, sencillamente, golpes, patadas, persecución incesante. Todo, todo. Todo el terror: al papel; a la hoja en blanco, una vez repleta cuidadosamente escondida entre el falso techo de la barbacoa, en los diccionarios, o detrás del escaparate: mi venganza, mi venganza. Mi triunfo. (pág. 160)

El narrador-escritor logra asilarse en la Embajada de Perú, pero ni allí alcanza la paz. El terror lo ha llevado a la locura. De perseguido se convierte en perseguidor de una lagartija. Y, para colmo, en la calle, enfrente de la Embajada, ve a su amigo íntimo, a su confidente, vestido con el uniforme de la policía, ahora lo descubre, era su espía, un esbirro más al servicio del poder inquisitorial que lo ha llevado a la insania.

En el primer cuento, aunque el "desfile" es caótico, reina la alegría y buena disposición, y todos quieren (aunque en algunos sea hipócritamente) mostrar su adhesión al triunfador, al nuevo dueño de la situación y del país. En el segundo, el "desfile" es caótico y reina un caos verdadero. Sólo se piensa en huir y salvar el pellejo. En las tres obras estudiadas, Arena refleja la realidad, pero no con técnicas o estilo realista, sino con escritura laberíntica. La forma de narrar no es lineal sino fragmentaria. Las acciones saltan en el tiempo y el espacio, hacia adelante, en el presente, hacia atrás. La palabra surge desde tres enunciaciones diferentes: "yo", "tú", "él", y también fluye la conciencia libremente. Con esas técnicas, Arenas recrea el mundo contradictorio, y de casi inenarrables sufrimientos, que le tocó vivir a Fray Servando, y así mismo el suyo propio. El punto de vista de tres narradores contribuye eficazmente a fabular los hechos trágicos con una visión imaginaria casi mágica de la historia, aunque, en puridad, Arenas se ciñe muy ajustadamente a la realidad. En la portada de *El mundo alucinante,* escribe el autor: "Esta es la vida de Fray Servando Teresa de Mier. Tal como fue, tal como pudo haber sido, tal como a mí me hubiera gustado que hubiera sido. De la lectura de los cuentos estudiados se deduce que si Arenas hubiese escrito palabras semejantes para la portada de su libro *Termina el desfile,* hubiera escrito: Ésta es la vida en mi patria, tal como fue, tal como es, tal como a mí me hubiera gustado que no hubiera sido ni fuera. La manera de contar de Arenas le imparte un carácter moderno e innovador a su escritura que sirve para crear obras de indudables connotaciones políticas aplicables al presente dentro de un marco de altísima maestría. Todo lo dicho revela un tema vital, una preocupación constante de Arenas como escritor: la libertad. La recreación de Arenas de la lucha de Fray Servando tiene tanta contemporaneidad hoy como "Comienza el desfile" y "Termina el desfile," ya que las tres obras presentan conflictos humanos de continuo retorno y de constante enfrentamiento por los hombres que no se dejan arredrar por la magnitud de la batalla, ante la perentoria necesidad de escoger entre la libertad y el servilismo.

José Ortega y Gassett, en *La rebelión de las masas,* mantiene que: "... existir es resistir, hincar los talones en tierra para oponerse a la corriente. En una época como la nuestra, de puras 'corrientes' y abandonos, es bueno tomar contacto con hombres que 'no se dejan llevar' ".[5]

Arenas, ante la realidad de las circunstancias en su patria, "no se ha dejado llevar"—como dice Ortega y Gassett—ha ejercitado su libre albedrío (que se lo querían coartar), y ha optado por la libertad, y eso es lo que expresan las tres narraciones estudiadas—así como otras de su repertorio. Igualmente son palabras de Ortega y Gasset las siguientes:

> El hombre selecto o excelente está constituido por una íntima necesidad de apelar de sí mismo a una norma más allá de él, superior a él, a cuyo servicio libremente se pone. Recuérdese que al comienzo distinguíamos al hombre excelente del hombre vulgar diciendo que aquél es el que se exige mucho a sí mismo, y éste, el que no se exige nada, sino que se contenta con lo que es, y está encantado consigo. (pág. 72)

Si analizamos las tres narraciones estudiadas conforme al criterio de Ortega y Gasset, es evidente que Arenas se impuso al crearlas obligaciones cívicas, y se exigió como escritor una disciplina profesional al servicio de su ideal de independencia intelectual, y lo logró con maestría consumada como literato.

Thomas Carlyle, en *Heroes, Hero-Worship, and the Heroic in History,* manifiesta:

> There are genuine Men of Letters, and not genuine; as in every kind there is a genuine and a spurious. If *Hero* be taken to mean genuine, then I say the Hero as Man of Letters will be found discharging a function for us which is ever honourable, ever the highest; and was once well known to be the highest. He is uttering-forth, in such way as he has, the inspired soul of him; all that a man, in any case, can do. I say *inspired;* for what we call 'originality,' 'sincerity,' 'genius,' the heroic quality we have no good name for, signifies that.... Intrinsically it is the same function which the old generation named a man Prophet, Priest, Divinity for doing; which all manner of Heroes, by speech or by act, are sent into the world to do.[6]

Según Carlyle, el genuino hombre de letras expresa su alma con las cualidades de originalidad, sinceridad, genio. Bajo este concepto, Reinaldo Arenas es héroe intelectual, pues posee esas tres cualificaciones. Pero lo es aún más si se consideran los riesgos que afrontó y los sufrimientos que tuvo que ocultar para expresar, revelar su alma (como dice Carlyle), bajo la anómala situación de terror descrita por el protagonista-escritor del cuento "Termina el desfile". Esa tiene que haber sido la experiencia propia de Arenas. Dicho protagonista, en forma casi delirante, refiriéndose a sus manuscritos que tiene que esconder, dice: "mi venganza, mi venganza. Mi triunfo" (pág. 160). Consecuentemente, la escritura estudiada es la parábola del desquite. Reinaldo Arenas ha logrado vengarse, desquitarse, triunfar, mediante la inspirada palabra a que se refiere Carlyle, la palabra profética, la parábola de la realidad del desquite.

Alberto Gutiérrez de la Solana
New York University

Notas

[1] Thomas Babington Macaulay, *Critical, Historical, and Miscellaneous Essays and Poems* (New York; Albert Cogswell, s. f.) I, 21, 22.

[2] Octavio Paz, *Tiempo nublado* (Barcelona; Seix Barral, 1983), pág. 178.

[3] Reinaldo Arenas, *El mundo alucinante (Una novela de aventuras)* (México: Editorial Diógenes, 1969), pág. 9. Todas las citas se referirán a esta edición, y sólo se pondrá el número de la página a continuación de la cita. Arenas logró que esta novela saliera publicada en París, en francés con el título *Le monde hallucinant* (Editions du Seuil, 1968) antes de tener la satisfacción de verla publicada en la lengua original. Todas las citas en bastardilla corresponden a los libros originales.

[4] Reinaldo Arenas, *Termina el desfile* (Barcelona: Seix Barral, 1981), pág. 12. Todas las citas a los cuentos "Comienza el desfile" y "Termina el desfile", que se estudiará después del primero, se referirán a esta edición y sólo se pondrá el número de la página correspondiente a continuación de la cita.

[5] José Ortega y Gasset, *La rebelión de las masas* (Madrid: Espasa-Calpe, Colección Austral, 1964), pág. 19. Todas las citas se referirán a esta edición, y sólo se pondrá el número de la página a continuación de la cita.

[6] Thomas Carlyle, *Collected Works*, on *Heroes, Hero-worship, and the Heroic in History* (Londres: Chapman and Hall, s. f.), XII, 184, 185.

XV

ELEMENTOS BARROCOS EN
EL MUNDO ALUCINANTE

Encasillar *El mundo alucinante* como obra barroca o neobarroca no es el propósito de este trabajo. La afiliación de esta obra a la que se ha dado en llamar la nueva novela hispano-americana se evidencia en la manera en que Reinaldo Arenas establece la escritura como lugar donde todo es posible, y desincorpora y reincorpora la voz narrativa desde las primeras líneas:

> Venimos del corojal. No venimos del corojal. Yo y las dos Josefas venimos del corojal. Vengo solo del corojal y ya casi se está haciendo de noche. Aquí se hace de noche antes de que amanezca. . . . Pero ahora yo vengo del corojal y ya es de día.[1]

La afirmación primera se niega inmediatamente, advirtiendo así al lector que debe desconfiar de las apariencias, del lenguaje mismo. Se anuncia de este modo, ya desde el comienzo, la naturaleza irónica y por tanto bisémica del texto. Se rechaza después la pluralidad indiferenciada del "venimos" inicial en una frase aclarativa, "Yo y las dos Josefas", pero volviendo a la afirmación primera y anulando la negación posterior. La próxima frase deshace la pluralidad de "venimos" para afirmar la individualidad ("Vengo solo del corojal"), la primera vez acompañada de un elemento dubitativo, "casi se está haciendo de noche", y luego reafirmando y actualizando la subjetividad del yo radiante: "Pero *ahora yo* vengo del corojal y ya es de día".

Es precisamente el individualismo de ese yo narrativo, según leemos más adelante en esa misma página, el que hace al personaje central hacer tres rabos a la "o" cuando su maestro insiste en que no hay que hacerle ninguno, y oír, cuando está entre sus compañeros de escuela, "lo que no se oye". Es el mismo individualismo que lo margina desde el principio como un ser fuera de molde. Los castigos que por este motivo la sociedad le impone, y la consecuente y desesperada ansia de libertad de este personaje dan origen a sus infortunios, eje de la narración.

Esta afirmación del yo, que pudiera considerarse como un vestigio romántico, pronto se fragmenta. En la segunda y tercera versiones sucesivas del primer capítulo que aparecen en la novela (marcadas todas, sin embargo, con el número uno), la voz narrativa se convierte a veces en "tú" o en "él".[2] O sea, que se ha rechazado la homogeneidad del nosotros inicial pero se abraza una pluralidad que pudiéramos considerar universal y que se adhiere a las modificaciones estilísticas de la nueva novela. La carta prólogo, además, indica un desdoblamiento de ese yo narrativo: en bibliotecas "infernales" ha descubierto la historia y memorias de un fraile mexicano de fines del siglo XVIII, Servando Teresa de Mier, cuya personalidad decide habitar como un cangrejo ermitaño. En un momento de epifanía, "formidable e insoportable", ese "yo" le dice en la carta prólogo: "lo más útil fue descubrir que tú y yo somos la misma persona" (p. 9).

En la narración que le sigue aparecen otros juegos de identidad, como el del monarca en el brillante episodio de la visita del fraile a los jardines del Rey. Este pasaje antológico sería suficiente para colocar a Reinaldo Arenas entre los escritores de su generación que han demostrado un mayor señorío del lenguaje. En otro episodio, el del fraile-rata, el yo se desdobla y luego se recupera:

> el fraile se acercó más al fraile . . . retiró una mano. Y el fraile también la retiró. De manera que ambas manos quedaron en el mismo lugar. Horrible es el calor, dijeron las dos voces al mismo tiempo. Pero ya eran una (p. 63).

De estos ejemplos, entre muchos otros, resulta evidente que en esta "novela de aventuras", como reza el subtítulo, se trata de la aventura de la escritura, para usar la frase feliz de Jean Ricardou (1972). Y esta aventura del lenguaje deja de ser cárcel y se convierte en máxima liberación, venciendo la lucha íntima entre la referencialidad que se impone y la que finalmente se disimula o rechaza: desmesura, máscara, caricatura, alusión, intertextualidad.

Para Reinaldo Arenas esta desmesura representa una rebeldía y la única forma, quizás, de cumplir su liberación e independencia.

Ya desde la época del desengaño barroco el poeta había abandonado su posición tradicional de adelantado, moldeador de su sociedad, para protestar del hecho de que es ésta la que lo moldea absurdamente. En esta escritura rebelde, que culmina en el surrealismo, el poeta escapa de la opresión de su medio circundante. En una entrevista, Reinaldo Arenas ha comentado al respecto: "mi modo de narrar se basa un poco en llevar una situación determinada a su carácter extremo hasta que se convierta casi en una liberación".[3]

¿Y no se aplicaría esta descripción también al barroco? La presente lectura se propone señalar que los elementos barrocos y de la picaresca presentes en la obra de Arenas merecen un estudio detallado que vaya más allá de las limitaciones de estas páginas. El lenguaje del barroco, como el de Arenas, es a veces un lenguaje dislocado que, girando sobre sí mismo y desprendido de su referente, llega a un punto de saturación. Expresa la inconexión radical entre el ser íntimo y su entorno, que en un esfuerzo vacío y condenado de antemano, intenta dominar ese entorno, convertirlo en algo propio alterando su naturaleza y recargándola grotescamente de un exceso de sí misma.

Desde luego, no ha faltado quien atribuya un barroquismo permanente al espíritu hispánico, siempre tocando los extremos de ascetismo y sensualidad, individualismo e intolerancia; siempre en rara afinidad con el espíritu clásico.

La proliferación desmesurada es característica en la obra de Arenas. Veamos, por ejemplo, el episodio del encadenamiento del fraile en la prisión de Los Toribios:

> Algo hacía que la prisión siempre fuera imperfecta, algo se estrellaba contra aquella red de cadenas y las hacía resultar mezquinas e inútiles. *Incapaces de aprisionar*... Y de no haber sido por aquellas odiosas cadenas que le apretaban las comisuras de los labios, introduciéndose por los intersticios de los dientes y atándole la lengua, se hubiera visto dentro de aquella armazón, semejante a un pájaro fantástico, la sonrisa de Servando, tranquila, agitada por una especie de ternura imperturbable... (p. 151).

La acumulación de cadenas es tal que el edificio de la cárcel se viene abajo y va rodando Fray Servando dentro de su armazón, "destruyendo aldeas y sepultando poblaciones completas", pasando hasta por El Escorial y "reduciéndolo a un montón de piedras". Aún teniendo en cuenta su ingrediente moderno de realismo mágico, la fantasía llega a tal grado de saturación, sin perder su toque de gracia, que su belleza consiste en la monstruosidad de su artificio barroco.

Quizás es en el Barroco cuando el hombre descubre a plena conciencia el arte como artificio. Se medita ante la caducidad y la ruina, las que se anticipan con mutaciones y mutilaciones, deformaciones de la realidad y del propio miedo. Esto puede apreciarse en la literatura picaresca cuando ésta incluye lo feo, lo grotesco, lo repulsivo; de vuelta ya de esa aspiración renacentista a la belleza natural y en clara aceptación del arte como artificio, metáfora y no imagen, desfase fundamental entre la palabra y el objeto. La verdadera correspondencia está entre palabra y palabra.[4]

Resulta importante observar aquí que, más que atentado a la armonía clásica, el Barroco significó el derrumbe de todas las barreras y tradiciones, la apertura a todos los temas, desde lo erótico hasta, por ejemplo, el dolor de muelas de la amada, inmortalizado por Quevedo. Y esta referencia a Quevedo no es casual. La mera mención del Barroco nos remite, comúnmente, a Góngora, pero pudiera aventurarse que la influencia de Quevedo en las letras hispanoamericanas no ha sido todavía debidamente atendida.

Al azar puede encontrarse algún punto de contacto entre la obra de Arenas y la *Historia de la vida del Buscón*, por su sarcasmo ya en sí una caricatura del género picaresco. Habrá de tenerse en cuenta que, según confiesa Quevedo, su estilo se caracteriza por "sutilezas, engaños, invenciones y modos nacidos del ocio". O según determina la crítica literaria tradicional, su estilo acusa una "caprichosa elaboración, sustitución del dato por la invención ingeniosa con una clara voluntad de creación artística", características de la literatura moderna que se aplican especialmente en épocas más recientes al neo-barroco.[5]

Si se comparasen los títulos de los primeros capítulos del *Buscón* quevediano con los de la obra de Arenas se vería que, entre "De cómo fui a la escuela y lo que en ella me sucedió" y "De cómo transcurre mi infancia en Monterrey junto con otras cosas que también transcurren", se puede fácilmente identificar el título de Arenas sólo debido a la mención de la ciudad de Monterrey.

El capítulo 11 de *El mundo alucinante*, al igual que muchos otros, contiene variadas alusiones a la literatura del Siglo de Oro. Comienza con una narrativa en verso que parodia la musicalidad y facilidad versificadora de Lope de Vega. Al final se indica que en Valladolid hicieron al fraile aprender la *jacarandina*, tipo de música y canto callejero propio de la germanía. Se recordará que en los últimos párrafos del Buscón, éste decide aprender la jacarandina para hacerse "rabí" de los rufianes.

Fray Servando se mueve de una ciudad a otra y en sus aventuras algo bizantinas hay tantos elementos de la picaresca que pueden señalarse con facilidad algunos ejemplos, temáticos y estilísticos. Se destacan el uso del hipérbaton y de formas verbales ya en desuso, al igual que vocablos de la germanía, tales como "alcatiferos", "cicateros" y "gerifaltes"; y otros muy frecuentes en la picaresca, por razones temáticas, como "desvalijar" y "escalabrar". El tono es frecuentemente paródico. Se incluyen también numerosas alusiones literarias, un cuarteto que se atribuye a don Quijote y parodias de Lope y de Calderón.

Para narrar las peripecias y situaciones calamitosas, *El mundo alucinante* mantiene en muchos pasajes la retórica encadenada, familiar de la picaresca: "Cuando ya me disponía a hacer . . . (tal cosa), sucedió que . . . y (de tal o cual forma) pude enterarme cómo sucedió que . . . Y esto me hizo comprender que . . . y de no haber sido por . . . hubiéramos perecido sin remedio" (pp. 26–35).

La sintaxis resulta a veces enrevesada. Por ejemplo, cuando el fraile entra en Valladolid, leemos el siguiente pasaje: "¡Qué pasa!, me dijo tan cortante más que cortés que yo quedé sorprendido, pues ni los ladrones de Chalflandín habían utilizado ese lenguaje y esas formas cuando a mí se dirigieron" (p. 72). Como en la picaresca, y en armonía con el candor y falta de erudición del personaje central, las oraciones a veces aparecen como embutidas unas dentro de otras. En el episodio del cangrejo que entra en la celda, dice el fraile:

> Cuando me vine a despertar.... vi que el animal se había marchado. Y yo me sentí de veras triste. Pero en seguida me llené de desesperanza y empecé a tantear por todo el piso y las paredes, tratando de localizar la endidura (sic) por donde había entrado y escapado el animal, con la idea de ver si yo podría también escaparme por allí, pues tan flaco estaba que no tendría más dificultad en deslizarme que las que tuvo él (p. 45).

En Arenas el tema de la miseria y el hambre, siempre presente en la picaresca, va acompañado de un tono ligero que llega a hacerse entrañable. Hay en la obra una gracia inocente que recuerda más el tono del *Lazarillo* que el sarcasmo amargo del *Buscón*. Fray Servando, durante su vida, trata inútilmente de escaparse de la maldad humana, siempre en busca de una libertad que no logra encontrar. Lazarillo, en cambio, se halla en medio de una ignominia que no quiere reconocer como tal. Al igual que Lázaro, Fray Servando experimenta una serie de situaciones que a veces lucen prometedoras en un principio, pero que a su vez conducen a la maldad, a la estulticia, al abuso del poder; en una palabra, a un desencanto de la naturaleza humana que se asemeja al desengaño barroco. La tensión del relato se mantiene gracias a cierta cualidad vital que siempre se abre hacia la esperanza aun a sabiendas de que los resultados negativos son los más probables. En Pamplona, el fraile decide seguir a un arriero con su mula al cruzar los Pirineos. Así llega a Francia:

> Qué hacer para no morirme de hambre, siendo yo tan pundonoroso que no me atrevía, desde luego, a pedir limosnas. Con mis vestidos desgarrados y la miseria saliéndome por los poros, me paseé durante la noche por toda Bayona, hasta que, de pie sobre un portal, me quedé dormido. Y muy de mañana (mientras nuevos desconsuelos me iban posesionando), con esa tristeza del desterrado que es desterrado de su destierro, eché a andar por toda aquella ciudad, para mí desconocida. Y así fue que en una calle del barrio de Sancti Spíritus, oí un cántico de salmos en castellano... Me dirigí hasta allá, y, sin pensarlo, entré rápidamente en el recinto de donde salían los cánticos.
>
> Estaba, pues, dentro de una sinagoga. Y era la pascua de los ázimos y el cordero (pp. 112-113).

Debe señalarse que la isla de Cuba fue una de las últimas colonias en liberarse de la dominación española y una de las primeras en tener contacto directo con los comienzos de la revolución industrial durante la breve dominación de La

Habana por los ingleses en el siglo XVIII. Estos hechos, desde luego, no explican por qué un país tan pequeño pudo producir un buen número de escritores, desde Martí hasta Lezama Lima y la generación que, consciente o inconscientemente, cayó dentro de la influencia de su órbita. Estos escritores se compenetraron con la literatura española de los Siglos de Oro. Llegaron inclusive a asumir esa desmesura barroca que de algún modo reaparece, reforzada por el yo exacerbado del romanticismo, en el expresionismo y aun en el cubismo del siglo XX. No importa que los estilos de estos escritores difieran considerablemente unos de otros. Lo cierto es que casi todos se preocupan por la retórica y la filosofía barrocas, y muchos de ellos han publicado sus meditaciones al respecto. Desde luego, escritores de otros países también incluyen elementos barrocos en sus obras. Baste mencionar a José Donoso en *El obsceno pájaro de la noche* y a Gabriel García Márquez, quien precisamente publicó su sensacional *Cien años de soledad* sólo unos meses antes de que se publicara en México *El mundo alucinante,* después de haber sido censurado en Cuba.

Para Alejo Carpentier, por ejemplo, la exuberancia del continente americano (lo que él llamó "lo real-maravilloso") excedía la más elaborada imaginación. De ahí que la literatura hispanoamericana habría de ser barroca por naturaleza.[6]

El tema del barroco americano apasionó también a José Lezama Lima. En "Sierpe de Don Luis de Góngora", Lezama define la escritura barroca como un objeto dialógico, una interacción de voces y una coexistencia de todas las tradiciones. Es decir, un sistema dinámico, orgánico, que todo lo abarca. Esta integración no indica una progresión sino un volverse sobre sí: esto es, no ocurre en el tiempo sino en el espacio.[7] En *La expresión americana* comenta Lezama cómo el estilo plateresco o churrigueresco que se manifiesta en la arquitectura del barroco se convierte en América en algo mucho más rico al integrar en iglesias y catedrales elementos y símbolos de las culturas indígenas. El arte americano ha de ser por necesidad mestizo.[8] En cuanto al estilo literario que tan fácilmente ha recibido el rótulo de barroco, Lezama lo rechaza para sí porque, en la mayoría de los casos, tiene como referente sólo el ornato complicado y vacío, en lugar de la urdimbre compleja a la que él aspira. Para Lezama el barroco parte de la radical inconexión entre el ser y la apariencia, siguiendo las ideas de Leo Spitzer. Pero con impulso hegueliano y valiéndose de la metonimia, el barroco americano se mueve lentamente hacia una totalidad primigenia, a un paraíso perdido. Como San Juan de la Cruz, Lezama se refugia en el paraíso del lenguaje.

Otro escritor cubano que se ha preocupado por la esencia del barroco y del neo-barroco es Severo Sarduy. Para Sarduy, el barroco involucra un exceso de intertextualidad, metonimia del conglomerado cultural en lugar de presentar una mímesis del exuberante desorden natural. En el centro del pensamiento y estilo barrocos hay un vacío, la conciencia de una ausencia. Este descentramiento se traduce en un derroche de detalles inconsecuentes, en "la apoteosis del artificio". Este "festín barroco" no representa la selva americana, dominadora del hombre, sino precisamente devuelve, al modo huidobriano, el poder al poeta que se complace en una "ironía e irrisión de la naturaleza".[9]

Sarduy señala que el mejor exponente de este artificio es Guillermo Cabrera Infante, porque en él "las distorsiones de la forma constituyen la trama".[10] Sin embargo, aclara que el verdadero escritor barroco, el único barroco en Cuba es Lezama Lima: Carpentier, para Sarduy, es un neogótico, que no es lo mismo que barroco.[11] Al aceptar con gusto el calificativo de barroco para sí, Sarduy reconoce con objetiva percepción que el gran mérito del barroco consiste en el modo novedoso con que encubre el horror al vacío. Y esto constituye también su vicio.

Pudiera añadirse que este horror al vacío guarda una íntima relación con el desengaño barroco, de vuelta ya de las fallidas aspiraciones perfeccionistas del Renacimiento. No es de extrañar que el arte (el lenguaje) se vuelva sobre sí, se refugie en una libertad creadora individual que en ocasiones se desorbita, se contradice, se parodia. Cabe preguntarse si el barroco europeo hubiera tenido la misma aceptación en España de no haber sido por el descubrimiento y colonización del Nuevo Mundo, donde la realidad de su naturaleza y la complejidad y riquezas de sus civilizaciones sobrepasaban la imaginación más frondosa. Después de la expulsión de moros y judíos, la conciencia del vacío se nutrió con la exuberancia americana.

Un aspecto que no debe pasarse totalmente por alto, al comprobar la frecuente incidencia del neobarroco en las letras hispanoamericanas actuales, es el vacío—laberinto de soledad—producido por la conquista española y las gestas de emancipación. Varias dinastías de dictadores y varias revoluciones fallidas en nuestra América han traído como consecuencia una época de desencanto que se expresa en la literatura por medio de una evasora atención al lenguaje y la utilización de la sátira, la ironía, la parodia.

Desde otro punto de vista, pudiera encontrarse alguna justificación a la insistente presencia del neo-barroco en la expresión americana si se considerara la retórica barroca como emanente de un sentido de subdesarrollo, tanto en la época colonial como en la presente. El estilo de Góngora perseguía para nuestra lengua la perfección de la latina. Acusaba, por tanto, un impulso de ascendencia social al mismo tiempo que una afirmación de identidad dentro de la cultura europea. El barroco colonial americano, a su vez, no quiere ser inferior al español. Representa además un proceso continuado que se esfuerza por hallar una voz americana propia.

Y precisamente en la búsqueda de una voz americana está la génesis de *El mundo alucinante*. El interés de Reinaldo Arenas por Fray Servando, según ha comentado en una entrevista, comenzó con una críptica afirmación leída en una breve antología. Arenas la cita textualmente: "El verdadero creador de la literatura mexicana es Fray Servando Teresa de Mier, un fraile mexicano que recorrió a pie toda Europa huyendo de la Inquisición y realizando aventuras inverosímiles".[12] Intrigado por saber quién era ese creador, Arenas logró conseguir en Cuba, no sin dificultades, un ejemplar de las *Memorias* del fraile y, después, la biografía que escribió Artemio del Valle Arizpe.

Como bien apunta Julio Ortega en un interesante trabajo sobre *El mundo alucinante*, a Fray Servando se le persiguió por sus ideas; el origen de los infortunios del fraile es su condición intelectual.[13] Arenas se sintió atraído por la heterodoxia del personaje y confiesa que se identificó con él porque era un reflejo de su propia condición. Intentó entonces escribir la *novela* de Fray Servando, no su biografía: "Me di cuenta que ese personaje trascendía su propia condición de personaje como tal para ser, hasta cierto punto, un arquetipo de la historia del género humano. Era el hombre en lucha contra un medio hostil bajo cualquier circunstancia".[14]

Partiendo de la idea de la historia como trampa, Arenas identifica la época inquisitorial del barroco español con la del México virreinal y con la del sistema de dogmas revolucionarios que dominaba en Cuba durante 1964-1965, años en que escribe la novela.[15] Reinaldo Arenas sintió que el estilo de su novela debía reflejar la vida misma de Fray Servando: tenía que ser escrita en forma "alucinada y delirante", llena de aventuras y optimismo, de terrores y hasta de locura. La asociación con el barroco se afirma cuando Arenas consulta *La expresión americana*, donde José Lezama Lima habla del fraile y observa que durante la época de transición entre el barroco y el romanticismo, Fray Servando es una de las grandes figuras del barroco americano.[16]

En la obra de Arenas los elementos barrocos se integran de modo diferente que en las de Lezama o Carpentier, máximos exponentes del neobarroco en Cuba. Lezama Lima hace gala de un mayor ingrediente surrealista y Carpentier ofrece una visión masiva, casi arquitectónica. Arenas no toma el barroco tan en serio. En una entrevista aclara:

> Sí, yo creo que el barroco, como lo definió una vez Jorge Luis Borges—y es en ese sentido que yo lo veo positivo—es un estilo que linda con su propia caricatura. Pienso que eso es lo que hace Severo Sarduy y quizás lo que hago yo a veces en *El mundo alucinante*.[17]

A través de todo el libro el fraile parodia su amargura, pero templado de una fantasía que no reconoce límites. Los elementos barrocos adquieren un tono manierista a veces, cuajado de hipérboles. El humor se desorbita y se hace carnavalesco, según insisten algunos críticos. El mismo personaje de Arenas medita sobre el tema:

> Y esto le hizo llegar a la conclusión de que aun en las cosas más dolorosas hay una mezcla de ironía y bestialidad que hace de toda tragedia verdadera una sucesión de calamidades grotescas, capaces de desbordar la risa... (p. 117)

En general, puede decirse que el humor y la fantasía salvan a los personajes de Arenas. No llegan a la locura o al suicidio porque escapan a través de una imaginativa que oscila entre la poética fantasmagoría de Jerónimo Bosco y la más tremenda de Goya. Por otra parte, pudiera decirse que el estilo de la obra combina varias características de distintas tendencias literarias que se han impuesto la tarea de deformar la realidad. A través de la historia de la literatura, estas tendencias han recibido distinta nomenclatura: lo esperpéntico, el tremendismo, el surrealismo, el expresionismo, lo fantástico, lo maravilloso, el realismo mágico, lo real-maravilloso, el absurdo. La combinación es muy personal y se adhiere, en cierto modo, a la definición que considera al barroco carente de estilo por ser una amalgama abigarrada de muchos estilos.

El efecto que Arenas logra en su obra es un ambiente mítico. De este modo, el anticlericalismo presente e insistente, y aun el sentimiento anti-español, se perciben en su desmesura más bien como símbolos, quizás de la rebeldía ante el poder establecido y represivo, o como una retórica de liberación o emancipación. Puede apreciarse un cinismo velado, pero renace siempre un empuje vital, alucinado y delirante, que hace decir al fraile en diálogo consigo mismo, en lugar de un lamento atribulado, las siguientes exclamaciones de ritmo unamuniano:

¡Que suceda! ¡Que suceda siempre algo! ¡Eso es lo que importa!...
Mi fe está siempre por encima de mis resultados (p. 60).

El momento de euforia estará en contraste barroco con la desilusión profunda, en el conocimiento absoluto de que la aspiración humana a la armonía renacentista no podrá lograrse porque se interpone la propia imperfección. Al detallar el fracaso de las luchas por la emancipación, espejea el desencanto barroco de las luchas de la naturaleza humana contra sí misma en un eterno deseo utópico de libertad imposible de satisfacer, paraíso perdido que va más allá de todas las posibilidades. Los personajes de Arenas no llegan al nihilismo porque en su lucha logran la libertad máxima en el único contexto posible, el de la escritura.

Y he ahí lo heroico de Fray Servando: está dotado de una aspiración mayor a sus propias fuerzas pero que lo eleva de una realidad adocenada y estéril (al igual que Alonso Quijano al convertirse en don Quijote) a una liberación que sólo se materializa en la creación poética. No es de extrañar que la vitalidad imaginativa de Reinaldo Arenas encuentre en la voracidad del barroco, que todo lo incorpora, su mejor vía de expresión.

Dolores M. Koch
Lehman College
The City University of N. Y.

Notas

[1] Reinaldo Arenas, *El mundo alucinante* (México: Editorial Diógenes, 1978), 3a ed., p. 11 (publicado originalmente en 1969). Traducido al inglés por Gordon Brotherson bajo el título de *Hallucinations* (New York/London: Harper and Row, 1971).

[2] Véase Oscar Rodríguez Ortiz, *Sobre narradores y héroes. A propósito de Arenas, Scorza y Adoum* (Caracas: Monte Ávila, 1980), p. 70. Según el cómputo de Rodríguez Oro, predomina el *yo* (43 veces); *tú* se utiliza en doce ocasiones y *él*, 18.

[3] Perla Rozencvaig, "Reinaldo Arenas: Entrevista", *Hispamérica*, X, núm. 28 (1981), p. 46.

[4] Ya desde 1932 Leo Spitzer había sugerido una idea semejante. Véase su *Die Literarisierung des Lebens in Lopes "Dorotea"* (Bonn-Köln: Ludwig Röhrscheid Verlag), p. 11. Véase también "Todo por convencer", *Hispamérica*, I, núm. 3 (1973), p. 40.

[5] Véanse Juan José Alborg, *Historia de la literatura barroca*, 2a ed., (Madrid: Gredos, 1970), p. 613. Y Emilio Carilla, *El barroco literario hispánico* (Buenos Aires: Nova, 1969), p. 22.

[6] Véanse, de Alejo Carpentier, "Problemática de la actual novela latinoamericana" y "La ciudad de las columnas", en *Tientos y diferencias* (México: Universidad Nacional Autónoma de México, 1964). Y también "Confesiones sencillas de un escritor barroco", *Cuba*, núm. 24 (1964).

[7] José Lezama Lima "Sierpe de Don Luis de Góngora" (1953) recogido *en* la antología *Lezama Lima*, con selección, prólogo y entrevista con el autor, de Armando Alvarez Bravo (Buenos Aires: Editorial Jorge Álvarez, 1968), pp. 191–220. Hay varias ediciones de esta antología La original es *Órbita de Lezama Lima* (La Habana: Edit. Unión, 1966).

[8] José Lezama Lima *La expresión americana* (1957) (Madrid: Alianza, 1969).

[9] Fell, Claude, "Severo Sarduy, el barroco como 'apoteosis del artificio'" (Entrevista), *Estudios de literatura hispanoamericana contemporánea* (México: Sep-Setentas, 1978), p. 47.

[10] Severo Sarduy "El barroco y el neobarroco", en *América Latina en su literatura*, César Fernández Moreno, ed. (México: Siglo XXI, 1972), p. 173.

[11] Severo Sarduy *Escrito sobre un cuerpo* (Buenos Aires: Sudamericana, 1969), p. 71.

[12] Mónica Morley y Enrico Mario Santí, "Reinaldo Arenas y su mundo alucinante: Una entrevista", *Hispania*, 66, núm. ' (1983), 114.

[13] Véase Julio Ortega, "The Dazzling World of Friar Servando", *Review* 73 (Spring), 48.

[14] Mónica Morley y Enrico Mario Santí op. cit., pp. 115–116.

[15] Autor y personaje se funden: "Lo he visto todo . . . Por eso no pretendo arreglar nada, puesto que las consecuencias de esos arreglos también las conozco. Vengo de lugares donde se han aplicado los cambios más violentos y radicales. Y vengo huyendo. Yo, que luché con mis manos para poder llevar a cabo esos cambios" (p. 60).

[16] José Lezama Lima *La expresión americana*, op. cit., p. 97.

[17] Véase Perla Rozencvaig, op. cit., p. 28. Para Severo Sarduy el barroco se produce de una imagen que se contradice, y por tanto, no hay barroco sin parodia. Véase "Interview/ Severo Sarduy", por Roberto González Echevarría, *Diacritics* (Summer 1972), p. 45. Aquí Sarduy ofrece una visión post-estructuralista del barroco que amplía en *Barroco* (Buenos Aires: Sudamericana, 1974).

XVI

EL MUNDO ALUCINANTE:
"EJEMPLAR DISCURSO DE LA LIBERTAD"

Plantear la novela como discurso de la libertad equivale a establecer y convalidar la relación entre el sorprendente mundo real de Fray Servando y su poética conversión en alucinante. Partiendo de esta relación, el análisis del argumento se amplía en cuanto disponemos, en el siglo pasado, de los antecedentes textuales y en el presente, de la reconstrucción con recursos narrativos.

Entre las fuentes fiables sobre notas apologéticas dejadas por el fraile, encontramos la de Alfonso Reyes, el primero en aventurar una opinión acabada sobre lo conflictivo de este removedor del pensamiento social y político americano, al inicio de la era independentista, si bien fue un ausente en las horas críticas, alcanzó a ser gozoso ciudadano en el fin del régimen colonial. Por eso, el humanista mexicano acertó en decir que por su carácter de hombre-símbolo, los gestos y acciones de Fray Servando habrían de ser controvertidos por los mezquinos intereses de sus contemporáneos y hasta negado por quienes se suponían más cercanos a su ideología.

Así se da razón a esa especie de rendición pública de cuentas que sintió necesidad de exteriorizar semanas antes de su muerte.[1]

"Y llegaste a tus habitaciones. Todo el Palacio se pobló de murmullos. De voces. De rostros que se paseaban por los pasillos, por los grandes salones, y tocaban, suaves, a la puerta de tu dormitorio. Y entraban, a tu cuarto. Y presenciaron cómo te uncieron con óleos sagrados y recibías la comunión. Y, terminado el sacramento, les dirigiste la palabra, en un último discurso de quejas y reformas: *"Se dice que soy un hereje*—dijo el fraile, ya desde el lecho—*se asegura que soy masón y se anuncia que soy centralista. Todo es, compatriotas carísimos, una cadena de atroces imposturas.* Si no digo misa es porque tengo las manos destrozadas. Y no estoy en el claustro por haberme secularizado en Roma. Y no soy masón, porque la masonería es un partido, y yo detesto ese tipo de agrupación"... Y terminaste de hablar. Y la habitación se fue quedando vacía. Y cuando te viste solo, empezaste a redactar tu esquela mortuoria, poniendo el año, el mes y el día".[2]

De lo que se deduce que sus escritos, más que justificar tales o cuales actitudes temporales, se convertían en legado político, en un cuadro coherente de ideas sobre la necesidad de libertad, esencial a toda persona, independiente de la sociedad y del tiempo de convivencia.

Reinaldo Arenas, incorporó a su novela, valiéndose de variados procedimientos artísticos, la sustancia de los escritos de Fray Servando, transformándolos en materia alucinante.

"Sólo tus memorias, escritas entre la soledad y el trajín de las ratas voraces, entre los estallidos de la Real Armada Inglesa y el tintinear de los mulos por los paisajes siempre intolerables de España, entre la desolación y el arrebato, entre la justificada furia y el injustificado optimismo, entre la rebeldía y el escepticismo, entre el acoso y la huída, entre el destierro y la hoguera; sólo ellas aparecerán en este libro, no como citas de un texto extraño, sino como parte fundamental del mismo, donde resulta innecesario recalcar que son tuyas; porque no es verdad, porque son en fin, como todo lo grandioso y grotesco, del tiempo; del brutal e insoportable tiempo que en estos días te hará cumplir doscientos años".[3]

La Historia de este singular personaje, se forma con una larga relación cronológica de condena eclesiástica, persecución civil, fugas, alegatos, afirmaciones-negaciones, tolerancia- insolencia, afecto-repudio. Todo lo que está minuciosa y literalmente registrado en sus papeles, lo refiere el discurso de Arenas, en forma sugerida, más el imprescindible descifrar de claves necesarias para la comprensión totalizadora de su ideología libertaria. Tiempo, espacio, entorno socio-histórico-político, se distinguen por las variantes propias del género narrativo y del comentario apologético, pero se unifican en la actitud común de rechazo a toda presión autoritaria sobre la sagrada libertad individual.

Sirvan como ejemplo de correspondencias estas dos propuestas, la una del fraile mexicano, la otra de Arenas:

"Poderosos y pecadores son sinónimos en el lenguaje de las Escrituras, porque el poder los llena de orgullo y de envidia, les facilita los medios de oprimir y les asegura la impunidad. Así la logró el Arzobispo de México, D. Alonso Núñez de Haro, en la persecución con que me perdió por el Sermón de Guadalupe, que siendo entonces religioso del orden de Predicadores, dije en el Santuario de Tepeyac el día 12 de diciembre de 1794 . . ."[4]

"Esa divina posibilidad de decir *no* donde el jefe dice *sí*: esa magnífica sagrada posibilidad de cuestionar, criticar, disentir; esa duda llena de audacia, ese NO, es y será siempre lo que diferencia al hombre del rebaño, al ser humano de la bestia, al individuo del esclavo".

"El hombre que en aras de una ideología política renuncie a ese *no*, está renunciando a su condición humana y pasando al campo cerrado de la anónima multitud esclavizada y amordazada, que, desde luego, incesantemente, entre genuflexiones y aplausos, tiene que gritar SI".[5]

De ahí que los dos documentos que fijan el rumbo de la vida terrena de Fray Servando (el Sermón de la Virgen de Guadalupe y la Profecía sobre la Federación Mexicana), se exponen en el curso de la novela, también como detonantes ideológicos. Porque el fraile, en la dilatada persecución o breve bonanza, siempre sintió que luchaba contra fuerzas oscurantistas (¡de qué nivel!): cerrado régimen indiano primero, despotismo criollo después.

En esa lidia descubrió, aunque tarde, que sólo habían mudado los personajes de la historia, no egoísmos, maldad, felonía; así que después de cincuenta años, se había pasado de un virrey español a un emperador nativo, de un arzobispo europeo a un prelado local, con absoluta prescindencia de un pueblo desafortunado.

"Y fui entregado en manos de los inquisidores para que me juzgasen como se juzga a una terrible bruja. De los demás prisioneros supe que la mayoría había muerto de sed y hambre en el camino, y los que llegaron a las galeras perecieron allí por el mucho maltrato... Y yo me vi otra vez delante de los togados jueces. Metido entre aquel negro barrizal. Pero no quise contestar a ningún interrogatorio. Y de nuevo fui conducido a la celda de la prisión. Y otra vez me vi rodeado de cadenas y argollas. Fui, pues, el primer dominico que cayó preso en su misma congregación, que ellos habían creado no precisamente para sus propios miembros. Pero los poderosos no perdonan ningún gesto contrario a sus doctrinas y, como tienen la fuerza, tienen también el privilegio de hacerse obedecer, eliminando a quien se les interponga o moleste..."[6]

Este es el meollo de su historia y la de muchas otras historias reales; el resto es circunstancia, anécdota personal, hechos transitorios. Por ejemplo, por ser predicador de mérito, las autoridades eclesiásticas le encomendaron a Fray Servando pronunciar el sermón sobre la Virgen de Guadalupe, al creerlo obediente e incapaz de contravenir la tradición religiosa recibida.

Sin embargo, el ánimo de Fray Servando estaba atormentado por muchas interrogantes, excitado por dudas (como las propuestas por el bachiller Borunda con su "Código General de Jeroglíficos Americanos"), preocupado por si en verdad

Santo Tomás Apóstol, siguiendo la palabra de Jesús: *"predicad por todo el mundo"*, no había traído antaño el Evangelio al suelo mexicano, y bajo el nombre de Quetzoal, habló a los humildes, e inició el culto a la Virgen mucho antes de la venida de los conquistadores.[7]

Tal la entraña de un discurso, que sin usar el camino más conveniente, quitaba a los españoles de un golpe, el mérito de la evangelización en tierras americanas.

" 'Señor,' dijo Fray Servando. Y comenzó el sermón en medio de un silencio de muerte. Y su palabra fue un largo combate entre los antiguos dioses y las nuevas leyendas. Y en esas palabras revivieron los abigarrados e incomprensibles códices que Servando no llegó a leer. Y el Arzobispo se tragó el anillo cuando el predicador puso en duda la aparición de la Virgen de Guadalupe tal como la referían los españoles y la trasladó a tiempos remotísimos: cuando la llegada del Mesías, quitando de esta manera toda razón que justificara la presencia de los españoles en tierras ya cristianas antes de su llegada. Los indios oían entusiasmados y los criollos se ponían de pie y a cada momento rompían en aplausos. Sólo los gachupines y las diferentes ramas de lacayos reales guardaban un gran silencio y observaban con discreción a Su Ilustrísima que constantemente cambiaba de posición en su asiento como si algo le molestara debajo de las gruesas nalgas... Luego las palabras del fraile se llenaron de invocaciones extrañas y no comunes al ritual católico. Y vino el descenso de Las Divinas Serpientes, y el cielo, haciéndose pedazos, daba acceso a *Las Nuevas-Imágenes-Recuperadas*. Y los resplandores cesaron. Y el tiempo fue recobrándose hasta que los dioses vencedores volvieron a ocupar sus sacros sitios en los altares de siempre, en *el reino de la inutilidad*"[8]

Dos fechas claves marcan el destino del fraile: 1765, Monterrey, escapado de una atrapante prisión "de arena y sol"[9] y 1827: Ciudad de México. En total, 62 años de penurias, fatigas, reproches, halagos, opresiones y elogios, abreviados por Arenas, con este auténtico ejercicio de fantasía:

"Todas las mañanas haces un recuento de tu trabajo. Y te vuelves a pasear por el balcón que da al parque, donde el escándalo de los pájaros es ahora ensordecedor. Y entras de nuevo a la habitación. Y he aquí que te sientas frente a la gran mesa de pulimento oscuro, y repasas las hojas escritas, y tanteas las que te faltan por escribir; y, tomando la incómoda pluma (porque no has aceptado otra que no fuera la que usaste en San Juan de Ulúa y la que te acompañó en el Patio de los Naranjos) te pones a garrapatear sobre el papel... Alguien toca a la puerta. Son las "distinguidas damas" y los hombres de gobierno, que vienen a pedirte un consejo o quieren que tú des solución a uno de sus tantos problemas. Oh, arúspice..., hay un gran respeto hacia ti por toda esa gente que solicita tus orientaciones, o que desea oír tus afiebradas palabras. Y tú, con esa voz gastada, que tiene la gracia espontánea de lo que se repite, le dices que no puedes dar consejos, que el mejor modo de llegar a conocer es vivir. Pero vivir como lo has hecho tú y como casi no lo permiten estos tiempos . . . "[10]

Vivir como lo ha hecho Fray Servando, significa obsesivamente sentir que la libertad individual se pierde y se rescata, porque es lo que justifica al ser pensante, criatura elegida, por eso en la soledad de la cárcel o del convento, repite constantemente para no olvidarla, las palabras, las sílabas, las letras. Así fue desde el momento que se graduó de lector de Filosofía y Doctor en Teología, y vistió por vez primera el hábito de Santo Domingo.

El sermón a la Virgen de Guadalupe (12 de diciembre de 1794), trastornó su sosiego, el derecho a la meditación y la privacidad, introduciéndolo en un nuevo tiempo de extrañamiento, arbitrariedad judicial, necedad eclesiástica y administrativa. Examinando el contexto de los textos oratorios, llegamos a la conclusión de que su rebeldía como estilo de vida, es consecuencia de ser—consciente o no-un precursor de la independencia americana.[11]

Ese período tan sustantivo de la vida del fraile, formado por una sucesiva serie de procesos, prisiones, reclamos de justicia a magistrados injustos, y que tienen en las repetidas fugas su suerte de áncora, ha sido examinado con fineza por Lezama Lima, bajo esta perspectiva:

" . . . fue el primer escapado, con la necesaria fuerza para llegar al final que todo lo aclara, del señorío barroco, del señor que transcurre en voluptuoso diálogo con el paisaje. Fue el perseguido, que hace de la persecución un modo de integrarse. Desprendido por una aparente sutileza que entraña el secreto de la vida americana en su dimensión de futuridad, de la opulencia barroca para llegar al romanticismo del siglo XIX, al fin realiza un hecho, toca la isla afortunada, la independencia de su país".[12]

En los breves, pero enriquecedores entremeses de calma física y espiritual, se nos muestran felizmente sus contradicciones, es decir aflora su persona humana real, tan alejada del ideal evangelista como de la moralidad exigible a los héroes, Por eso, jura la Constitución del Clero en Francia, cuando la convoca Napoleón I, y dos años después solicita de Roma la secularización completa y acepta después el título de Prelado Doméstico de Su Santidad Pío VII.[13]

"Pasé una temporada en París, y ya estaba hecho un saco de melancolías (quizás debido al tiempo, pues en ningún lugar influyó tanto sobre mí) cuando irrumpió Napoleón y con gran estrépito quitó reyes, despachó obispos y nobles . . . Y yo, que vi todo aquello, me sentí muy entusiasmado y me identifiqué enseguida con el sistema, que me parecía muy conveniente.

Y mis méritos fueron reconocidos por el propio Napoleón, que me obligó a tomar sitio eminente en el Instituto Nacional y luego, muy importante y principalísimo, en el Gran Concilio Nacional, convocado por él para establecer el culto católico . . . Pero no tardé mucho en desengañarme de aquel ladronzuelo. Y cuando se hizo coronar emperador, junto a su mujerzuela, yo me llené de temores, que confirmé enseguida al ver que el pueblo había logrado cambiar de gobernante, pero con ello no había hecho más que cambiar de tiranía".[14]

"Y ahora, oh gran fraile, dirás de tu llegada a Roma, del hambre que pasaste por esos caminos, hasta que te entrevistaste con el Papa, quien, de un golpe, te hizo Prelado Doméstico y te permitió, al fin, colgar tus molestos hábitos".[15]

Por eso frecuenta los elegantes salones de Mme. Récamier y Mme. de Stäel, conversa con Chateaubriand, escucha atentamente al único auténtico sabio, el barón de Humboldt, sinceramente preocupado por el mundo americano, cambia algún comentario político con el flamante embajador Franklin, visita al controvertido abate Grégoire.[16]

Por eso, en Londres, se alistó en la expedición del guerrillero-liberal-español, Gral. Francisco Javier Mina, sufriendo las consecuencias de tal infortunada empresa, al ser aprisionado por los realistas con la rendición de Soto la Marina, y luego pasar a alojarse en los calabozos de la Inquisición.[17]

Por eso, enfrentó en 1822, las torpes ambiciones imperialistas del Gral. Iturbide, a quien de la noche a la mañana, un Congreso sobornado y cobarde, lo convirtió en Agustín I, y a Fray Servando en conspirador.

Si es cierto que su vida fue un mundo de contradicciones (afirmaciones-negaciones), conviene advertir que nunca éstas menoscabaron sus sentimientos independentistas, ni sus ideas de libertad absoluta, de lo que habla muy claro su actitud hostil para con los criollos corruptos.

Testimonios a la vista, son las cartas a Fray Pascual Santa María, especialmente aludidas en la novela de Arenas.

"Les dije que "yo acepté este partido (el de la independencia), porque así más presto acabará la efusión de sangre que por México y por toda América se derrama a torrentes inútiles; porque la emancipación ya no tiene remedio.

A más de que la Europa la protege, veinte millones de hombres que quieren ser libres lo serán a pesar del mundo entero".

"Hasta ahora no ha faltado a la insurrección sino jefes, oficiales y armas. Todo lo tenemos en abundancia y excelente . . . Ha faltado también conducta, porque la canalla se ha puesto a la cabeza embriagada de pasiones viles y matando a europeos sólo por serlo. Acá tenemos ideas más nobles; nuestra conducta no puede mejorarse, y no haremos sino defendernos de quien quiera destruírnos. Convidamos a la libertad civil, justa y razonable; a nadie forzamos a tomar las armas".[18]

El Mundo alucinante toma el itinerario mundano de Fray Servando con luces y sombras, repite las citas que lo comprometen con la libertad y la dignidad inherente a todo ser humano, entendida como gracia divina. Muestra también, que sus convicciones en materia de independencia política, son sólo parte de un asunto más complejo dentro de una sociedad de incipiente desarrollo material, carente de ilustración, con gobernadores tornadizos y católicos cuya conducta diaria los muestra bastante alejados del Evangelio.

Porque así fue Fray Servando, la declaración de Arenas en su carta-abierta al protagonista ahorra cualquier comentario.

"No aparecerás en este libro mío (y tuyo) como un hombre inmaculado, con los estandartes característicos de la pureza evangélica, ni como el héroe intachable que sería incapaz de equivocarse, o de sentir alguna vez deseos de morirse. Estás, querido Servando, como lo que eres: una de las figuras más importantes (y desgraciadamente casi desconocida) de la historia literaria y política de América. Un hombre formidable".[19]

El autor de la novela, afirma esto en un acto de fidelidad consigo, por haber padecido también *él*, necesidad de libertad, y saber que en casos de extrema opresión es lícito apostar a voces ajenas que repitan incesantemente en todo tiempo y lugar, las palabras que el fraile americano hizo públicas hace más de siglo y medio.

"El prójimo tiene derecho a su libertad natural conque Dios le dotó a distinción del bruto; pues contra la voluntad de Dios prívenle de su libertad aunque yo no tenga ninguna...
Por la misma razón me podrían robar y ahorcar... ya que el hombre prefiere la libertad a los bienes que sin ella son inútiles y expone su vida para alcanzar la libertad".[20]

Este es su breviario político, afianzado con el correr de los años, y con la segura influencia de Simón Rodríguez primero y Blanco White luego, en los días esperanzados de Londres, cuando en las páginas de "El Español", se comentaban los acontecimientos liberales del mundo occidental. Así se supo en Europa del primer alzamiento de Hidalgo, párroco de Dolores, que a vuelo de campana había convocado a los campesinos de su tierra, a luchar contra el despotismo español. También allí se festejaron las buenas nuevas, de que las Cortes de Cádiz, juraban y promulgaban una Constitución generosa, en ausencia de un rey ridículamente prisionero de los franceses.

No cabe duda que fueron para él, instancias e instantes de definiciones, de participación política junto a la legalidad, que más tarde tendrá oportunidad de defender en su condición de congresista electo legítimamente por su pueblo, llegando a conclusiones tan sensatas como ésta que sigue:

"¿Hasta cuándo los visires de América dejarán de atribuirse la soberanía y entenderán que sólo el autor de la ley tiene autoridad para interpretarla, como dice la regla de derecho *eius est interpretari cuius est condere?*
¿Qué garantía podrían dar las leyes jamás al ciudadano si cada mandarín fuese árbitro para interpretarlas de acuerdo a su capricho?"[21]

Del mismo tenor es su participación en el capítulo correspondiente a la aprobación del texto constitucional mexicano, que regiría por primera vez con un gobierno popular, representativo y republicano.

En la instancia que sigue, se discute la adopción o rechazo del sistema federal, y Fray Servando aparece como un sexagenario austero, razonador, con la exacta posición de quien previene —no como augur, sino como ciudadano lúcido— los males irreparables de la anarquía, cuyos estragos estaban a la vista en Venezuela, Colombia y Argentina.

"Y empezó el fraile su discurso". Está muy bien que Félix Fernández sea el Presidente de la República—dijo—ya que no hay otro que sepa leer de corrido entre los que de verdad lucharon por la independencia. Ah, pero que esta República sea del tipo federal y no del centralizado ligero, es algo que nunca había sospechado"... Y empezó, oh fraile, tu nueva batalla, ahora en tiempos de la democracia. Y dijiste, con esa voz afiebrada que sobresaltaba, obligando a silencio y atención: "Desde aquí anulo y tacho todos los actos del imperio. El Tratado de Córdoba y el Plan de Iguala y el gobierno de monarquía, pero también veto este sistema de gobierno federal, a cambio de un gobierno republicano central o al menos federalista templado".

"Yo siempre he estado por la federación—dijiste—y todos te miraron sorprendidos, pero una federación razonable y moderada, una federación conveniente a nuestra poca ilustración y a las circunstancias de una guerra inminente, que debe hallarnos muy unidos".[22]

También se ocupó de desenmascarar a los falsos predicadores, que ocultaban al pueblo las llagas visibles de tres siglos de colonialismo y casi otro tanto de funcionamiento de los Tribunales del Santo Oficio, y también a aquellos otros serviles, que pretendían hacer confusión entre sistema federal y prosperidad económica, ejemplificando con sus vecinos de frontera norte.

El final lo dedicó a la necesaria independencia de pensamiento y acción, que deben tener todos y cada uno de los congresistas en función de legisladores, por cuanto su conducta comprometerá siempre los destinos comunitarios, con lo que rechaza la presión de mayorías adocenadas y de demagogias de electores.[23] Tal el espíritu del celebrado discurso que se dio en llamar "Profecía del Dr. Mier sobre la Federación Mexicana", pieza que integra la antología del pensamiento político y social de América Latina, del siglo XIX.

En tiempo de resumen, nos queda por decir que Arenas adoptó para la conjugación de la mayoría de estos elementos de condición ideológica, una relación de identidad con los actos públicos y privados del protagonista, convalidando las multi-realidades de su personalidad.

> "No obstante, la acumulación de datos sobre tu vida ha sido bastante voluminosa; pero lo que más útil me ha resultado para llegar a conocerte y amarte no fueron las abrumadoras enciclopedias, siempre demasiado exactas, ni los terribles libros de ensayos, siempre demasiado inexactos. Lo más útil fue descubrir que tú y yo somos la misma persona".[24]

Así es que, dentro de la sorprendente vida real de este católico excepcional y obstinado que siempre se negó a negociar principios, Arenas buscó y obtuvo la necesaria inspiración para convertirla en una narración alucinante, por arte de extrema y extraña sensibilidad y el uso de un lenguaje metafórico de excepción.

Experto en recursos estilísticos, dueño de la forma, del tiempo y las interpolaciones, se sirvió de la estructura paralelística como finalidad para cruzar la frontera de la fantasía y regresar a esa fuente viva que es la lección dejada por Fray Servando Teresa de Mier a los venideros.[25] De ahí que valores universales como libertad individual u opiniones tan definitivas como el respeto a la individualidad aparezcan casi siempre bajo fórmulas discursivas, sin más oficio ni artificio que el surgido de su talento poético.

> "Luego vino el silencio o lo que es más exacto: el aplacamiento de los murmullos, que sonaban como distantes al atravesar las paredes de la habitación. Y el fraile murió. Pero antes se vio conducido por todo el pueblo hasta la capilla de Los Santos Sepulcros de Santo Domingo. Y oyó el contínuo tañer de las campanas que anunciaban su defunción. Y vio aparecer a todos los invitados, momentos antes de su muerte. Y te viste otra vez en la bartolina de San Juan de Ulúa, peleando con la vela, que no cesaba

de acosarte, lanzándote chisporretazos a la cara. Y, como en un sueño, se te apareció el feroz León, y empezó la persecución. Y te viste saltando murallas y flotando por los aires, asido a inseguro paraguas. Así caíste sobre la parroquia de Tepeyac; y predicaste, largo rato, frente al arzobispo, el virrey y la mar de indios, sobre el obsesionante tema de la *verdadera aparición de la Virgen de Guadalupe* . . .

Y luego volviste a Monterrey, pues ya eras un muchacho. Y emprendiste el regreso a la casa, desde el corojal".[26]

Walter Rela
Universidad Católica del Uruguay

Notas

[1] "Estos hombres-símbolos, como Mier, como Blanco White, como Newman, en quienes, en una u otra forma, se opera la crisis de las nuevas ideas, escriben siempre apologías de su vida y mueren con la implacable angustia de no haber sido bien comprendidos", Memorias, p. XI.

[2] Arenas, pp. 247–248; Lezama Lima, p. 333.

[3] Arenas, pp. 9–10.

[4] Arenas, pp. 43–44; Memorias, p. 1.

[5] Arenas: "Necesidad de libertad", "Diario Las Américas", Miami, abril 19, 1981. Tomado de: Julio Hernández Miyares, "Apuntes sobre la vieja Rosa . . . ", *Círculo*, Verona, N.J., t. X, 1982, p. 9.

[6] Arenas, p. 201.

[7] Memorias, p. XVI.

[8] Arenas, pp. 41–42.

[9] Arenas, p. 19.

[10] Arenas, p. 245.

[11] Memorias, p. XVI.

[12] Lezama Lima, pp. 333–334.

[13] Cuevas, t. V., p. 160.

[14] Arenas, p. 151.

[15] Arenas, p. 152.

[16] Arenas, Cap. 20.
[17] "Aspectos de las andanzas . . . ", pp. 158–163.
[18] Arenas, pp. 196–197.
[19] Arenas, p. 10.
[20] Documentos inéditos . . . , p. 475.
[21] Documentos inéditos . . . , pp. 465–466.
[22] Arenas, pp. 213–214.
[23] Arenas, Cap. 33.
[24] Arenas, p. 9.
[25] Arenas: "Fray Servando, víctima infatigable", "Diario Las Américas", Miami, abril 21, 1981. Tomado de J. Hernández Miyares, art. cit., nota 5, p. 11.
[26] Arenas, pp. 248–249.
Título completo de obras citadas en Bibliografía pasiva.

Bibliografía pasiva

Reinaldo Arenas, *El mundo alucinante*. Barcelona, Montesinos, 1981.
S. J. Mariano Cuevas, *Historia de la Iglesia en México*. El Paso, Texas, EE.UU., Revista Católica, 1928. 5 v., t. V.
Escritos inéditos de Fray Servando Teresa de Mier. Introd., notas, ordenación de textos por J. M. Miquel i Verges y Hugo Díaz Thomé. México, El Colegio, 1944.
José Lezama Lima, *Ensayos*. "La expresión americana"/"El romanticismo y el hecho americano". En: Obras Completas, Madrid, Aguilar, 1977.
Memorias de Fray Servando Teresa de Mier. Pról. de Alfonso Reyes. Madrid, 1946.
J. M. Miquel i Verges, "Aspectos de las andanzas del Padre Mier", Cuadernos Americanos, México, 1943, pp. 143–164.
Artemio de Valle-Arizpe, *Fray Servando*. B.A., Espasa-Calpe, 1951, Austral 1967.

XVII

EL MUNDO ALUCINANTE: "HISTORIA Y FICCIÓN"

El empleo del término "novela histórica" evoca inexorablemente el clásico estudio de Lukács y su tesis sobre el auge de esta forma novelística paralelo al ascenso al poder de la burguesía europea.[1] Por otro lado, el reconocido proteísmo del género novelesco y los cambios del concepto de la "historia" impiden una clara definición de la forma discutida.[2] Los estudios de Lukács, Auerbach, Bakhtin y Goldmann nos han enseñado también que cada novela es de hecho histórica, con diferencias en el grado de vinculación a los hechos reales y en la forma de su tratamiento literario.[3] La historia entra en el texto transformada a nivel estético por las estrategias narrativas y, asimismo, convertida en ideología. Sería ingenuo suponer que una novela sea un reflejo de la realidad extraliteraria, histórica. Hasta una obra abiertamente "mimética" es más bien una refracción que reflejo del mundo.[4]

A diferencia de una novela histórica "clásica", *El mundo alucinante* no aspira al mimetismo, sino que por su misma forma niega la existencia de *una* verdad histórica. Este principio de la relatividad está inscrito en la poética de la novela, ya que desde el principio nos enfrentamos con varias y contradictorias relaciones del mismo hecho. La re-escritura de la historia emprendida por Arenas en la primera década de la Cuba revolucionaria no tiene nada que ver con la tendencia declarada de "reivindicar" o "revisar" el pasado como una premisa fundamental de la historiografía revolucionaria oficial. Mientras que esta historiografía—junto con la veta "testimonial" de la narrativa cubana— pretende ofrecer la única válida (re)interpretación del pasado desde la perspectiva de la lucha de clases, Arenas desmitifica cualquier dogmatismo ideológico.

La relativización de la verdad histórica ocurre en *El mundo alucinante* en el proceso de la transformación de *récit* en *discours,* del material narrativo en una forma estética.[5] Arenas parte de un *texto*—los escritos de Fray Servando Teresa de Mier—transformándolo en otro texto. Esta reescritura o relectura—estudiada brillantemente por Alicia Borinsky a la luz de las ideas borgesianas—desmitifica la historia por revelar su dimensión ficticia. Las palabras de Paul de Man ofrecen una suscinta conclusión al respecto: "... the bases for historical knowledge are not the empirical facts but written texts, even if these texts masquerade in the guise of wars or revolutions".[6]

La desmitificación de lo que suele conocerse como "historia" ocurre en la novela de Arenas gracias al empleo de lo desmesurado y lo grotesco. El amor, la crueldad, el poder, la religión, o sea, todas las dimensiones de la vida en las Américas y en Europa en el ocaso del Siglo de las Luces, quedan referidas en metáforas e imágenes de exuberancia barroca. La desmesura de la forma con respecto al contenido obviamente llama la atención del lector sobre las estrategias narrativas. Mientras que la aparente neutralidad de las técnicas "realistas"—las más cercanas al discurso historiográfico, objetivo, científico—tiende a ganar la credibilidad frente al lector, los recursos empleados por Arenas pretenden alienarlo. Por medio de la "desfamiliarización" de la experiencia, la novela del cubano tiene el mismo efecto que el fenómeno de enajenación estudiado por Brecht en una obra dramática: impide una identificación del lector con el texto. La abundancia de imágenes hiperbólicas, de anacronismos y contradicciones flagrantes entre las versiones ofrecidas por distintas voces narrativas lleva a lo que Borinsky señala como "una imposibilidad de escoger entre alternativas contradictorias no arregladas en un sistema jerárquico".[7] El empleo del anacronismo es quizás el más eficaz en el proceso de desfamiliarización, dada la abundancia del detalle histórico aparentemente fidedigno a lo largo del libro. El encuentro con el protagonista de Virginia Woolf, una mención a Van Gogh (p. 215),[8] o el paseo del Fraile por una calle que lleva su nombre (p. 192), son algunos de los desconcertantes anacronismos que se encuentran en la maraña de referencias históricas.

A pesar de su tono paródico y grotesco, el texto no desemboca, a nuestro parecer, en un nihilismo en cuanto al progreso histórico. Arenas rechaza y denuncia lo que es la historia oficial, o sea la historiografía escrita por los vencedores, para enfocar su visión en el hombre mismo y su intrahistoria. La narración del mismo episodio desde las tres perspectivas—yo-tú-él— confirma la idea de Lévi-Strauss de que la objetividad histórica no existe, porque cada acontecimiento puede disolverse en un sinfín de momentos psíquicos individuales. El empleo del punto de vista tiene un profundo significado ideológico: ya en el primer "capítulo" la omnisciencia de la tercera persona revela el tono autoritario de la historiografía oficial, distanciada del ser humano, atenta tan sólo a los hechos convenientes de recordar desde el punto de vista de la ideología dominante.

En su perspicaz comparación del texto en español con la traducción inglesa, A. Borinsky ha llamado nuestra atención sobre el empleo de diferentes verbos que indican el transcurso del tiempo en los tres primeros episodios de la novela.[9] Mientras que el verbo *transcurrir*—correspondiente a la narración en primera persona—es, a nuestro parecer, más bien a-histórico, el verbo *ocurrir* del segundo episodio implica un *acontecer* en el sentido histórico. El empleo del tiempo presente junto a la perspectiva de la segunda persona lleva aquí la carga de una experiencia inmediata, personalizada, de la intrahistoria. El tercer segmento del primer capítulo es el más "historicista": el verbo *pasar* aparece aquí en la forma del pretérito, mientras que la narración es en tercera persona omnisciente. Es un fragmento que—aunque aparentemente más alejado de los hechos en el sentido temporal y espacial—asume un tono autoritario frente a estos hechos. La autoridad aparece en forma de una negación directa, con unas generalizaciones que tienden a vulgarizar la experiencia personal:

> "Qué infancia tan terrible, como todas, entre el avance de los vellos y el Terror de los Deseos Misteriosos. . . . De modo que no fue a la escuela ni siguió el rastro de la única garzota que había cruzado sobre las tejas. Ni arrancó las matas de corojos que por otra parte nunca han existido. Ni vio a sus hermanas, pues aún no habían nacido. Ni presenció las necedades de las manos cortadas . . . Inventos. Inventos . . . " (pp. 16/17).

Obviamente, cualquier discurso—también la confesión íntima—logra su coherencia por medio de la supresión de los elementos que no coinciden con su intención ideológica. Resulta mucho más difícil, sin embargo, llenar los silencios dejados por la historiografía oficial, porque estos silencios corresponden a la voz de los marginados, oprimidos, conquistados. Raras veces estas voces se dejan oír para llenar las lagunas existentes. Dirá al respecto Frederic Jameson:

> " . . . by definition the cultural monuments and masterworks that have survived tend necessarily to perpetuate only a single voice in this class dialogue, the voice of a hegemonic class. They cannot be properly assigned their relation or place in a dialogical system without the restoration or artificial reconstruction of the voice to which they were initially opposed, a voice for the most part stifled and reduced to silence, marginalized, its own utterances scattered to the winds, or reappropriated in their turn by the hegemonic culture.[10]

El texto de Arenas nos hace llegar una de estas voces marginadas, demostrando que, en realidad, no era una voz *marginal* al acontecer histórico. La voz de Fray Servando simboliza aquí el grito de los miles de conquistados, perseguidos, encadenados bajo el dominio español, a todos esos indios, "herejes" y brujas que desfilan ante nuestros ojos para deshacerse en la hoguera de la Inquisición, alimentando no solamente las llamas, sino también el "progreso" histórico. La "reivindicación" efectuada por Arenas no se refiere a un grupo social específico, no trata de rescatar unos valores comunitarios, como lo hace, por ejemplo, la historia oral. La voz del fraile mexicano es la de cualquier víctima de cualquier sistema opresor. Partiendo de un contexto socio-histórico concreto y de un personaje histórico, aprovecha Arenas su privilegio de novelista en cuanto "hacedor" de ficciones, para dirigirse a nosotros en un lenguaje más poético que referencial, lleno de símbolos, metáforas e hipérboles.

¿Cuál es, pues, para nuestro conocimiento de la historia, el valor de una novela "histórica" que explícitamente ficcionaliza el pasado? A diferencia de un discurso historiográfico, "científico", una obra literaria se dirige al lector no solamente a nivel "cognoscitivo", sino también "humano" y "estético". La historia es una experiencia del pasado a la luz del presente, es decir que su dimensión "humana" en la cual insistía Lukács, es quizás más pertinente que su aproximación a los hechos reales, tanto más que esos hechos no hablan por sí mismos, sino que adquieren un significado cuando son escogidos, seleccionados, arreglados, e interpretados.[11] Detrás de un discurso historiográfico y detrás de la escritura efectuada por Arenas hay quizás la misma dosis de subjetividad e intención, pero la novela tiende a la autodesmitificación de su propia ideología, mientras que la historiografía, igual que un discurso "mimético", intenta esconderla en la neutralidad de su forma.

Si la historia es el pasado recordado a la luz del presente, cualquier escritura es una praxis histórica de las lecturas, según nos enseña Culler.[12] En la tradición occidental el proceso de "hacer la historia" es doblemente subjetivo, ya que envuelve no solamente las obvias vicisitudes de la memoria, sino también el acto de traducir/traicionar el hecho en una palabra en el proceso de la escritura. La "traición" en esta última etapa no depende solamente de lo inadecuado del lenguaje para captar la realidad, sino de los factores "extraliterarios": el poder, la represión, la censura. De ahí, quizás, que para Fray Servando, "las mejores ideas son precisamente las que nunca logró llevar al papel, porque dicho hecho ya les hace perder la magia de lo imaginado y porque el resquicio del pensamiento en que se alojan no permite que sean escudriñadas, y, al sacarlas de allí, salen trastocadas, cambiadas y deformes" (p. 44).

La actitud de Arenas hacia el pasado no es la de escapismo o nostalgia, tampoco es *El mundo alucinante* una novela movida por un interés puramente histórico-documental. El simbolismo y los anacronismos permiten establecer los paralelos entre el presente y el pasado, o sea, la historia aparece como *maestra vitae*. El aparente nihilismo de la visión de Arenas no se refiere a la historia en sí, sino a su versión manipulada, preservada en los archivos oficiales, "abrumadoras enciclopedias, siempre demasiado exactas" y "los terribles libros de ensayos, siempre demasiado inexactos" (p. 9). En un diálogo abierto con esta historiografía oficial y autoritaria, Arenas recurre a la forma (auto)biográfica, o sea, opone la versión personalizada del pasado a los textos deshumanizados, que suponen tan sólo erudición y no experiencia (p. 9). Al reescribir los textos autobiográficos de Fray

Servando, Arenas nos ofrece más bien una biografía. El proceso en sí tiende a subrayar que la historia no es el pasado, sino su recuperación *en* el presente *para* el futuro.

La forma autobiográfica se presta mucho a tal visión de la historia, ya que: "Autobiography is primarily an art of perspective; an art of juxtaposed perspectives: the present commenting upon the past, the past commenting upon the present".[13] El hecho de que el fraile mexicano haya podido dejarnos un vestigio escrito sobre su vida—a pesar de haber sido siempre marginado y perseguido—es hasta cierto grado excepcional en la historia de los disidentes. En el episodio del misterioso sabio Borunda, autor del *Código general de jeroglíficos americanos*, Arenas demuestra lo precario que es la vida de la "historia" no sancionada por la ideología oficial. Tras el derrumbe de la cueva donde vivía, Borunda, impasible, comenta sobre las vicisitudes del manuscrito recién destruído en las ruinas: "Yo traté de dar a conocer esos manuscritos... pero no tenía los fondos para su publicación, y en *La Gaceta* siempre me decían que debía esperar, que había otras obras aguardando turno. En fin, que me quedé siempre con el manuscrito bajo el brazo..." (p. 35).

El hecho de que *El mundo alucinante* pueda leerse como una novela histórica, a pesar de las vertiginosas transformaciones de la "historia", se debe a una serie de recursos que, tradicionalmente, refuerzan el tono histórico del discurso. Primero, Arenas escribe sobre el *pasado*, o sea una realidad perdida y recuperable solamente desde la perspectiva del presente. El autor acumula un sinfín de referencias verificables para construir el marco espacial y temporal de su obra. Desde la Ciudad de México en la época de la construcción de la Catedral y el traslado de los restos de Hernán Cortés a la Iglesia Mayor, por la España de Felipe IV y la Francia de Chateaubriand, hasta el México de Iturbide, la novela de Arenas ofrece una prolífica acumulación del *detalle* que siempre ha sido privilegio de la forma totalizante de la novela realista.

Arenas parece abandonar a veces el dominio del novelista, suministrando citas y referencias en una especie de remedo de un discurso "científico". El valor subversivo de este recurso consiste en la apropiación de la fórmula, pero con un cambio de referencialidad hacia la periferia. Lo que Jean Franco denomina "el espacio de la historia oficial"[14] queda ocupado en la novela de Arenas por las referencias a la historia oral (unas coplas), a la "subhistoria" (*La mala vida en España de Felipe IV* de José Deleito y Piñuela, p. 83) y, obviamente, a los escritos del rebelde Fray Servando. En las notas bibliográficas no encontraremos referencias a grandes y reconocidas historiografías, pero sí las palabras de un exiliado cubano, José María Heredia, junto a las citas un tanto anacrónicas de Lezama Lima y Germán Arciniegas.

Según la tipología de Joseph W. Turner, existen tres variantes de la novela histórica: la que inventa el pasado, la que disfraza con ficción el pasado documentado y, finalmente, la que recrea el pasado documentado con una pretensión "objetivista" y científica. La novela de Arenas cabe, según nos parece, en la segunda categoría. Al ficcionalizar la historia reconocible de una manera explícita y al llamar la atención del lector sobre las estrategias narrativas que producen tal ficcionalización, el novelista le añade una dimensión metaliteraria a *El mundo alucinante*. Este aspecto del libro revela que los trucos que rigen la escritura de cualquier narración, sea "ficticia", sea "histórica" en su intención, son en realidad los mismos.

El hecho de que *El mundo alucinante* no pueda pasar por una obra historiográfica no reside tanto en su veracidad factográfica o en su falta de ella, como en la intención estética que rige el empleo de sus estrategias narrativas. La *intensidad* del empleo de estos recursos—sobre todo la variedad del punto de vista y los vertiginosos cambios y vueltas de la línea narrativa básicamente biográfica— distingue la obra de Arenas por su exuberante *literariedad* dentro de la categoría de la novela histórica, situándola junto a tales novelas como *Terra nostra, El otoño del patriarca* o *El recurso del método* y más allá de la novela tradicional "realista". *El mundo alucinante* constituye una apropiación muy individual de la forma *novela* y del contenido *historia,* una apropiación estéticamente única e ideológicamente significativa.

Elzbieta Sklodowska
University of Varsovia

Notas

[1] Georg Lukács, *The Historical Novel* (London: Merlin Press, 1962).

[2] Biruté Ciplijauskaité, *Los noventayochistas y la historia* (Madrid: José Porrúa Turanzas, 1981).

[3] Mikhail M. Bakhtin, *The Dialogic Imagination. Four Essays* (Austin: University of Texas Press, 1981); Lucien Goldmann, *Essays on Method in the Sociology of Literature* (St. Louis: Telos Press, 1980); Georg Lukács, *Significación actual del realismo crítico* (México: Era, 1963).

[4] Terry Eagleton, *Criticism and Ideology. A Study in Marxist Literary Theory* (London: Humanities Press, 1976).

[5] Para una discusión de estos conceptos de Genette, véase Shlomith Rimmon, "A Comprehensive Theory of Narrative. Genette's *Figures III* and the Structuralist Study of Fiction", *PTL: A Journal for Descriptive Poetics and Theory of Literature*, 1 (1976), pp. 33–62.

[6] Paul de Man, *Blindness and Insight. Essays in the Rhetoric of Contemporary Criticism* (New York: Oxford University Press, 1971), p. 156.

[7] Alicia Borinsky, "Rewritings and Writings", *Diacritics*, 4 (1974), p. 27.

[8] Todas las citas de *El mundo alucinante* pertenecen a la edición de la Editorial Diógenes, México, 1969.

[9] Borinsky, p. 25.

[10] Frederic Jameson, *The Political Unconscious. Narrative as a Socially Symbolic Act* (Ithaca: Cornell University Press, 1981), p. 85.

[11] John Lukács, *Historical Consciousness or the Remembered Past* (New York: Harper and Row Publishers, 1968), p. 106.

[12] Jonathan Culler, "Presupposition and Intertextuality", *MLN*, 91 (1976), p. 1381.

[13] Stephen A. Shapiro, "The Dark Continent of Literature: Autobiography", *Comparative Literature Studies*, 5, No. 4 (1968), p. 437.

[14] Jean Franco, "From Modernization to Resistance: Latin American Literature 1959–1976", *Latin American Perspectives*, 5, No. 1 (1975), pp. 77–97.

[15] Joseph W. Turner, "The Kinds of Historical Fiction: An Essay in Definition and Methodology", *Genre*, 12, No. 3, 1979, pp. 333–357.

XVIII

LA IDEOLOGÍA DE FRAY SERVANDO

En una carta fechada el 15 de mayo de 1971, José Lezama Lima se refiere a Reinaldo Arenas como un hombre joven "naturalmente nacido para escribir".[1] Impresionado por la calidad de *Celestino antes del alba* y la juventud del autor cuando se publicó la novela, Lezama Lima habla sobre el talento innato de Arenas para la prosa. Arenas es indudablemente el escritor de mayor talento de su generación. Posee un instinto natural para escribir, que combina con su dedicación al oficio de escritor. Arenas ha afrontado grandes adversidades en la vida y uno no puede evitar sentirse impresionado por su persistencia, y particularmente por su habilidad para continuar escribiendo en un ambiente tan hostil como el que padeció hasta que se escapó de Cuba en 1980.[2] Durante la mayor parte de su carrera de escritor Arenas ha estado en conflicto con lo que le rodea, por lo que no es sorprendente que muchos de sus protagonistas compartan esa suerte. Sin embargo, no es nuestra intención seguir los puntos de contacto entre la vida de Arenas y sus obras o considerar hasta qué punto sus creaciones son autobiográficas, a no ser de una manera muy general. En lugar de eso, examinaremos algunas de las estrategias narrativas que Arenas utiliza en su presentación del conflicto, junto con las implicaciones ideológicas de algunas de sus obras.

Muchos de los personajes de Arenas libran una lucha constante contra el mundo que los rodea. Aunque todos están relacionados por la percepción negativa de su contexto social y su rechazo de lo que perciben, sus reacciones varían considerablemente. Fray Servando Teresa de Mier (1765-1827), el personaje central (histórico) de *El mundo alucinante*, ataca la hipocresía y la avaricia e intenta reformar la sociedad y el curso de la historia. Constantemente entabla un combate con el mundo y trata de rehacerlo y convertirlo en lo que él cree, fervientemente, que podría o debería ser. Es tan perseverante en sus esfuerzos como lo es el mundo en resistir sus reformas. El joven narrador del cuento "Con los ojos cerrados" actúa de otra forma. Cuando descubre que lo que le rodea no es de su agrado, simplemente usa su imaginación para cambiar lo que no puede aceptar. Su creatividad le ayuda a evitar acontecimientos desagradables y le permite escapar del aburrimiento de una existencia monótona. La realidad transformada se vuelve tan real para él y para el lector como lo que realmente ocurre. Y como pasa frecuentemente en las historias de Jorge Luis Borges, al lector de "Con los ojos cerrados" se le deja con sus reflexiones sobre si las acciones preceden o siguen a los conceptos.

Tanto el protagonista de *Celestino antes del alba* como Fortunato en *El palacio de las blanquísimas mofetas* vacilan entre la ilusión y la realidad y se debaten en tormentosas luchas para entender su medio ambiente. Para ellos el mundo es un enigma, y sus energías se encauzan a comprender o a escapar de las realidades que no pueden aceptar. Lo que les rodea libra, con frecuencia, una batalla activa y destructora contra su creatividad, particularmente en el caso de Celestino, cuyo abuelo destruye y nivela metafóricamente sus intentos de modificar la realidad con la palabra. En *Celestino antes del alba* y en *El palacio de las blanquísimas mofetas*, la creatividad es amenazada por la sofocante influencia de un ambiente mediocre que raramente reconoce los impulsos estéticos de algunos de sus miembros. Fortunato y Celestino vagan a través de los laberintos de su incomprensión y las complejidades del mundo. El lector comparte su desconcierto y se pierde, tanto como ellos, en los intrincamientos de un número interminable de reinos indeterminados. El único escape de esa existencia monótona es la imaginación, y esta dicotomía es un elemento importante en ambas novelas.

La naturaleza de la lucha de Fray Servando es diferente, ya que él proporciona al mundo una serie de ideas de lo que éste debería ser. Mientras Celestino y Fortunato se empeñan en entender o escapar de los que les rodean, Fray Servando se esfuerza para que el mundo se pliegue a sus propios ideales. Él tiene una visión de lo que puede ser y siente que la utopía está a su alcance. Su misión es identificar y anunciarle al mundo cuáles son los individuos y las fuerzas que operan como impedimentos para la realización de sus ideales. Cuando en un sermón declara sus dudas sobre la validez de la Virgen de Guadalupe y clama que ella apareció en el Nuevo Mundo mucho antes de la llegada de los españoles, Fray Servando socava la elaborada ideología religiosa que fue usada para justificar la conquista y para estimular la continuación de la sumisión de los indígenas a una cultura extranjera.

El sermón de Fray Servando es, en más de un aspecto, una abierta invitación a la rebelión pero, paradójicamente, desde dentro y no desde fuera de la ideología religiosa que él representa. Su sermón está diseñado para separar a la corona española del uso político de una ideología religiosa. Como la Virgen apareció mucho antes de la llegada de los españoles, los habitantes del Nuevo Mundo son hijos de Dios sin necesidad de intervención española. Si esta posición parece contradictoria, hay que recordar que desde las primeras páginas de *El mundo alucinante* el narrador dominante aclara que la contradicción es parte de la esencia de Fray

Servando. El fraile es un perfecto ejemplo de los "contradictorios" de que hablan Silvestre y Arsenio Cué tan afectuosamente en *Tres tristes tigres*, de Guillerno Cabrera Infante.[3] El lector siempre puede intuir que Fray Servando hará lo inesperado. En su sermón sobre la Virgen de Guadalupe, Fray Servando está más interesado en rechazar la aplicación política de una ideología religiosa que en negar la ideología misma. Su sermón es una apelación, poco común, para separar un sistema de creencias de los objetivos políticos.

La constante batalla de Fray Servando contra la autoridad y el poder permea todo el discurso narrativo de *El mundo alucinante*. Conforme uno avanza a través del texto de la novela, un cierto grado de tensión se desarrolla entre este formidable personaje y el narrador dominante. El origen de esta tensión puede explicarse parcialmente por el uso que Arenas hace de los escritos de Fray Servando como fuente para su novela. Existe una relación dialéctica en el texto de Arenas entre los "hechos" de la historia y su novelización del pasado. Conforme la novela se desarrolla, la ficción se vuelve más predominante en su fabulación de la vida de Fray Servando.[4] El pasado se tiñe con el presente, o sea, el tiempo de la escritura de la novela. Dentro del mundo novelístico de Arenas, existe un conjunto de tensiones entre el hecho y la ficción y entre el presente y el pasado. En ocasiones los hechos son tan increíbles que sólo la exageración puede transmitir su esencia. El texto de Arenas, como *Vista del amanecer en el trópico* de Cabrera Infante, mantiene un diálogo con un pasado histórico, y los juicios de valor son un resultado inevitable de tal proceso.[5]

Aunque la narración de *El mundo alucinante* está esencialmente dividida en tres voces, sólo hay un narrador. El narrador omnisciente sabe lo que ha pasado y lo que pasará. Cuando la narración está a cargo de la segunda persona, Fray Servando no es el sujeto de la focalización, sino más bien el objeto. La voz que se dirige de manera familiar a Fray Servando es la del narrador dominante, quien a veces emplea un humor irónico con respecto al fraile. "Llegaste ya de noche, pues no te cansaste de merodear por todo el pueblo y de ponerle faltas a todo. ¡Tan joven y tan protestón! ¡Tan joven y siempre poniendo reparos!"[6]

Cuando la narración está a cargo de la primera persona, aunque la voz es la de Fray Servando los pensamientos corresponden frecuentemente a la conciencia del narrador dominante, que ve en la vida de Fray Servando un reflejo de la suya propia. "Lo más útil fue descubrir que tú y yo somos la misma persona" (p. 9). Al considerar la narración en *El mundo alucinante*, no puede suponerse que la voz es equivalente al narrador, y es importante distinguir entre quién habla, quién ve, y quién piensa. La conciencia del narrador dominante se esconde tras todas estas categorías. La tensión que existe entre Fray Servando y el narrador dominante es un reflejo de un número de dicotomías presentes a través del texto—lo real y lo ideal, lo ilusorio y lo práctico, lo posible y lo inalcanzable. Estas oposiciones se reflejan en la admiración continua del narrador, y su consternación, por el implacable juego de Fray Servando con la autodestrucción.

La tensión entre el narrador dominante y Fray Servando también existe a niveles epistemológicos e ideológicos.[7] A través de la novela Fray Servando siente que él tiene acceso a la verdad, pero el narrador dominante continuamente socava esta posición. La propensión de Fray Servando a la acción decisiva se ve constantemente frustrada por un mundo más complejo de lo que él imagina. El narrador frustra al fraile fanático y anarquista colocándole dentro de laberintos que parecen no tener ni entradas ni salidas. La cosmología de Fray Servando es vertical en el sentido de que consiste en una serie precisa de valores, pero el narrador dominante opone a esto una visión horizontal del mundo. La creencia de Fray Servando de que es posible alcanzar un conocimiento completo del mundo, si se observa un determinado método de análisis, se opone a la convicción del narrador de que no hay un modo de análisis cosmológico que garantice que se puede obtener un entendimiento absoluto de la naturaleza de las cosas. Esto explica la multiplicidad de perspectivas narrativas en *El mundo alucinante,* ya que esta compleja presentación de la realidad compensa las convicciones fanáticas del fraile. Para Fray Servando, cada contexto es similar a otros porque él ve el mundo como un lugar de lucha entre el bien y el mal. Para poder entender una situación en particular, él sólo necesita establecer, de una manera metafórica, las similitudes entre entidades en el contexto nuevo y el anterior. El narrador dominante usa la ironía y el humor para socavar esta visión, pero nunca pierde el respeto y la admiración por este hombre de inquebrantables convicciones. Aunque vemos a Fray Servando como una figura cómica algunas veces, esencialmente es una figura trágica.

A diferencia de Celestino y Fortunato, Fray Servando tiene muy pocas dudas sobre las realidades que él percibe, pero comparte con ellos el sentimiento de estar atrapado. "Y pensó que otra vez, como siempre, estaba en una cárcel. Y trató de encontrar la salida" (p. 201). Para Fray Servando el mundo es una cárcel de la cual no puede escapar. Él está encadenado a la tierra (no a las cadenas con las que lo atan sus carceleros en prisión) ya que busca una perfección imposible que nunca puede lograr. Pero se mantiene firme en sus esfuerzos por alcanzar ese objetivo. Aunque Fray Servando continúa siendo un verdadero creyente a lo largo de su vida, hacia el final de la novela empieza a tener dudas sobre la perfectibilidad de la existencia humana. Entonces tuvo la revelación. Pensó que el objetivo de toda civilización (de toda revolución, de toda lucha, de todo propósito) era alcanzar la perfección de las constelaciones, su armonía inalterable. "Pero jamás", dijo en voz alta, "llegaremos a tal perfección, porque seguramente existe algún desequilibrio"

(p. 215). Esta penetración revela a Fray Servando en su nivel más razonable, y es en este punto del texto que el narrador y el fraile en espíritu casi se convierten en uno. Fray Servando empieza a dudar de que la corrupción del espíritu humano sea una violación del orden natural. Empieza a sospechar que la corrupción está tan arraigada en la naturaleza humana que la perfectibilidad es inalcanzable.

Cuando su vida se acerca al final, un período de lucha y sacrificio toma lugar y el fraile empieza a dudar incluso hasta de la existencia de Dios. "Dios," dijo entonces. "Voy hacia Dios". Y ya se impulsaba, y ya alzaba los brazos. Pero el gran escalofrío (ahora con más violencia) lo recorrió de nuevo. Y el fraile dudó. Y sintió miedo. Miedo de que al final de aquellos vastos recintos no hubiese nadie esperándolo (p. 216). Esta reflexión indica su cuestionamiento sobre si él es víctima tanto de su propia conceptualización de la realidad como de las fuerzas exteriores.

Es significativo que Fray Servando conozca al poeta cubano José María Heredia en las últimas páginas de *El mundo alucinante*. Heredia pasó la mayor parte de su vida adulta en el exilio y su poesía contribuyó mucho a crear un espíritu nacionalista en Cuba, pero en sus últimos años expresó dudas sobre el fervor revolucionario de su juventud.[8] Aunque las convicciones de Heredia nunca fueron tan fanáticas como las de Fray Servando, él se desilusionó cuando los acontecimientos en México indicaban que no se podía esperar que la gente actuara racionalmente durante períodos de cambios rápidos. El diálogo entre estas dos figuras literarias e históricas es magistralmente irónico y es en estas páginas en las que predomina la visión contextualista del mundo del narrador.

Los escritos históricos de Fray Servando se caracterizan por su exageración y por sus elementos autobiográficos.[9] Considerando estas características y las de las obras de Reinaldo Arenas, no es sorprendente que esta figura fuese seleccionada como sujeto de *El mundo alucinante*. En esta novela, la ficción se convierte en una extensión de la realidad y el pasado en un espejo del presente. El narrador dominante mantiene un diálogo con la historia y Fray Servando, y el discurso refleja las tensiones de luchas ideológicas e históricas. Las convicciones de Fray Servando son la fuente de su gran fuerza y de su más impresionante debilidad. Sus creencias lo sostienen a través de sus conflictos con el mundo, pero también lo involucran en dificultades inevitables. La novela de Arenas es un atrevido retrato de los admirables y consternadores aspectos del extremismo ideológico.

Raymond D. Souza
The University of Kansas

Notas

[1] José Lezama Lima, *Cartas (1939-1976)*. Selección, prólogo y notas de Eloísa Lezama Lima (Madrid: Orígenes, 1979), p. 231.

[2] Ver Enrico Mario Santí "Entrevista con Reinaldo Arenas", *Vuelta* 4, 47 (octubre 1980), pp. 18-25, y Jorge Olivares y Nivia Montenegro, "Conversación con Reinaldo Arenas", *Taller Literario* 1, 2 (Otoño 1980), pp. 53-67.

[3] *Tres tristes tigres* (Barcelona: Seix Barral, 1967), pp. 407-10.

[4] Mónica Morley y Enrico Mario Santí, "Reinaldo Arenas y su mundo alucinante: una entrevista", *Hispania* 66, 1 (marzo 1983), p. 115. Esta conversación contiene una detallada descripción de Arenas acerca del proceso creativo de la novela.

[5] Ver "Cabrera Infante: literatura e historia", *Linden Lane Magazine* 1, 4 (octubre/diciembre 1982), pp. 3-4.

[6] *El mundo alucinante* (México: Diógenes, 1969), p. 26. Otras citas serán anotadas en el texto.

[7] Ver Stephen C. Pepper, *World Hypotheses* (Berkeley: University of California Press, 1970).

[8] Este tópico es discutido en el artículo del autor "José María Heredia: The Poet and the Ideal of Liberty", *Revista de Estudios Hispánicos* 1, 1 (enero 1971), pp. 31-38.

[9] Aurora M. Ocampo y Ernesto Prado Velázquez, *Diccionario de escritores mexicanos* (México: UNAM, 1967), p. 231.

XIX

TRENZAMIENTOS ESTRUCTURALES EN *"EL CENTRAL"*

Cierta conciencia atávica del número *tres* ha ido enmarañando nuestra cultura, heredada a lo largo de tantos siglos, al extremo de *yuxtaponer/anteponer/ trasponer* cuantos elementos penetran en los ámbitos *subconsciente/para-consciente/co-consciente*. Desde la religión *(Padre/Hijo/Espíritu Santo)*, desde la historia *(mito/leyenda/realidad)* y desde la literatura *(supra-epopeya/intra- lírica/infra-tragedia)*, crece la trifulca entre el *conocimiento*, la *emoción* y la *intuición*. El resultado es un *trenzamiento* de lo *tridimensional* y lo *trilaterado*, tan complejo a veces, que deja totalmente desfasado el análisis divisorio tradicional de *fondo, forma* y *mensaje* que nos legaron las viejas preceptivas.

Las tres dimensiones que exige la perspectiva son indispensables a la *vista*, al *oído* y al *tacto*; pero desde que se acepta el *tiempo* como cuarta dimensión, se acepta también la *trascendencia* como dimensión cuarta de la creación artística, la cual se repliega en tercera cuando afrontamos su estudio en planos o niveles separados, y así adoptamos *asunto, estilo* y *mensaje*. El mensaje, pues, se ha convertido en meta inmediata, sobre todo entre los destructivistas, que se precipitan hacia él, a menudo violentamente, en vez de lograrlo como resultante mediata pasando gradualmente por las etapas anteriores que la producen. Con eso del "mensaje", más o menos amañado, se toma el pelo a no pequeña parte de la humanidad, hoy día... Porque, además, el mensaje para los engañadores tiene que implicar *utilidad, servicio, provecho* según lo que más conviene a un *individuo*, a un *grupúsculo*, a un *partido*... Un mensaje artístico, pues, deberá resultar *favorable, desfavorable* o *indiferente*.

Cuando Reinaldo Arenas *crea* y *recrea* sobre lo que *cree* desde la perspectiva triple del Central *Manuel Sanguily* en Pinar del Río, le brota el trenzamiento espontáneamente: el central azucarero concentra la *suerte/inminencia/desgracia* del monocultivo a lo largo de cinco siglos, exhibe con sarcasmo el nombre de uno de los máximos arquetipos éticos como insulto feroz (Don Manuel estaba siempre en los antípodas de las atrocidades que "aquello" soporta) y parece ocultar solapadamente el fracaso del cultivo tabacalero que en la provincia más occidental de Cuba ostentaba en años mejores la primacía del mundo. Arenas no *hace* ni *deshace*: se le *rehace*, actualizado en triple fluencia, uno de los aspectos más detestables de la historia de su país natal.

Enfocándolo un poco a la ligera, cualquiera diría que el "tema" de *El Central* es "la esclavitud", con su desdoblamiento, como "asunto" en niveles de épocas sucesivas, y cuyo "mensaje" va mucho más allá que el de José Antonio Saco en su *Historia de la Esclavitud* de hace aproximadamente siglo y medio. El análisis no podría conformarse con tal aserto, superficial, sencillo y cómodo. La lectura cuidadosa capta, desde el primer momento, cómo lo ocurrido con los *indígenas*, con los *negros* importados y con los *reclutas* vilificados es la misma esclavitud, no en tres épocas continuas, sino en una gran época total, donde se trenzan lo *brutal*, lo *injusto* y lo *inhumano*, que sólo pueden avalarse como *deformación/distorsión/deterioración*, finalidad *vacía/anonadante/inútil*. El formidable talento revisor, la extraordinaria magia verbal y la dolorida motivación de protesta son tres dimensiones del autor, que sabe alternar, con atracción a menudo alucinante (su tratamiento magistral se advierte pleno en su posvisión sobre Fray Servando Teresa de Mier) y sostenida en las once secciones del poemario, todas las reacciones que se conjugan en aquel ambiente aterrador: *rencor/odio/sevicia, desilusión/desesperanza/desesperación, fanatismo/servilismo/esclavitud*. Los trenzamientos, a su vez, se trenzan; y, trenzados entre sí, estructuran la complejidad de todo el canevá(s) que no podría bordarse con las agujas de la lógica, los estambres de la compasión ni los dedales de la conformidad. *Visión, revisión* y *posvisión* exigen materiales de *vocación*, herramientas de *avocación* y repello de *desbocamiento*, que explican sobradamente el cauce triple de lo *hiperbólico*, lo *irreverente* y lo *desfachatado*. Quizás éste sea el trípode de *franqueza, originalidad* y *rebeldía* que acreciente más los méritos estilísticos de *El Central*.

Desde el comienzo, fluye la pena del poeta frente a la injusticia (*calculada/brutal/enorme*) en un país que no es siquiera colonia, sino *factoría* otra vez, bajo un Amo más *voraz/gritón/potente* que lo aplasta todo, pero a la vez *taimado/mentiroso/impotente* para no depender de otro Amo *más enorme/más apoyado/más ambicioso*. Del opresor *encumbrado* bajo la *mediocridad* de su *bajeza*, pasando por la complicidad de *fanatizados/humillados/forzados*, hasta la convergencia horripilante de la fusión *guarapo/melaza/sangre*, Arenas nos exhibe jóvenes obreros *improvisados/sometidos/triturados* como la misma caña. *Con sumisión*, los infelices activarán un proceso de *consumación* destinado a la *consumición* internacional en mercados indignos. En otras palabras: la inutilidad de un plural esfuerzo exhaustivo para conseguir millones de granitos, que tantos miles y miles de indiferentes revolverán después en deleznables tacitas. Sacrificio baladí: ni *ingreso* en la realidad ni *progreso* hacia la prosperidad, sino *regreso* a la abyección primitiva. Es lo que Arenas nos proyecta.

Desde el inicio del libro (I, MANOS ESCLAVAS) se advierte la triplicidad: indios de anteayer, negros de ayer y ciudadanos de hoy se alternan, esclavizados, para producir, dolorosamente, el azúcar (Agustín Acosta cantó certero en "La Zafra", 1926, aludiendo a las dos primeras esclavitudes y pudo alejarse, sin complicidades, de la peor: la tercera), ese azúcar que endulza a monarcas, extranjeros y dictadores. La exigencia del peor de éstos aparece por triplicado: "Aquí, aquí" (tres veces), "Yo propongo"/"Yo dispongo"/"Yo ordeno", vomitan las leyes "intransigentes y arbitrarias", las promesas "descomunales y estúpidas", con andares "libidinosos y ásperos"; los ministros "promulgan leyes", los periódicos "acogen blasfemias", las "chillonas cotorras" "acatan danzando". Y, como la alternativa de planos no sigue un orden estricto sino en fluir de conciencia, el poeta elude al kremlim pero menciona al Papa, que bendice a los que vinieron a cristianizar mientras los suyos hacían precisamente lo opuesto a lo mandado por Cristo y las Leyes de Indias. El anticomunismo de Arenas tiene, al parecer, mucho de anticlerical.

Donde Arenas pasa por encima de todo respeto y aplica el trenzamiento cubiche que va de la *burla* al *choteo* y al *"relajo"* es en la escena donde los indígenas son presentados a los Reyes Católicos: el poeta extremó, con chiste cruel no ajeno al humor negro, las posibilidades de desquite, no sólo cuando la Reina contemplaba lo que colgaba entre los muslos *dorados/duros/torneados* de aquellos indios (que, a fin de cuentas, sabemos, históricamente, llevaban en España *taparrabos*) tan diferentes de "estas carnes europeas" *peludas/blandas/lechosas*. Menos de creer que tales debilidades disimuladas de Isabel serían los "Cien guardias de corpus" en ese fin del XV, pero el más despiadado sarcasmo con que el poeta se desboca contra la Soberana (que deseaba, en la realidad, que los "indios" fuesen bien tratados y para creerlo valdría la pena leer su testamento) es en la triple pregunta que pone en su boca, contra su regio esposo aragonés: "¿Miró Fernando? ¿Miró el muy maricón? ¿Miró ese nieto de judío?" Por supuesto, nadie podría tomar en serio esta desfachatada irreverencia, que tiene mucho de insular y que es bastante peor que aquella famosa décima de los insurrectos, defecatoria contra "Prim, Topete, Serrano y Castelar", y "todo peninsular, de Madrid o de Albacete..." Pero al poeta no le interesa, o no puede luego, mantener esa ficción *monda/lironda/cachonda*, pues enseguida, el Gran *Cacique* no es un *Mayoral* cualquiera sino el Gran *Dictador* (aunque la frase chaplinesca nos recuerda a otro, por lo menos tan detestable) el cual preside un monstruoso desfile de jóvenes mecánicamente indoctrinados y dinamizados mientras la "banda oficial infesta el viento con sus consabidos himnos". Las manos esclavas vuelven a actualizar la abusiva producción azucarera, mientras los camiones esperaban...

Trenzamientos estructurales en "El central"/173

El segundo acápite (2,LAS BUENAS CONCIENCIAS) conjuga el *soliloquio* con la *meditación* y la *comunicatividad* epistolar: la supuesta carta pensada para los Soberanos Españoles entre los acicates de la primavera (*aguaceros, estruendos, olores*), las naturales tentaciones (*tirar* los hábitos, *correr* gritando, *revolcarse* entre las hojas) y las ansias de denuncia (*mueren* de hambre, *se aniquilan, se suicidan*) trenzan el enfoque lascasiano, que en la poética prosa de Arenas trasciende por la recomendación de otra esclavitud de hombres más *fuertes,* más *resistentes,* más *feos* . . . El soliloquio, luego con inserciones en verso, nos proyecta la defensa de los indios, con referencias falsas al uso y reales que se ocultan; el trenzamiento se duplica por separado: *lucayos/chicoranos/yucatecos, palmeros/panucos/cubanos,* con alusión adicional a los *nicaragüenses.* Tres preguntas terribles concentran entonces la trágica inestabilidad: "¿Me engullirá la cultura occidental? ¿Me ahogaré en tintas de oficinas? ¿O moriré aplaudiendo al Gran Cacique, ahora con barbas y rifles automáticos? El triple fatalismo de posibilidades muestra la máxima carga emotiva en la tercera y empezamos a intuir que la esclavitud actual irá, gradualmente, posesionándose de la motivación poemática siguiente. *Historia/Dialéctica/Biología* se desafían entre aguaceros y la tensión no baja, ni por la semiobscena incursión de "la vieja Perica" ni por la recurrencia de la queja a la "pobre madre perdida" que cierra poemáticamente esta sección.

La tercera parte (3,CACERÍA TROPICAL) evoca las fugas de esclavos negros—prosa y verso—y las asocia en los nuevos esclavos sin esperanzas con la imposibilidad de huir. El símbolo que remata la estable catástrofe es el de "la puta revolucionaria", típica de la nueva sociedad, que baila entre pancartas, sobre una tribuna. Es la sección menos abundante de trenzamiento. El verso simbólico, en cursiva, *"Humo en las torres, humo en las altas torres"* aparece siete veces, con un alcance semiótico que daría tela por donde cortar.

En 4, PERIPECIAS DE UN VIAJE, la tripulación de un barco lleno de negros lo abandona después de prenderle fuego; eso no ocurre con los de ahora, donde los nuevos esclavos se organizan, vacunados y surtidos de uniformes, zapatos y sombreros. No los libra la muerte en el fondo del mar y la hiriente pregunta con sarcasmo apunta que la cruz roja internacional no pondría reparo. La Agonía en desdoble trenzado retorna con 5, DE NOCHE LOS NEGROS: no servirán *armonías/análisis/blasfemias* y quizás, por horrendo que fuere, el poema permitiría sobrevivir, pero será difícil: el *fraile/*el *pirata/*el *código* lo impedirán donde florece/donde florece/donde florece el espanto. Se invoca tres veces a la Virgen para blasfemar contra ella más tarde duplicando la triple invocación desesperada. Al hijo se le aconseja que guarde *notas, palabras* escogidas y *libretas,* que de nada le valdrán ya, bajo el nuevo terror. La agonía dolorosa del negro en el central, que *acata,* o se lanza de cabeza a un *tacho* o a la *caldera:* es historia a *rebencazos, zurriagazos, latigazos, estacazos* y *janazos,* lo cual no es "secreto ni para un monje cartujo" pero "hasta los más empedernidos humanistas, instalados en su segura cobardía, justifican ya cualquier violencia". Hemos llegado al clímax de la obra, donde se detalla la más abominable de las tres esclavitudes trenzadas y se denuncia irónicamente la indiferencia del mundo restante: "Ya ves como ni los conventos declaran en recle/Ya ves como quieras o no, optas siempre por la blasfemia/Ya ves como quieras o no, sonríes cuando te estampan el gallardete". El nuevo héroe a la fuerza queda esbozado, en el contorno poético, como falso individuo enaltecido por lo más bajo del sistema. Vuelve la alucinación de los negros en la noche—diez menciones: aclaración trilateral que se remata con que "Dejan de ser negros. Son tristes, no pensativos. Están fatigados. Desean descansar", pero les espera el *re-enganche*. El poeta acusador pregunta a los lectores ávidos y asqueados de tanta ignominia si saben lo que significan "re-enganchar", "calimbar" y "recaptar", o "planchar un campo de caña", "calorizar un encuentro fraternal" o "efecto de hacer conciencia", dos ángulos triedros que resumen parte del vocabulario *engañador/fanatizador/esclavizador* de la dictadura marxista. Los tres "¿No sabe usted . . ." esquematizan esa agonía, de cuya evaluación acusatoria no se salva ni el "simpático mariconzuelo" que viene de visita con "su esposa bilingüe y humanista". Imperdonable entre las más imperdonables es la elaboración de tarjetas masivas con una rosa en que los nuevos esclavos escriben a sus progenitoras el día de las madres: "aquí en mi puesto, felicidades". A la rosa, emblema del frescor y la belleza de todos los tiempos, se le endilga la más repugnante culpabilidad con un cómplice forzoso. Prosa y verso se combinan en la horrible alienación, que estalla con una danza frenética junto al barracón. Se multiplica la triplicidad en lo que "hay siempre" pero alternando "de noche los negros" y "de noche los reclutas". Tres veces "He aquí": *dos épocas que confluyen/vil estación de ritos y sacrificios/grandes consignas en el reventar de la historia*; pero "hay que aplaudir/bajar el lomo y aplaudir/levantar la mocha y aplaudir". En el paroxismo de tal parafernalia, no alcanza el número tres: se enumeran las penurias, las vejaciones, las angustias: un desfile muy largo de atrocidades. Así, el monocultivo que los izquierdistas de antaño detestaban cuando el azúcar se *nos* pagaba bien, se ejercita ahora con vesania cuando se *les* paga mal . . . Arenas no vacila en recordarnos cómo se elabora la caña en un central azucarero y cómo el desesperanzado cae triturado como los granos de azúcar, cuando no hay esperanzas ni de huir. "La violencia se encona como un machetazo en la época de las lluvias" y, sin embargo, la terrible visión se clausura con el "único consuelo", aunque *"inevitable/ imprescindible/horrible"*: el poeta espera . . .

La corrupción estructural más bestializada se vierte en la prosa de 6.LAS RELACIONES HUMANAS. La grotesca narración de aquel "Patriarca" Mr. Reeves y la repelente historia de sus relaciones conyugales con la más esquizofrénica de las esposas imaginables es como una digresión *sangrienta/morbosa/emética*. Pero nos aguarda otra, más repugnante por parecer más real, del jefe de brigada *fanatizado/homosexual/implacable*, que descerraja cinco tiros sobre el "sanitario" que se resiste a obedecer una orden injusta después de haber obedecido a varias... El consejo de guerra lo absuelve como si hubiese procedido legalmente a una "insubordinación de primera categoría". Y, claro, lo que se ve de última categoría es la amoralidad del sistema... Lo que observa el poeta preguntándose "¿para qué?" (*lentas/incesantes/desesperadas* migraciones) después de tanta maldad, se modula en un trenzamiento triple: "Me voy/disolviendo/desvaneciendo/evaporando/muriendo/callando/gritando/engarrotando/reventando" (los nueve verbos entremezclan diferentes matices, no graduados, de disolución) y el capítulo, más extenso que los demás, concluye seis veces con la onomatopeya "ta" que lo mismo sugiere golpes de machete, que tableteo de ametralladoras, que tamborileo de latidos bajo las sienes. Muy explícita la triple dimensión.

Las partes 7 y 8, con los títulos respectivos de "UNICAMENTE, ÚNICAMENTE" y "PEQUEÑO PRETEXTO PARA UNA MONÓTONA DESCARGA", demoran la distensión poniendo más de relieve la situación actual. Sólo es posible abrir los ojos frente al mar; "atravesaremos la ciudad/devastada/en ruinas/ en perenne erosión. "Los adolescentes esconden su estupor" y nada, "nada puede esperarse de esta juventud". Lo indio y lo negro quedaron atrás pero confluyen ahora, sin mencionarse, en depauperación agonizante: cultura tradicional finiquitada. El poeta, de espaldas a toda delicadeza, siente que la historia apesta y el interlocutor también. El asco se hace más explícito en el capítulo penúltimo, siguiente: 9, LA MONÓTONA DESCARGA, tensa catarsis en que vuelven a trenzarse las "manos esclavas" (como un leit-motif expresionista del poemario) y donde las tres dimensiones de "hablar de la historia" se proyectan en una cuarta, como transcendencia de todas las ignominias anteriores.

Arenas necesitaba un "GRANDIOSO" FINALE, que se completará con la sarcástica INTRODUCCIÓN DEL SÍMBOLO DE LA FE, 10 y 11 respectivamente. Los tres "Pero..." del primero vuelven a hermanar sucesivamente a indios, negros y reclutas, sólo que "los adolescentes esclavizados y hambrientos" arañan la tierra y son tres millones en la triple visión. El triple "Tararí" de una emblemática *corneta/trompeta/pitazo* repite la llamada: insolente/renovada y potente/actualizada/electrificada/patriotizada/legendaria/esclavizante/incesante/ineludible... tridimensión que vuelve a triplicarse con la fatalidad de lo irremediable, como "el golpe de gracia". El poema final, sin embargo, no sugiere una destrucción definitiva (como en *Altazor*, de Vicente Huidobro, pongamos por caso); no hay esperanza para los nuevos esclavizados, pero sí para el poeta, para los demás, para los que aún tienen fe. Se sigue buscando, aun lo que se sabe que no existe o que puede no existir; se sigue buscando a la patria como al descanso; se sigue buscando la puerta, el árbol, el tiempo; se sigue buscando la tierra, la dicha, la calma. Y, trascendencia de ambas vías triples, el poema: se sigue, seguimos, tenemos que seguir . . . buscando el poema, a pesar de los quince obstáculos hostiles que se nos imponen (quíntuple triplicidad) cuando se ha liquidado el anticlímax.

El poema es de 1970 y muestra que el autor conoció de cerca los horrores que nos hace llegar en los tres niveles de la acción y los múltiples trenzamientos de los *detalles, pormenores y matices*. Lo dedica a un amigo que le regaló "87 hojas en blanco". Seix Barral de Barcelona lo presenta como "Poema" en un logro bastante esmerado de su Biblioteca Breve. Es un libro cuya apabullante verdad reclama futuro desde un presente putrificado por las calumnias teledirigidas de un pasado cosido entre mentiras. Los lectores prostituidos por el veneno comercializado de escritores falsarios megalomanizados (aunque sean de una sola obra relevante o de varias hiperbolizadas por una publicidad sucia y destructivista) tal vez no puedan captar de inmediato el "mensaje", la "transcendencia", la "esencia" misma de *El Central*. Tampoco los gazmoños clavados al "limpia/fija/y da esplendor", o al "vine/vi/vencí", o al simple temor a "mundo/demonio/carne", trenzamientos del inevitable desgaste. En cambio, cualquier Fulano/Mengano/Perengano, si tiene por lo menos algo de libre/liberal/libertino (sólo un poco), podrá saborear hasta el genuino humor cubiche que no se irresponsabiliza en un piña/mamey/zapote, sino que pinto/rabón/y mocho, canta/baila/y come fruta. La oportunidad es ésa: aprovechar el aporte de este triple "central", aunque sea por cierta malicia como la que se le atribuía a Tom Mix (besa/monta/se va) o la que practica el buen corredor para burlar a una "batería": pisa, corre y clava . . . El poema, por el contrario, es muy serio/revelador/trascendente. Desconocerlo es un acto de injusticia, casi cómplice, de la que corroe desde el otro bando.

Un peligro de la lectura sería la reiteración de lo sexual, no con "énfasis" (como dirían aquí los adictos al Spanglish) sino con reiteración *sotto voce*, como *desviación/insinuación/ consolación*; es decir, con suavidad subjetiva (en momentos algo ávida) y no con objetiva condenación ética. Un lector inteligente no necesita que se le advierta que "eso" no abundaba tanto "allá" como "aquí" . . . En el poemario, es una serie de toques marginales, más explicables cuando la juventud está sometida a *maltrato/humillación/servilismo*, sin verdaderos *estímulos/alicientes/recompensas*.

Con la esclavitud de tres etapas sucesivas—en rigor, la misma pero que empeora mientras transcurre la Historia—se desarrolla paralelamente una conducta colectiva, rara vez ejemplarizante: desde la *frivolidad inconsciente* ("¡Qué volumen! ¡Qué volumen! - ¡Qué volumen tiene Carlota!, - que cuando baila la rumba - la saya se le alborota") a la *estupidez impuesta* ("¡Tumba la caña, - anda ligero, - mira que viene el Mayoral - sonando el cuero!") y ahora a los clamores acuciantes de Arenas, el humor-aun cuando más *violento/agresivo/blasfemo,* ha ganado en seriedad, valga la paradoja. Puede que el estilo del poeta registre un ascenso, ya, de lo *populachero,* a lo *popular* y a lo *populista.* A la fuerza creadora del *contenido,* correspondió la del *estilo* y la del *mensaje,* que ojalá logre la *transcendencia* merecida.

Oscar Fernández de la Vega
Emeritus-Hunter College
The City University of N. Y.

XX

ARTURO, LA ESTRELLA MÁS BRILLANTE

¿Cúal es el *status* real de la literatura? Su lucha desigual contra una realidad insoportable ¿puede hacernos evadir momentáneamente de ésta o contribuye, al contrario, a afianzarla, como conjetura el protagonista del relato de Reinaldo Arenas en la medida en que no será sino una variación de un mismo terror "y toda variación engrandece el objeto que la origina"? Si "la Historia no se ocupa de gemidos, sino de números, de cifras, de cosas palpables, y no suele interesarse por los que redactan sino por los que transforman, borran o destruyen", si la "primera plana no es para el esclavo ni el vencido", ¿qué hacer, pues, cuando uno se halla incluido *ab initio* en una de estas categorías? ¿Resignarse al destino, seguir el camino de los demás condenados, adaptarse a las leyes inapelables que determinan su código de conducta? Cuando el universo tangible encarna la peor pesadilla y el delito imputado a la víctima es un azar de la naturaleza, ¿contra quién rebelarse? ¿Contra el sistema discriminador que estigmatiza al culpable o bien, metafísicamente, contra el capricho aleatorio de aquélla? Ser negro, judío o maricón en una sociedad que persigue y castiga una identidad racial, cultural o sexual "anormales" impone al apestado una estrategia de sobrevida que se extiende más allá de las circunstancias concretas que configuran su caso. El verdugo, el inquisidor, el paladín de la pureza racial, monolitismo ideológico o una *conducta propia* son meros exponentes ocasionales de algo inherente al ser humano, de unas tendencias profundamente arraigadas en el interior de nosotros. Significativa, elocuentemente, en el momento en que Arturo se enfrenta de forma suicida a los guardianes del campo, el jefe de éstos no será ninguno de los oficiales o suboficiales que integran la pirámide militar opresora sino, como el héroe del relato verificará sin sorpresa ni odio, su misma madre: el presunto testimonio político se habrá transmutado así ante nuestros ojos en una angustiosa interrogación sobre el mundo.

Escribir para salvarse: hallar en la literatura esa cuerda oportuna a la que aferrarse antes de ser absorbido por la vorágine; construir, palabra tras palabra, con paciencia de hormiga, un espacio mental habitable y ocultarlo a la mirada escrutadora de guardianes y míseros compañeros de desdicha. Fingir ser como éstos; adoptar sus dejes, contoneos, estridencias, risitas; tragar con humildad aparente humillaciones y agravios; asumir los atributos infames del paria, la loca, del "invertido":

"no les ponemos bandera, les decían los oficiales, porque ustedes no son dignos de ella, y a ellos no les molestaba ni esa ni ninguna ofensa, las encontraban lógicas, estaban tan imbuidos en su desgracia que ésta era ya casi una extensión natural de ellos mismos, algo inevitable, incambiable, como un castigo a perpetuidad, como una maldición del tiempo, ellos tenían sus gritos, su modo de hablar, su estúpida jerigonza, y sobre todo, y esto era lo que más irritaba a Arturo, tenían esa mansedumbre, ese aceptar cualquier cosa, cualquier tarea, cualquier terror, cualquier ofensa, e incluirla inmediatamente entre sus tradiciones otorgándoles una definición típica, incorporándolas al folclor (. . .) y Arturo pensaba que si en algún momento los jefes, los otros, hubiesen determinado que todos ellos debían ser fusilados, se habrían dejado amarrar las manos tranquilamente (. . .), todos, sin protestar, con la ingenuidad de los animales, habrían reventado en silencio, todos, todos, menos él" . . .

Arturo no escribirá un panfleto ni una denuncia: la política-tenaz, obsesiva, omnívora, es otra noción de Ellos. Como los demás cortadores no voluntarios de caña—sancionados también por su conducta impropia—adecuará su imagen al estereotipo degradado impuesto por una viejísima tradición represiva: participará en los desfiles de modas, carnavales, coronaciones; cantará letrillas escandalosas con voz de puta enmohecida; moverá las nalgas como una rumbera; seguirá obedientemente al soldado de turno al cañaveral en cuanto le haga la señal convenida. Posar, bailar, maquillarse como las maricas más espantosas y audaces, trabajar de sol a sol para ocultar su verdadera labor, su rebelión escrita: el testimonio del horror en el que vive, la lucha imposible contra el tiempo, esa insidiosa, paulatina estafa destinada a culminar en otra todavía mayor, la muerte, el envejecimiento. Por tanto: abrir a machetazos espacios de luz, jardines, palacios, avenidas en donde él y *él*, el visitante inasible de sus sueños, podrán vivir al margen de aquel ámbito cerrado y hostil, libres de insultos, golpes, metas, consignas, reglamentos:

"había que darse prisa, había que darse prisa, había que seguir, rápido, y (. . .) las libretas, las contratapas, los respaldos, los márgenes y forros de los manuales de marxismo leninismo y de economía robados de la sección política fueron garrapateados furtivamente, rápidamente, cuando nadie vigilaba, bajo la sábana, de pie en el excusado, en la misma cola para el desayuno, hasta los márgenes de los grotescos carteles políticos instalados en las paredes y murallas para uso interno del campamento sufrieron la invasión de aquella letra microscópica y casi indescifrable . . . "

El breve, denso, conmovedor relato de Reinaldo Arenas nos sume de golpe en el horror fascinante de un mundo genetiano cercado de alambradas, cuya teogonía reproduce de forma sorprendente la sociedad ideal del teólogo, del esclavista y el sacarócrata. Eludiendo las trampas de la política, su autor ha escrito un bello y revulsivo poema de amor de una fuerza y autenticidad superiores a las de cualquier alarde propagandístico. La herida moral del escritor, transformada en energía creativa, le ha permitido elaborar un texto que, como toda creación literaria auténtica, sobrevivirá y hallará nuevos lectores aun cuando los hechos y realidades que refiera se pudran en el muladar de la historia.

Vencedor del olvido y el tiempo, el héroe *negativo* de Reinaldo Arenas se integra por mérito propio en la galería de los personajes novelescos universales: su retorno brutal al claustro de la madre cuando, esgrimiendo una escopeta y vestida de soldado, ésta le fulmine y remate, constituye una escena estremecedora e insoportable, en los límites de la perfección artística. *Arturo, la estrella más brillante* debería ser lectura obligada de quienes dicen sacrificar la libertad viva de hoy en nombre de la imaginaria libertad de mañana y escamotean la realidad tras los razonamientos geométricos de la ideología; pero su capacidad sugestiva va más lejos de cualquier enseñanza o lección: el autor de *El mundo alucinante* ha conseguido capsular en un corto número de páginas ese don liberador, trascendente que, más allá de la ideocracia y sus trampas, constituye la esencia y milagro de la literatura.

Juan Goytisolo
Madrid, España

XXI

LA LOMA DEL ÁNGEL: **TRANSGRESIÓN APROPIACIÓN Y RECONSTRUCCIÓN DE** *CECILIA VALDÉS*

I. INTRODUCCIÓN

El carácter dialógico de la producción literaria de Reinaldo Arenas se constata primordialmente en *El mundo alucinate*/de 1969, y en *La loma del ángel*, texto de 1987. En la primera obra Arenas reinterpreta vastas porciones de las *Memorias* de Fray Servando Teresa de Mier y del *Orlando* de Virginia Woolf, y en la segunda, edifica una parodia magistral sobre la *Cecilia Valdés* (1882) de Cirilo Villaverde. En su justificación de la transgresión y reconstrucción de los textos literarios, justificación de la transtextualidad como fenómeno que garantiza el espacio privilegiado de la literatura, Arenas señala en la introducción a *La loma del ángel:*

> En cuanto a la literatura como re-escritura, es una actividad tan antigua que se remonta casi al nacimiento de la propia literatura (o por lo menos al nacimiento de su esplendor). Baste decir que eso fue lo que hicieron Esquilo, Sófocles y Eurípides en la antigüedad y luego Shakespeare, Racine . . . La ostentación de tramas originales —ya lo dijo brillantemente Jorge Luis Borges— es una falacia reciente. Así lo comprendieron Alfonso Reyes con su *Ifigenia Cruel*, Virgilio Piñera con su *Electra Garrigó* y hasta Mario Vargas Llosa en *La guerra del fin del mundo*.[1]

En el espacio del presente trabajo nos interesa, por un lado, precisar algunas relaciones intrincadas intertextuales entre *Cecilia Valdés* (CV) de Villaverde y *La loma del ángel* (LLA)[2] de Arenas. El título mismo de la obra, LLA es lo que podría caracterizarse como un enunciado metalingüístico que pone al destinatario atento en guardia. Es una cita *verbatim* del subtítulo de CV. Con esto, Arenas anuncia desde la apertura semántica de LLA que la obra maestra del siglo XIX no debe ni puede pasar inadvertida. El texto receptor, como dice Gustavo Pérez Firmat sobre las obras que explícitamente inscriben su proceso creativo en la dialógica textual con otros textos, "se sabe intertextual, se reconoce como traducción y glosa de un texto anterior", y con esto en mente nos proponemos descifrarlo.[3]

II. DIALÓGICA INTERTEXTUAL

Para rendir una lectura posible del engranaje intertextual que opera entre CV y LLA, aceptamos parcialmente la tipología de las figuras retóricas de la intertextualidad que propone Laurent Jenny en "Stratégie de la forme."[4] Estas figuras, cuya clasificación nos ayudará a precisar los tipos de alteraciones que experimentan fragmentos de la diégesis de CV en LLA, son: la paronomasia, la elipsis, la alteración del sentido, la inversión, la amplificación y la hipérbole. La primera no recibe tratamiento particular en LLA, y las últimas cinco constituyen la osatura intertextual que dramatiza la violación de fronteras entre ambos textos aproximándolos semánticamente. De todas, la figura que merece mayor atención en este trabajo es la inversión, por su contravalor o carácter antifrástico en textos de corte paródico como LLA, y por sus múltiples y ricas variantes patentes en la progresión sintagmática textual. Reinaldo Arenas maneja en el texto que nos ocupa inversiones de varios tipos, entre las que se destacan: 1. las inversiones de modificantes, 2. las inversiones de las situaciones dramáticas y, 3. las inversiones de los valores simbólicos. A continuación hacemos un estudio parcial de esta operación.

A. Inversiones

1. En las inversiones de modificantes, las entidades del texto-base (paratexto) se insertan en el texto-receptor (texto centralizador), pero su caracterización es diametralmente opuesta a la que ofrece el texto original. Consiste en otorgar cualidades positivas a lo que en CV carece de ellas y, a la inversa, en atribuir valores negativos a lo que en CV se describe en términos favorables, positivos. Esta operación, como veremos en seguida, se constata tanto en las descripciones de algunos entes protagónicos como en algunas situaciones dramáticas o novelescas. En la CV de Villaverde, por ejemplo, Isabel Ilincheta, la prometida de Leonardo Gamboa es modesta y tiene gracias que realzan su clara inteligencia y fina discreción. (pp. 240–241) Es la encargada de administrar con diligencia, cordura y equilibrio los asuntos del cafetal La Luz, propiedad de su padre, don Tomás Ilincheta.

Su hipersensibilidad exacerbada y la conmiseración y simpatía que siente hacia los indigentes, en particular hacia los esclavos maltratados, vilipendiados injustamente en un ambiente degradado en que imperan la crueldad, los atropellos físicos y las injusticias socio-económicas, se subrayan esporádicamente mientras está en La Tinaja, ingenio de la familia Gamboa. En LLA Arenas re-inventa a una

Isabel Ilincheta que bien podría ser la contrapartida de la versión original. Los pocos atractivos físicos con que cuenta apenas se mencionan en CV, pero acá, en LLA, se exagera lo negativo, lo cual ocupa un primer plano en la descripción. El narrador nos la presenta como un actante antipático, indiscreto, calculador, excesivamente materialista, frívolo, egoísta, impersonal. Los fragmentos siguientes, extrapolados de ambos textos (texto base y texto receptor) constatan las alteraciones descriptivas, la inversión de modificantes que Arenas introduce en torno a su reconstrucción de Isabel Ilincheta, convirtiéndola en un personaje irrisorio, fantochesco, en sombra paródica de la versión original.

De CV: Isabel . . . *conmovida, horrorizada con lo que había oído respecto del esclavo, mordido por perros feroces, cosas todas inauditas para ella* . . . *no pudo ocultar Isabel de Leonardo, ni su intenso disgusto ni sus hondas emociones* . . . (Lo escrito en cursivas es mío.) (3ra parte, p. 74)

Hubo un momento . . . penoso . . . para *Isabel . . . veía . . . el cuadro nada limpio ni edificante de la familia con la cual iba a contraer lazos* que no se rompen sino con la existencia. (Lo escrito en cursivas es mío.) (3ra parte, p. 151).

De LLA: Era Isabel Ilincheta una señorita alta, *mas bien corpulenta aunque desgarbada, de piel y pelo amarillentos*, brazos largos y *dedos larguísimos que movía* en todas direcciones *inventariando* cuanto objeto se presentaba ante sus ojos. Esta costumbre, elogiadísima por su padre y por su futuro suegro, *la había perfeccionado aún más cuando supo que ella,. . . debía fungir como administradora del cafetal El Lucero, tarea que desempeñaba a maravilla.* Tenía ojos pequeños, cejas casi ausentes *y un bozo que era casi un tupido bigote* sobre los labios . . . (Lo escrito en cursivas es mío.) (p. 53)

Mientras que en CV, Isabel Ilincheta queda espantada ante la jauría que caza y destroza a los negros cimarrones (ver primer fragmento citado), en LLA la misma Isabel Ilincheta capitanéa la cuadrilla de perros que busca al negro que se roba una guinea pinta y se escapa con ella del cafetal:

Y mientras Leonardo contempla las cuadrillas de perros y negros, que capitaneados por Isabel, y armados hasta los dientes, revolvían todos los arbustos, exclamó: ¡Realmente es una mujer extraordinaria! (p. 94)

2. Las inversiones de las situaciones dramáticas o novelescas permean la evolución sintagmática de LLA. En este sentido, con frecuencia se re-estructura la dirección dramática (novelesca) de ciertos acontecimientos (o comportamientos) en el paratexto: se transforman o encausan hacia el espacio semántico de la negatividad ciertos periplos de la diégesis original. Un ejemplo clave lo ofrece la reacción

de doña Rosa de Gamboa al enterarse de que don Cándido Gamboa, su marido, le ha sido infiel. En CV su comportamiento es, en realidad, irreprochable ante los demás. Inicialmente desata su furia verbal contra don Cándido, le reprocha su infidelidad, y se consuela, en última instancia, con ignorarlo, e intensifica el amor aparentemente incestuoso hacia Leonardo, su hijo predilecto. En LLA se invierte, se re-orienta dramáticamente la situación. Cuando Dionisios el cocinero le informa que don Cándido "se ha amancebao con una mulata bellísima" (p. 16), con la que ha procreado una hija (Cecilia Valdés), doña Rosa de Gamboa, enceguecida por el rencor y la ira hacia quien creía amante y esposo fiel, se venga pidiéndole a Dionisios que la posea y la deje "preñada de un negro", no sin antes sopesarle "varias veces el miembro y los testículos" (p. 17).

> ...doña Rosa se acercó a él y hábilmente empezó a inspeccionar todo su cuerpo. Examinó ganglios, rodillas, palma de las manos y planta de los pies. Le hizo sacar la lengua y le sopesó varias veces el miembro y los testículos... Terminado el apareamiento doña Rosa declaró: —Bien. Ahora sepa Ud. que si comenta con alguien lo que me ha hecho no contará con más de veinticuatro horas de vida para repetirlo (p. 17–18).

Si en CV de Villaverde, doña Rosa aparentemente se adhiere a las convenciones sociales y religiosas que exigen de la mujer subordinada un rol pasivo, normas que profesan la compresión, el perdón y la devoción incondicional hacia el cónyuge injusto, cruel, en LLA de Arenas. doña Rosa se convierte en mujer rebelde que viola los códigos morales y sociales de su tiempo: le es infiel a don Cándido, y de su "encuentro con Dionisios nace el mulato José Dolores Pimienta, el pretendiente solícito de Cecilia Valdés.

3. Finalmente, la inversión de los atributos simbólicos garantiza la dialógica intertextual. En el texto base se elabora una serie de símbolos gastados por la repetición mecánica, la tradición, la costumbre: símbolos sociales, morales, religiosos, que el texto receptor transgrede y pervierte. En su nuevo contexto se les otorga significados distanciados de las atribuciones semánticas que el narrador omnisciente de CV les infiere, sentidos diametralmente opuestos a los que albergan los símbolos en su contexto original. Un caso interesante lo ofrece la proyección de valores negativos que Arenas les otorga a los símbolos religiosos. En CV la religión cumple con un papel de suma importancia, particularmente para doña Josefa, abuela de Cecilia Valdés. Entre las decoraciones simples de la casa en que ambos personajes habitan en el callejón del Aguacate se destaca en un lugar privilegiado "una madre dolorosa de cuerpo entero, aunque muy reducido, con una espada de fuego que le atravesaba el pecho de parte a parte". (p. 75).

Ante el nicho en que se ubica esta imagen, doña Josefa pasa largos ratos en fervorosa oración, "contemplando el dulce rostro de María Santísima..." (p. 78)[5] La imagen de la Dolorosa dramatiza la fe y la esperanza de este personaje trágico: acude a ella para buscar consuelo, a ella le implora perdón por sus pecados, le cuenta sus tribulaciones, temores, sufrimientos, congojas. Ante ella, signo omnipotente del bien y la comprensión, extasiada pide por el equilibrio mental de su hija Charito y ruega que se "quiebre" la relación incestuosa entre Leonardo Gamboa y su nieta, Cecilia Valdés. El narrador heterodiegético de LLA demuestra actitudes irreverentes, iconoclastas, ante la religión y los íconos que representan sus mitos gastados, su ideología.

Un intertexto religioso que reiteradamente se inmiscuye en las múltiples facetas del relato de Arenas es precisamente el de la "Virgen Dolorosa traspasada por la lanza de fuego".[6] Pero el mito de la Dolorosa omnipotente, re-contextualizado, se degrada; la figura ahora aparece transfigurada, despojada de su "poder sagrado": la fuerza y el multivalor simbólico religioso que Villaverde le atribuye en el texto base, se trastorna en el texto receptor. La "virgen dolorosa" en sentido metafórico, figurado, se convierte en "virgen dolorosa" en sentido literal. En lugar de ser ella quien le ofrece apoyo moral y espiritual a Seña Chepa, en un viraje narrativo hacia lo fantástico, lo irracional, la imagen adquiere dimensiones humanas, cobra conciencia de su condición penosa, de sus penurias, y le exige compresión, consuelo y, sobre todo, ayuda a doña Josefa:

>...la virgen traspasada por la espada de fuego... pavorosa habló: —¿Y cómo es posible que precisamente me hayas elegido a mí como consuelo? Con esta espada de fuego que perennemente me traspasa el pecho y con mi único hijo asesinado por la turba, ¿cómo puedo ser yo la encargada de reconfortarte? ¿No te has dado cuenta... de que yo también estoy transida de dolor? ¡Soy yo —y aquí su voz doblemente virginal, pues era la primera vez que realmente hablaba, se hizo más patente— y no tú... quien carga con el sufrimiento supremo! Yo no soy la salvación... Olvídate de esa idea... y apiádate de mí... Yo no puedo seguir toda la eternidad en esta posición y con esta espada de fuego traspasándome... Haz tú un milagro... Ayúdame. (p. 123–24)[7]

B. Amplificaciones

De acuerdo con las amplificaciones, citas del paratexto se someten en el texto citador a un desenfrenado proceso transformador por medio de una extensión de sus posibilidades semánticas. Arenas se apropia de múltiples núcleos temáticos, de situaciones dramáticas, de personajes y objetos —algunos de escasa importancia narrativa en CV—y en el proceso evolutivo transtextual les cede espacio privilegiado en la trama novelesca de LLA. Por ejemplo, en la obra de Villaverde Nemesia Pimienta se mantiene frecuentemente en la periferia de los acontecimientos centrales que conforman la esencia de la diégesis. Es un personaje relativamente secundario, opacado por la hermosura y la gracia de Cecilia Valdés. Aunque vive enamorada de Leonardo Gamboa (p. 385), a veces funge de Celestina entre éste y Cecilia Valdés (p. 258). El narrador de LLA acusa a Villaverde —autor del texto base, convertido ahora en personaje— de no haber comprendido la riqueza y complejidad psicológica de Nemesia Pimienta. Lo contradice, le reprocha la escasa importancia e interés que le otorga a sus inquietudes espirituales y emocionales— a su soledad radical, a su amor no correspondido— y la destaca como personaje principal, multiplicando sus posibilidades semánticas, en el capítulo X de la segunda parte de la novela, dedicado enteramente a ella (p. 39–43).

El texto se amplifica, además, a través de la conversión de micro-secuencias narrativas provenientes de la fuente paratextual en macrounidades polisémicas en el texto receptor. Un caso notable lo ilustra el retrato al óleo de Fernando VII de Borbón, pintado por Francisco de Goya. En CV es un simple elemento decorativo en el salón donde se celebra el "sarao" de la Sociedad Filarmónica en el que se da cita "la elegancia y la belleza de la alta sociedad habanera" (p. 230–31; 262). En la cuarta parte, capítulo XXXI de LLA, el cuadro se convierte en ente protagónico. Este ocupa un lugar privilegiado, diametralmente opuesto a la entrada del salón donde se celebra el baile de la Sociedad Filarmónica. Como, según señala el narrador, los rasgos fisonómicos "espeluznantes" de Fernando VII —boca desmesurada y diabólica, orejas puntiagudas descomunales, triple papada gigantesca, . . . rostro espectral y depravado, nariz horripilante, ojos saltones y siniestros (p. 129–30)— había causado la muerte de todos los que habían visto el cuadro, la nobleza habanera entraba "con los ojos completamente vendados a aquel regio salón de baile". (p. 129) No obstante, hacia el final del capítulo, un pequeño percance obliga a los distraídos concurrentes a mirar hacia el cuadro, y como por arte de magia, "en menos de lo que dura un relámpago, el inmenso salón se pobló de cadáveres. Casi todo lo más encombrudado [sic] de la sociedad habanera de aquellos tiempos pereció en aquella fiesta". (p. 134)

C. Hipérbole

En la activación de la hipérbole como estrategia intertextual se comprueba la transformación del texto fuente por medio de frecuentes exageraciones de sus términos adjetivales. Si bien es verdad que en los ejemplos de inversión y amplificación discutidos arriba se vislumbra cierta nota hiperbólica (no es éste el tono predominante en cada uno de ellos), no es menos cierto que algunos periplos del orbe ficticio de LLA sólo pueden catalogarse como construcciones hiperbólicas.

Un paradigma de esta práctica emana de la situación de Cecilia Valdés al final del texto de Villaverde. En el capítulo VII de la cuarta parte de la novela, el narrador expresa en breve síntesis descriptiva que "a fines de agosto tuvo Cecilia una hermosa niña" (p. 279). Es el único núcleo de información que el lector recibe con relación a la maternidad de la protagonista. En LLA Arenas amplía hiperbólicamente esta pincelada escueta de información, elevando el acontecimiento a niveles que rebasan las fronteras del orbe racional. Lo que lleva Cecilia en el vientre es un feto precoz y rebelde que, al enterarse de que su madre "hará todo lo posible para que no nazca", en menos de cinco minutos crece desmesuradamente en el vientre, cambia de sexo ("pataleó en el vientre de su madre cambiándose, para mortificarla aún más, el sexo, pues era, efectivamente, un varón"), toma la forma de un niño de nueve meses, sale del cuerpo de Cecilia "de un cabezaso" y, a los dos años cumplidos en dos segundos de nacido, llama a Cecilia "Mamá". (p. 120).

III. CONCLUSIONES

Al reconstruir CV, Reinaldo Arenas ha adoptado la postura de un lector-productor, lector creativo como el que postulan los teóricos de la estética de la recepción, Iser, Eco, Barthes, Jauss, etc. Al manejar el repositorio de significados muertos del discurso paralizado, el autor se ha apropiado del texto de Villaverde para re-inventarlo, insertando su actividad creadora, y por consiguiente, su producción literaria en el espacio del escamoteo, del juego. Precisamente sobre la re-invención como actividad lúdica nos dice Jean Duvignaud en *El juego del juego* que "... el acto de crear, de cambiar las formas establecidas de una época y de un tiempo, aunque se tome prestado el modelo o la anécdota, es una apuesta, un reto a la muerte, un juego".[8] Pero, el re-interpretar un texto no implica un empobrecimiento como lo indica Susan Sontag en *Against Interpretation*.[9] Re-interpretar, según lo revela Arenas con LLA es, más bien, un enriquecimiento porque con la nueva versión se expone, o mejor aún, se explora no la univocidad de CV, sino, más bien, su plurivalencia, su multiplicidad.

Opinamos con Laurent Jenny que la intertextualidad introduce un nuevo tipo de lectura que destruye implícita/explícitamente la linealidad del texto receptor. Cada referencia, alusión, reminiscencia, cita intertextual, le ofrece al lector activo la posibilidad de una alternativa: éste puede continuar el trabajo de la lectura aceptando cada segmento citado como cualquier otro, fundido, concatenado en la progresión textual de sintagmas, o puede remontarse al texto base, y llevar a cabo una especie de anagnórisis intelectual.[10] En este trabajo hemos seguido la pauta señalada por la segunda opción. En nuestra lectura pendular entre CV y LLA se ha podido comprobar que Reinaldo Arenas se ha apropiado totalmente del montaje ficticio de CV, lo ha alterado substancialmente y ha modificado su osatura a través de la maquinaria intertextual. El desarrollo y el tono de los acontecimientos se han alterado sutil o drásticamente. Pero esta alteración no es arbitraria, sino que se materializa por medio de confrontamientos de contrasentidos y perfectas simetrías entre los términos descriptivos del texto citador y el texto citado. Al remozar la substancia ficticia heredada, el juego intertextual emula los efectos de un sueño o pesadilla.[11] Por cierto, en LLA existe una proliferación de imágenes que simulan condensaciones o amplificaciones oníricas de varias escenas del texto de Villaverde. ¿O sería más apropiado hablar de escenas deformadas confrontadas ante un espejo cóncavo-convexo? El caso es que LLA ha superado el discurso congelado de CV, lo ha actualizado para beneficio del público lector de las postrimerías del siglo XX, lector acostumbrado a peripecias/estrategias textuales diversas, complejas, a la audacia verbal, al detalle insólito, inesperado.

Proponemos una lectura de la unidad macro-textual configurada por CV y LLA. Si bien es verdad que cada texto es autosuficiente, que se auto-abastece semántica-estilísticamente, y que el uno independientemente del otro ofrece un número variado, inagotable, de posibilidades interpretativas, no es menos cierto que parte del deleite, del goce o experiencia estética del lector, se produce al confrontarse, en un movimiento pendulario, audaz, el clásico texto de Cirilo Villaverde con la reconstrucción magistral de Reinaldo Arenas.

Carlos R. Narváez
Rutgers University

Notas

[1] *La loma del ángel,* Miami: Mariel Press, 1987. Para este trabajo se utilizó el manuscrito original. Las páginas de donde provienen las citas se incluyen en el cuerpo del trabajo. La versión inglesa de la novela realizada por Alfred J. MacAdam, se publicó bajo el título *Graveyard of the Angels,* N.Y.: Avon Books, 1987.

[2] En adelante usaremos las siglas LLA para referirnos al texto de Arenas y CV para aludir al de Villaverde. De CV citaremos por la edición de la Editorial Letras Cubanas, Habana, 1982, 2 vols.

[3] "Apuntes para un modelo de la intertextualidad en literatura", *Romanic Review*, Vol. LXIX, 1–2 (Jan–March 1978), p. 6.

[4] Laurent Jenny *Poétique*, 27, 1976, p. 275–278. Por limitaciones de espacio nos concentraremos en el manejo de las inversiones, las amplificaciones y la hipérbole.

[5] Consúltense, además, las pp. 77, 245, 342, 375.

[6] Ver pp. 7, 14, 122, 123.

[7] El "milagro" se cumple. El corazón de la anciana estalla en su pecho, la explosión derriba la imagen de la virgen, terminado así su "sufrimiento supremo", y Seña Chepilla, cosificada, convertida en imagen "sagrada", termina ocupando el nicho en que se ubicaba la Dolorosa.

[8] Título original, *Le jeu du jeu*; trad. de Jorge Ferreiro Santana, Mexico: Fondo de Cultura Económica, 1982, p. 70.

[9] *Against Interpretation, and Other Essays*, New York: Farrar, Strauss and Giroux, 1966, p. 34.

[10] Jenny, "Strategie de la forme", p. 266.

[11] *Ibid.* p. 263. Un ejemplo similar se da en la traslación textual entre *Chants de Maldoror* y *Hamlet*. Señala Jenny: "... on admettra que c'est toute une mise en scéne ... qui se trouve ... empruntée, ... pervertie et contradite ... D'un texte à l'autre, le ton, l'idéologie ... ont changé, ... par une suite de contradictions et de symétries terme à terme." (p. 263)

XXII

CECILIA TRAVESTÍ: *LA LOMA DEL ÁNGEL*

El concepto de "travestí" deriva de "trans" y "vestire"—vestirse al modo contrario, disfrazarse. Además de la idea de vestirse, por ejemplo, un hombre con ropa femenina, el travestismo conlleva la idea de "una traducción o imitación burlesca", "una parodia o semejanza grotesca". Disfrazarse, traducir, parodiar: estas son precisamente las ideas que el lector tiene que barajar para leer la novela de Reinaldo Arenas, *La loma del Angel*,[1] reescritura de *Cecilia Valdés, o La loma del ángel* (1839–1882), de Cirilo Villaverde. Para entender la estrategia estética de Arenas, conviene pensar también en la noción de la reescritura, o sea, la traducción.

En 1932, en un ensayo corto y deslumbrante, Jorge Luis Borges propone una lectura de las sucesivas versiones de Homero en inglés para meditar la traducción como idea:

> Ningún problema tan consustancial con las letras y con su modesto misterio como el que propone una traducción. Un olvido animado por la vanidad, el temor de confesar procesos mentales que adivinamos peligrosamente comunes, el conato de mantener intacta y central una reserva de sombra, velan las tales escrituras directas. La traducción, en cambio, parece destinada a ilustrar la discusión estética. El modelo propuesto a su imitación es un texto visible, no un laberinto inestimable de proyectos pretéritos o la acatada tentación momentánea de una facilidad.[2]

Así, Borges en "Las versiones homéricas" insinúa que no hay diferencia esencial entre el acto de escribir y el acto de traducir, que la supuesta originalidad del escritor se basa en el hecho dé que los textos que él traduce son invisibles para el lector, mientras que el texto que nos ofrece el traductor es un hecho vergonzosamente visible. Como Aristóteles, Borges cree que la imitación es un rasgo del *homo sapiens,* pero observa al mismo tiempo que el traductor manipula honestamente un "texto visible", mientras que el escritor "original" prefiere que olvidemos su dependencia en una tradición, en otros textos, y que pensemos en él como un genio *sui generis*. Es, otra vez, la situación posromántica con respecto a la originalidad: si el escritor ha de ser original para tener éxito, el traductor está de antemano condenado.

Después de sugerir que la traducción, en este caso las muchas de Homero al inglés, no son "sino diversas perspectivas de un hecho móvil, sino un largo sorteo experimental de omisiones y de énfasis", Borges nos sorprende con la siguiente observación parentética:

> No hay esencial necesidad de cambiar de idioma, ese deliberado juego de la atención no es imposible dentro de una misma literatura. (p. 105)

¿En qué estaria pensando concretamente Borges? En la lectura probablemente, en la noción de que cada lector (como cada traductor) crea de nuevo y a su propia imagen el texto que lee. Esta noción, claro, desemboca en "Pierre Menard, autor del *Quijote*", pero conviene señalar que Borges también pensaba durante los años treinta que la obra de arte no sólo cambia en manos de su lector sino que puede también sacar al lector de su ensimismamiento. En varias ocasiones emplea la siguiente fórmula, en su estudio biográfico *Evaristo Carriego* (1930), y en una nota al cuento "Tlön, Uqbar, Orbis Tertius", (1940): "Todos los hombres en el vertiginoso instante del coito son el mismo hombre. Todos los hombres que repiten una línea de Shakespeare, *son* William Shakespeare".

Borges al parecer divide la experiencia estética en dos fases distintas: en la primera el lector entra en el texto; el texto es experiencia. Opera lo que Coleridge llama "la suspensión voluntaria de la duda" ("the willing suspension of disbelief.") Es decir, el lector tiene en esta fase algo como un contrato con el texto. Leerá el texto según las normas que el mismo texto establece, algo bastante difícil cuando se trata de géneros desconocidos para el lector. En la segunda fase, que es más intelectual, el lector traduce su experiencia del texto a su propia experiencia. Es en esta etapa de interpretación cuando se producen las traducciones y las parodias—voluntarias e involuntarias. La parodia voluntaria, y sabemos lo que es—la reescritura de *Cecilia Valdés* por Reinaldo Arenas es un ejemplo magnífico—pero la parodia involuntaria es un fenómeno más misterioso.

Se trata de aquella lectura errónea que todos hemos practicado, el resultado de la ignorancia (el no saber qué quiere decir una u otra palabra), la ignorancia del ambiente cultural de la obra (¿cuántas novelas chinas o indias hemos leído sin saber realmente de qué tratan?), nuestra ignorancia de nuestra tradición—entender los chistes de Swift, entender el gusto de Calderón, apreciar las pasiones políticas de Dante. Hay también la parodia involuntaria que resulta de nuestro deseo de controlar el texto. El ejercicio del poder resulta a veces de aquella "ansiedad de la influencia" de que habla Harold Bloom, causada por el poder de la literatura del pasado. Nuestra reacción es la mala (y maliciosa) lectura de los autores del pasado.

En Hispanoamérica, la historia de la parodia, voluntaria e involuntaria, nos permite entender la historia literaria y la historia cultural. Nos permite entender también por qué la historia de la poesía lírica es tan radicalmente distinta de la historia de la narrativa, por qué la tradición lírica es tan fuerte y densa y porque la tradición narrativa ha llegado sólo en la segunda mitad de nuestro siglo a tener un poder comparable al de la poesía.

El caso de Reinaldo Arenas, lector-traductorparodista de Cirilo Villaverde, ocupa un lugar clave en esta historia (inédita, por supuesto) de la parodia hispanoamericana. Antes de emprender un análisis de la parodia que realiza Arenas, conviene señalar que un rasgo especial de la literatura cubana contemporánea es su profunda conciencia de sí misma, resultado del hecho de ser una tradición bifurcada en dos polos: los cubanos que escriben dentro de Cuba y los que escriben en el extranjero. Ambos grupos disputan sobre quiénes serán los herederos de esa tradición.

Esta división nos revela la importancia extratextual que tiene, por ejemplo, el capítulo de *Tres tristes tigres*, "La muerte de Trotski referida por varios escritores cubanos, años después—o antes". La galería de estilos cubanos parodiados por Cabrera Infante constituye el homenaje de un escritor cubano a los cubanos que él ha leído, que él entiende como elementos en su tradición literaria. Es decir, Cabrera Infante se burla de estos escritores porque reconoce en ellos algo de valor. Éste no es el lugar, por supuesto, para intentar una valoración de esta rivalidad entre cubanos (comparable a la diferencia entre los rusos emigrados y los que se quedaron en la Unión Soviética después de la Revolución Rusa), pero tenemos que tener en cuenta esta idea de una tradición debatida si queremos entender por qué Reinaldo Arenas quiere apropiarse de la novela de Cirilo Villaverde, novelista exiliado como él, y que también vivió y publicó en Nueva York, aunque a un siglo de distancia.

En su prólogo, Arenas quiere mostrar que su versión de *Cecilia Valdés* no sólo se burla de su modelo, sino que también señala algo escondido en el texto original:

Esta novela ha sido considerada como un cuadro de costumbres de su época y también como un alegato antiesclavista, pero en realidad es mucho más. La obra no es solamente el espejo moral de una sociedad envilecida (y enriquecida) por la esclavitud, así como el reflejo de las vicisitudes de los esclavos cubanos en el pasado siglo, sino que también es lo que podría llamarse "una suma de irreverencias" en contra de todos los convencionalismos y preceptos de aquella época (y, en general, de la actual) a través de una suerte de incestos sucesivos.

Esta es la declaración de principio del parodista: la novela de Villaverde no es sólo un texto "legible" sino también un texto que se presta para la reescritura. Es un texto histórico y un espejo para el momento presente. ¿Cuál es el tema central de *Cecilia Valdés* para Arenas?

Tal vez el enigma y la inmortalidad de esta obra radiquen en que al Villaverde presentarnos una serie de relaciones incestuosas, consumadas o insinuadas, nos muestra la eterna tragedia del hombre; esto es, su soledad, su incomunicación, su intransferible desasosiego, y por lo tanto, la búsqueda de un amante ideal que por ello sólo puede ser espejo—o reflejo—de nosotros mismos.

Villaverde tiene entonces un papel reducido: Arenas es el verdadero dueño del libro que es ahora el espejo en que Arenas ve una situación humana muy actual. El travestismo es esta lectura anacrónica, junto con la parodia que hace vivir de nuevo la novela de Villaverde.

Ocurre un fenómeno semejante en el prólogoapóstrofe de otra reescritura paródica de Arenas, *El mundo alucinante,* donde Arenas se dirige a Fray Servando Teresa de Mier, cuyas *Memorias* está reescribiendo. Le dice a Fray Servando que "tú y yo somos la misma persona". Es decir, si Pierre Menard puede ser el autor de un *Quijote* textualmente idéntico al original, pero al mismo tiempo su antítesis, su parodia, Arenas puede ser también autor de *Cecilia Valdés*.

Lo más ameno de *La loma del Angel* está en los pasajes en que Arenas invierte totalmente el sentido del original. Ya sabemos que Villaverde está saturado del afán detallista del realismo de su época, que quiere que su libro sirva de catálogo además de novela (catálogo de costumbres, actitudes, y objetos), y sabemos, si somos lectores de Reinaldo Arenas, que el realismo literario es una de las pesadillas de las que él quisiera despertarse. Ningún elemento en Villaverde puede ser más propenso a la parodia que aquellas escenas en que el autor quiere ser cronista de su época, en las que quiere describir su mundo. Parte de su mundo era la tecnología de los ingenios de azúcar, y una de las novedades tecnológicas que incluye Villaverde es el empleo de la flamante máquina de vapor en la trituración de las cañas de azúcar.

El capítulo IV de *Cecilia Valdés* trata de la vida en el ingenio de azúcar La Tinaja, propiedad de don Cándido Valdés. Para la fiesta de Nochebuena, vienen a visitar a la familia Valdés las señoritas Ilincheta, Isabel entre ellas. El viaje le da una oportunidad perfecta a Villaverde para contrastar la vida en el cafetal de los Ilincheta, La Luz, con el mundo demoníaco del ingenio de azúcar. El capítulo IV de la Tercera Parte empieza con una descripción típica de la época:

Bajo más de un concepto era una finca soberbia el ingenio de La Tinaja; calificativo que tenía bien merecido por sus dilatados y lozanos campos de caña-miel, por los trescientos o más brazos para cultivarlos, por su gran boyada, su numeroso material móvil, su máquina de vapor, con hasta veinte y cinco caballos de fuerza, recién importada de la América del Norte, al costo de veinte y tantos mil pesos, sin contar el trapiche horizontal, también nuevo y que armado allí había costado la mitad de aquella suma.[3]

El pasaje fascina precisamente por su mezcla de datos vagos ("numeroso material móvil") y sus datos precisos ("con hasta veinte y cinco caballos de fuerza") que son igualmente vagos hoy. Es decir, esta descripción rápida habría en su época servido tal vez como uno de esos dibujos *gestalt* para el lector—él sabría conectar estas abstracciones con las cosas reales que Villaverde quería evocar.

Luego sigue una descripción minuciosa de "la casa de calderas o de ingenio", o sea donde se produce de la caña triturada el guarapo, que es la primera fase del azúcar refinado. Es información pura, puesto que no revela nada de la vida interior de los personajes. Tampoco tiene valor alegórico o simbólico. Es como una película documental y tiene muchos antecedentes en la novela decimonónica—la descripción de la imprenta de provincia al principio de *Las ilusiones perdidas* de Balzac sería un ejemplo.

Villaverde no pasa directamente a la descripción de cómo funciona el ingenio sino que la interrumpe con incidentes, como, por ejemplo, la fuga de esclavos. Los personajes tratan de explicar estas fugas, y surgen dos formas de hacerlo. El mayoral Moya rechaza ideas como el trabajo excesivo o la falta de comida, y declara que "yo digo que *toos* los negros son lo *mesmo* cuando la Guinea se les mete en la cabeza. Entonces *toos* jalan *pa* atrás como los mulos y es preciso *jarreales* con el *cuero*". (p. 200) El cura ofrece otra explicación: "Es, sin embargo, coincidencia rara, que a un tiempo se hayan alzado tantos negros y de aquellas fincas precisamente que han cambiado de poco acá su sistema de moler caña. ¿Será que esas estúpidas criaturas se han figurado que se les aumenta el trabajo porque en vez de moler con bueyes o mulas, se muele con máquina de vapor?" (p. 200) Dos ideas: el deseo de libertad (volver a Guinea) y el miedo de más trabajo (la máquina de vapor). Surge una tercera ofrecida por don Cándido Gamboa: si no se castiga a un esclavo suficientemente, éste tratará de alzarse. Reinaldo Arenas comprime varios capítulos del original en uno que llama "La máquina de vapor", dando así una importancia a la máquina que Villaverde no le da. Cambia totalmente el significado de Villaverde, que quiere que asociemos el ingenio con el infierno, la máquina de vapor con una tecnología maldita. La máquina de vapor en la parodia de Arenas no funciona; produce calor pero no puede moler caña. Entonces los amos mandan a algunos negros a trepar encima de la máquina (que está al rojo vivo) para ver si hay algo trabado. En eso, un negro casualmente abre una válvula de seguridad: sale el vapor con tanta fuerza que el negro vuela "por los aires, elevándose a tal altura que se perdió de vista más allá del horizonte".

Al menos tres negros desaparecen así. Don Cándido se da cuenta de lo que pasa y grita que los ingleses inventores de la máquina lo han engañado: "¡Eso no es ninguna máquina de vapor, es una treta de ellos [los ingleses] para devolver a los negros a África!" Al oír esto, todos los negros se precipitan sobre la máquina gritando "¡A la Guinea!" y se tiran en el tubo de escape. Los esclavos, claro, no escapan. Mueren, pero en esta escena grotesca vemos a Arenas afirmar la aspiración humana de libertad. Así describe, llevando el realismo de Villaverde al surrealismo, a los negros que se tiran por el tubo de la máquina de vapor:

Vestidos con lo mejor que tenían—trapos rojos o azules—se introducían en el tubo de escape y una vez en el aire, sin duda enardecidos por la euforia y el goce de pensar que al fin volaban a su país, ejecutaban cantos y bailes típicos con tal colorido ritmo y movimiento que constituyó un espectáculo verdaderamente celestial, tanto en el sentido figurado como real de la expresión...

La máquina en Arenas pierde su valor de artefacto de la revolución industrial. En su lectura de *Cecilia Valdés*, lo único real es su propia emoción actual—el deseo de libertad, el temor de que la fuga sea otra ilusión, de que la única realidad sea la muerte. La parodia se vuelve agria y grotesca cuando el lector se da cuenta de que el libro de denuncia que es *Cecilia Valdés* no trata de un problema ya resuelto en nuestro siglo: es decir, la esclavitud que denuncia Villaverde para Arenas es un estado mental, una metáfora, una realidad. Leer, traducir, parodiar son todos actos afines que se juntan en la idea del incesto, un juego de espejos que deforman tanto al espectador como a su objeto. Arenas es Villaverde, pero un Villaverde irreal, tan irreal como la realidad de nuestros días, lo que su novela logra captar con intenso realismo.

Alfred J. Mac Adam
Barnard College-Columbia University

Notas

[1] Reinaldo Arenas, *La loma del Angel,* Miami: Mariel Press, 1987. Para este trabajo, sin embargo, Citamos por el manuscrito facilitado por su autor.

[2] Jorge Luis Borges, "Las versiones homéricas", *Discusión,* en *Obras completas,* (Buenos Aires: Emecé Editores, 1966), p. 105.

[3] Cirilo Villaverde, *Cecilia Valdés, o La loma del ángel* (Editorial Porrúa: México, 1979), p. 195.

BIBLIOGRAFÍA DE Y SOBRE REINALDO ARENAS

INTRODUCCIÓN

Esta bibliografía, activa y pasiva de la obra de Reinaldo Arenas, es la más completa que existe sobre el tema. Queremos dejar constancia de nuestro agradecimiento a Reinaldo Arenas por las entrevistas que nos concedió, por permitirnos hurgar en su archivo personal, y por su ayuda al revisar esta bibliografía. También a los profesores Jorge Olivares y Perla Rozencvaig por el esmero con que leyeron esta lista y completaron muchos asientos.

Bibliografía activa

Libros

NOVELAS

Celestino antes del alba (1967) La Habana: UNEAC. Otras ediciones: Buenos Aires: Editorial Brújula, 1968; Buenos Aires: Editorial Centroamericana, 1970; Buenos Aires: Centro Editor de América Latina, 1972; Caracas: Monte Ávila editores, 1980. Edición española revisada: *Cantando en el pozo*. Barcelona: Argos Vergara, 1982.

Traducciones: *Le Puits*, tr. Didier Coste. París: Editions du Seuil, 1973. *Singing from the Well*, tr. Andrew Hurley. New York: Viking Penguin Inc., 1987. También ha sido traducida al italiano y al turco.

El mundo alucinante. Una novela de aventuras (1969) México: Editorial Diógenes. [2a ed., 1973; 3a ed., 1978.) Otras ediciones: Buenos Aires: Editorial Brújula, 1969; Buenos Aires: Editorial Tiempo Contemporáneo, 1970; Barcelona: Editorial Montesinos, 1981 [no reproduce la importante nota aclaratoria del autor.]; Caracas: Monte Ávila Editores, C.A., 1982. [Incluye el prólogo "Fray Servando, víctima infatigable", pp 13–17, fechado en Caracas, julio 13 de 1980.]

Traducciones: *Le monde allucinant*, tr. Didier Coste. París: Editions du Seuil, 1969; *Hallucinations*, tr. Gordon Brotherston. London: Jonathan Cape, 1971; New York: Harper & Row, 1971; Harmondsworth: Penguin Books, 1976; *The Ill-Fated Peregrinations of Fray Servando,* New York: Avon, 1987; *Wahnwitzige Welt, Ein Abenteuerroman,* tr. Monika López. Frankfurt: Surhkamp Verlag, 1982; *O Mondo Alucinante.* Lisboa: Publicaçoes Don Quixote, 1971; tr. Paulo Octaviano Terra. Rio de Janeiro: Francisco Alves Editora, 1984. También ha sido traducido al holandés, italiano y japonés.

El palacio de las blanquísimas mofetas (1980) Caracas: Monte Ávila. Otras ediciones: Barcelona: Argos Vergara, 1983.

Traducciones: *Le palais des très blanches mouffettes,* tr. Didier Coste. París: Editions du Seuil, 1975; *Der Palast der blustenweissen Stinktiere,* tr. Monika López. Darmstadt: Hermann Luchterhand Verlag, 1977. También en italiano.

Otra vez el mar (1982) Barcelona: Argos Vergara, S.A., (Noviembre). [420 pp, Colección Bibliotheca del Fénice.

Traducciones: *Encore une fois la mer,* tr. de l'espagnol (cubain) par Gérard Pina et Flora Compagne. París: Editions du Seuil, 1984; *Farewell to the Sea,* tr. Andrew Hurley. New York: Viking-Penguin, 1986; Penguin Books, 1987.

Arturo, la estrella más brillante (1984) Barcelona: Montesinos.

Traducciones: *Arturo l'etoile la plus brillante,* tr. Didier Coste. París: Editions du Seuil, 1984.

La loma del Ángel (1987) Miami: Mariel Press, (septiembre). [Versión libre de *Cecilia Valdés o La loma del Ángel* de Cirilo Villaverde.]

Traducciones: *Graveyard of the Angels,* tr. Alfred J. MacAdam. New York: Avon Books, 1987. [Palabras de contraportada de Octavio Paz.]

CUENTOS

Con los ojos cerrados (1972) Montevideo: Editorial Arca. [Incluye los siguientes cuentos: "Comienza el desfile", "Con los ojos cerrados", "La vieja Rosa", "A la sombra de la mata de almendras", "Los heridos", "El reino de Alipio", "El hijo y la madre", "Bestial entre las flores".]

La vieja Rosa (1980) Caracas: Editorial Cruz del Sur. [Incluida en *Con los ojos cerrados.*]

Termina el desfile (1981) Barcelona: Seix Barral. [Incluye los cuentos de *Con los ojos cerrados* y el cuento titular.] Otras ediciones: Barcelona: Plaza & Janés Editores S.A., Biblioteca Letras del Exilio, 1986. [Incluye un prólogo sin título de Jaume Pont.]

POEMAS

El central (1981) Barcelona: Seix Barral.

Traducciones: *La Plantation,* tr. Aline Schulmann. París: Editions du Seuil, 1983; *El central,* tr. Anthony Kerrigan. New York: Avon Books, 1984.

LIBRO DE ENSAYOS
Necesidad de libertad. Mariel: testimonios de un intelectual disidente (1986) México: Kosmos-Editorial.

[El libro incluye los siguientes ensayos, artículos y cartas: "Grito, luego existo", "Confesión", "Cuba, tradición e imagen", "Una cultura de la resistencia", "Carta a Emir Rodríguez Monegal" (desmintiendo la carta oficial anterior a *Mundo Nuevo*), "La represión (intelectual) en Cuba", "Orden de rompimiento de amistad con Nicolás Guillén", "Juegos de jaulas o experiencias de exilio", "Martí ante el bosque encantado", "Carta al *New York Times*", "Gabriel García Márquez, ¿esbirro o es burro?", "Cortázar, ¿senil o pueril?", "Delfín Prats Pupo (carta)", "Fluir en el tiempo", "Fray Servando, víctima infatigable", "Desgarramiento y fatalidad en la poesía cubana", "Adorada Chelo (carta)", "El reto insular de Jorge Camacho", "Lezama o el reino de la imagen", "Muy estimado amigo Miguel Riera (carta)", "La isla en peso con todas sus cucarachas", "La cultura popular en la actual narrativa latinoamericana", "Homenajes: Lydia Cabrera, Enrique Labrador Ruiz, Carlos Montenegro", "Necesidad de libertad", "Comunicado a la Cruz Roja Internacional, a la ONU, y a la UNESCO (Parque Lenin, La Habana, 15 de noviembre de 1974)", "Hágase usted también un hombre nuevo", "José Cid", "Mi querida Margarita (carta)", "Discreta reverencia", "Mi querida e inolvidable Margarita (carta)", "El poema de Armando Valladares", "Carta a Severo Sarduy", "La verdad sobre Lezama Lima", "Nelson Rodríguez", "Si te llamaras Nelson (poema)", "Los dispositivos hacia el norte", "Carta a Gabriel García Márquez", después viene una página en blanco para poner el texto de una posible respuesta de García Márquez; "Un largo viaje de Mariel a Nueva York", "Escritores denuncian labor cubana en USA", "Elogio de las furias", "Señora Alessandra Riccio (carta)", "Cuba: ¿futuro o supervivencia?", "A quien pueda interesar".]

TEATRO
Persecución. Cinco piezas de teatro experimental (1986) Miami: Ediciones Universal.

ADAPTACIONES
Lazarillo de Tormes (1984) New York: Regents Publishing Corp. [Incluye notas al lector y "Presentación".]

FRAGMENTOS DE NOVELAS
"El encadenamiento del fraile", (1966) *La Gaceta de Cuba*, La Habana, Año 5, No. 53 (Oct.-Nov.), p 6. [de *El mundo alucinante*.]

"Estancia en Pamplona", (1967) *Revista Casa de las Américas*, Año VII, No. 43 (julio-agosto), pp 87–90. [de *El mundo alucinante*.]

"Tres sobre la mosca", (1970) *La Gaceta de Cuba*, 87 (noviembre), p 9. [de *El palacio de las blanquísimas mofetas*.]

"Concerning Los Toribios Prison and the Chaining of the Friar", (1977) en *The Borzoi Anthology of Latin American Literature*, ed. Emir Rodríguez Monegal and Thomas Colchie. New York: Alfred A. Knopf, II, pp 978–982. [de *El mundo alucinante*.]

"Otra vez el mar", (1980) *El Diario de Caracas* (domingo, 20 de julio), pp 20–21. [de la novela homónima.]

"Hágase usted también un hombre nuevo", (1982) *El semanario de Novedades* (México, D.F.), Año I, Vol. I (25 de abril), pp 1, 6. También en *Guángara libertaria*, (Miami, Fl.), Año IV, No. 14 (otoño 1983), pp 12–14. [de *Otra vez el mar.*]

"*Otra vez el mar*", (1982) *Término* (Cincinnati, Ohio), Vol. 1, No I, (otoño). [Recogido en *Otra vez el mar* pp 205–210.]

"*Otra vez el mar*", (1982) *Linden Lane Magazine* (julio-septiembre) Vol. I, No 3, pp 10–11. [de *Otra vez el mar*, pp 9–15.]

"Monstruos UNO y DOS", (1983) *Cuba Pintores y Escritores en Exilio*. Ed. Enrique Labrador Ruiz, Reinaldo Arenas y Pedro Damián, agosto, p 27. [Muestrario del "Festival de las Artes, 3er aniversario del Mariel", Miami, Fl.; "UNO" está firmado en La Habana, 1972, aparece en *Otra vez el mar*, p 323 bajo "Monstruo", "DOS" está firmado en Nueva York, 1982, y no aparece en la novela. También habían aparecido en *El Universal* de Caracas: julio de 1980.]

Traducción: "Monsters," *Americas*, Vol. 35, No. 2 (March-April, 1983), pp 34–35.

"Coming Down from the Mountains," (1984) *Granta*, 13 (Autumn), pp 119–131. [de *Otra vez el mar.*]

"La máquina de vapor," (1986) *Noticias de Arte* (New York), Año 10, No 4, (Abril), pp 13–14. [de *La loma del ángel*. También en *Unveiling Cuba* y *Review.*]

CUENTOS

"La punta del arcoiris", "Soledad", "La puesta del sol", (1965) *Unión* (La Habana), Año 4, No. 1 (enero-marzo), pp 113–119.

"Con los ojos cerrados", (1966) *Unión*, La Habana, Año 5, No. 4 (octubre-diciembre), pp 12–15. [Incluido en *Con los ojos cerrados* y *Termina el desfile*. Recogido en: J. M. Caballero Bonald, ed. *Narrativa cubana de la Revolución*. Madrid: Alianza Editorial, 1968, pp 249–255. Versión abreviada para estudiantes en *Aventuras literarias*, ed. Jarvis, Lebredo, Mena. Lexington, Massachusetts, Toronto: D.C. Heath and Company, 1983, pp 44–47, 2ª ed. 1987.]

Traducción: "Mit geschlossenen Augen", (mai 1982), *L'80*, 22 pp 152–155.

"El hijo y la madre", (1967) *Unión* (La Habana), Año 6, No. 4, (diciembre), pp 223–226. [Incluido en *Con los ojos cerrados* y *Termina el desfile.*]

Traducción: "Le fils et la mère", en Lillian Hasson, ed. *Anthologie du conte cubain*. París: Robert Laffont, 1985, pp 195–200.

"A la sombra de la mata de almendras", (1969) *La Gaceta de Cuba*, Año 7, No. 69 (enero), pp 5–7.

Traducción: "In the Shade of the Almond Tree," tr. Suzanne Jill Levine. (1982) *Fiction*, Vol. 6, No. 3, pp 74–78.

"The Wounded," (1980) tr. Andrew Bush. *Latin American Literary Review*, Vol. 8, No. 16, pp 173–182.

"Mi primer desfile", (1981) en Edmundo Desnoes, ed. *Los dispositivos en la flor. Cuba: literatura desde la revolución*. Hanover, N.H.: Ediciones del Norte, pp 193–203, en la página 192 se incluyen notas biográficas. [Incluido en *Con los ojos cerrados* y *Termina el desfile* como "Comienza el desfile". El editor lo toma con este título de *Cuentos de la revolución cubana*, ed. Ambrosio Fornet. Santiago de Chile: Editorial Universitaria, 1970, pp 54–67.]

"Termina el desfile", (1981) *Escandalar*, (New York), Vol. 4, No. 1 (enero–marzo), pp 28–39. [Fechado "23 de agosto de 1980", incluido en *Termina el desfile*.]

Traducción: "The Parade Ends," tr. Andrew Bush, (Summer 1981), *The Paris Review*, Vol. 23, No. 80, pp 96–122. [Contiene nota introductoria de Roberto Gonzáles Echevarría.]

"El reino de Alipio", (1981) *Noticias de Arte* (New York), Año 6, No. 9 (octubre), p 15. [Incluido en *Termina el desfile*.]

"Traidor", (1981) *Noticias de Arte* (New York), Año 6, No. 11 (Número Especial, noviembre), pp 5–6, firmado en La Habana, 1974. [También en *Noésis* (París), No. 1, pp 134–140.]

Traducción: "Traitor," tr. Helen Lane, (octubre 1983) *Unveiling Cuba*, 5, pp 5–6.

"Adiós a mamá", (1981) en Ángel Rama, ed. *Novísimos narradores hispanoamericanos en marcha, 1964–1980*. México: Marcha Editores, pp 155–172. También en *Zona Franca* (Caracas), 3a época, 27 (noviembre 1981–febrero 1982), pp 17–26.

"Final de un cuento", (1983) *Mariel. Revista de Arte y Literatura*, (Miami), Año 1, No. 1 (primavera), pp 3–5. [Firmado "Nueva York, julio de 1982". Del libro de cuentos inédito *Que trine Eva*.]

POEMAS

"Soneto", (1976) en Jorge Camacho, *La Danse de la mort*. Introduction de René Alleau, Musique de Julián Orbón, Poème de Reinaldo Arenas. (París: Galerie de Seine), p. 41. [Primer verso: "Ya que toda vida será muerte..." Del libro de poemas inédito *Voluntad de vivir manifestándose*.]

"Tres sonetos de Reinaldo Arenas", (1979) en Carlos Franqui, ed. Jorge Camacho. Barcelona: Ediciones Polígrafa, S.A., pp 131–137. [Sonetos sin títulos. Primeros versos: "Entre tú y yo siempre se opone", p 133; "Todo lo que pudo ser, aunque haya sido", p 135; "¿Qué es la vida? ¿Un folletín?", p 137. Ilustraciones de Jorge Camacho. Del libro de poemas inédito *Voluntad de vivir manifestándose*.]

"Cinco sonetos", (1980) *Zona Franca* (Caracas), Venezuela, (3a época), 19 (julio–agosto), pp 6–8.

"Ocho poemas y un cuento", (1980) *El Universal* (Caracas), 4to cuerpo (domingo, 3 de agosto), p 136. [Fragmentos del libro inédito *Cuerpo de la soledad*. El título *Cuerpo de la soledad* se convertirá en *Voluntad de vivir manifestándose*.]

"Mi amante el mar", (1981) *Zona Franca* (Caracas), 3a época, 24 (mayo–junio), pp 18–24.

"Si te llamaras Nelson", (1984) *Mariel* (Nueva York), Año II, No. 5 (Primavera), p 6. [Recogido en *Necesidad de libertad*, pp 174–176.]

"Leprosorio", (sin fecha) *Mariel* (Miami), Año 1, Vol. 1, p 17. [Fragmento del poema "Leprosorio", parte de una trilogía titulada *Inferno*, experiencias del autor en las prisiones cubanas entre 1974–76.]

"Dos patrias tengo yo: Cuba y la noche", (1986) en Diana Jaramillo, "Declaraciones de Reinaldo Arenas", *The North Hudson Reporter* (New Jersey). November 16, 1986. [De *Voluntad de vivir manifestándose.*]

PROSA DISPERSA

Ensayos, artículos periodísticos, prólogos, reseñas, introducciones, comentarios en catálogos y cartas.

1967

"Celestino y yo", *Unión*, Año 6, No. 3 (julio-septiembre), pp 117-120. [Leído en la Biblioteca Nacional de Cuba, La Habana, 1967.]

1968

"*Cien años de soledad* en la ciudad de los espejismos", *Revista Casa de las Américas*, Año 8, No. 48, pp 134-138. [Recogido en: *Recopilación de textos sobre Gabriel García Márquez*, ed. Pedro Simón. La Habana: Casa de las Américas, 1969, pp 148-155, y en *Gabriel García Márquez*, ed. Peter Erle. Madrid: Taurus Ediciones, 1981, pp 51-58. Leído en la Universidad de La Habana en 1968.]

"El páramo en llamas", *El mundo*, La Habana, (7 de julio). [Recogido en: *Recopilación de textos sobre Juan Rulfo*, ed. Antonio Benítez Rojo. La Habana: Casa de las Américas, 1969, pp 60-63. Leído en la Universidad de La Habana en 1967.]

"Benítez entra en el juego", *Unión*, II, pp 146-152. [Sobre Antonio Benítez Rojo, *Tute de reyes.*]

"Magia y persecución en José Martí", *La Gaceta de Cuba*, Año 6, No. 66 (julio-agosto), pp 13-16. [Conferencia leída en la Universidad de La Habana en 1969.]

"Carta a revista *Mundo Nuevo*", *La Gaceta de Cuba*, Año 6, No. 66 (julio-agosto), p 16. [Repudiando reproducción de fragmentos de *Celestino antes del alba* en la revista. Reproducido, con aclaración, en *Necesidad de libertad*, pp 34 y 39.]

"Bajo el signo de enero", *La Gaceta de Cuba*, Año 7, No. 67 (septiembre-octubre), p 20. [Sobre José Lorenzo Fuentes, *Viento de enero.*]

"Literatura y revolución (Encuesta): Los Autores", *Revista Casa de las Américas*, Año 9, Nos. 51-52 (noviembre-febrero, 1968-1969), pp 119 y 164.

1969

"Tres mujeres y el amor", *La Gaceta de Cuba*, Año 7, No. 71 (marzo), pp 26-29. [Sobre Robert Musil, *Tres mujeres.*]

1970

"Con los ojos abiertos", *La Gaceta de Cuba*, Año 8, No. 81 (marzo), pp 10-11. [Sobre Onelio Jorge Cardoso, *Abrir y cerrar los ojos.*]

"El reino de la imagen", *La Gaceta de Cuba*, Año 8, No. 88 (diciembre), pp 23-26. [Reproducido en *Mariel. Revista de Literatura y Arte*, Miami, Año 1, No. 1 (primavera 1983), pp 20-22, sobre José

Lezama Lima. También en *Necesidad de libertad* bajo "Lezama o el reino de la imagen", pp 105–113.] Conferencia leída en la Universidad de La Habana en agosto de 1969.

"Granados en la casa sol", *La Gaceta de Cuba*, Año 8, No. 88 (diciembre), p 30. [Reseña sobre Manuel Granados, *El viento en la casa sol*.]

1971

"Discreta reverencia", Texto para catálogo de exposición "Nuevas ciudades del recuerdo de José Cid", Galería Hotel Habana Libre, 18–12–71. [Una página sin numerar.]

1980

"La represión intelectual en Cuba", en *Memoria del Segundo Congreso de Intelectuales Disidentes*, Columbia University, New York, 28–31 agosto, 1980. Ed. Modesto Maidique y Julio Hernández-Miyares. New York: Offset, 1981, pp 55–60. [Reproducido en: *Escandalar*, Vol. 4, No. 1 (enero–marzo 1981), pp 90–93.]

"Los viajes revelantes de Juana Rosa Pita", prólogo a *Viajes de Penélope* de Juana Rosa Pita. Miami: Solar, pp 9–11.

"Autografía", *El Universal* (Caracas), Año LXXI, No. 25,530 (sábado, 19 de julio), 4to cuerpo, p 2. [Leído en la sede de la Editorial Monte Ávila, Caracas, en julio de 1980.]

1981

"Lo cubano en la literatura", en *Homenaje a Ángel Cuadra*, Miami: Solar, pp 123–128.

"Gabriel García Márquez", *Información* (Houston, Texas), (mayo), p 8.

"Mariel-New York", *Manhattan Plaza News*, Vol. 5, No. 63 (May), p 8.

"Tres homenajes", *Diario Las Américas*, (sábado, 16 de mayo), p 12. [Sobre Enrique Labrador Ruiz, Lydia Cabrera y Carlos Montenegro; reproducida la sección sobre Lydia bajo "Diosa instalada en el centro del poema", *Noticias de Arte*, N.Y., mayo de 1982, p 15. Los tres homenajes aparecen también en *Necesidad de libertad* pp. 140–145 con pequeñas variantes.]

"Juego de jaulas o experiencia de exilio", *Diario Las Américas* (Miami, Fl.), 1ra parte, (viernes, 8 de mayo); 2a parte, (jueves, 14 de mayo), pp 4–B, 5–D; 3a parte (15 de mayo), p 11. [Leído en la Universidad de Puerto Rico, Río Piedras, en noviembre de 1980. Reproducido en *Necesidad de libertad*, pp 51–55.]

"García Márquez: ¿esbirro o es burro?" *Noticias de Arte*, Año 6, Nos. 7–8 (julio–agosto), p 15. [Reproducido en *Necesidad de libertad*, pp 66–69.]

"Infiltraciones del gobierno cubano en Los Estados Unidos", *Noticias de Arte* (New York), Año 6, No. 11 (noviembre), p 14.

"La generación del Mariel/The Mariel Generation", *Noticias de Arte* (New York), Año 6, No. 11, número especial "Mariel: escritores y pintores", (noviembre), p 2. [Artículo bilingüe.]

"Una cultura de la rebeldía y del exilio", *El Miami Herald* (18 de noviembre), p 9.

"Fray Servando, víctima infatigable", *Diario Las Américas*, (21 de noviembre), p 13. [Versión abreviada en: *Literature and Popular Culture in the Hispanic World; a Symposium*, ed. Rose S. Minc. Gaithersburg, Md.: Hispamérica, Upper Montclair, N.J.: Montclair State College, 1981, pp 15–18. También en *El mundo alucinante*, Caracas: Monte Ávila, 1982, a modo de prólogo.]

"Un largo viaje de Mariel a Nueva York", *El Miami Herald* (25 de noviembre), p 7. [Reproducido en *Necesidad de libertad*, pp 247–251 y en *Latin American Masses and Minorities: Their Images and Realities*, ed. Dan C. Hazen. Vol. I, Madison: SALALM Secretariat, Memorial Library, University of Wisconsin, 1985.]

"Escritores denuncian labor cubana en Estados Unidos", (con Florencio García Cisneros y Roberto Valero), *El Miami Herald* (22 de noviembre), p 9. [Carta al director, reproducido en *Necesidad de libertad*, p 252.

1982

"José Martí, intelectual del exilio", *Noticias de Arte*, Año 7, No. 1 (enero), pp 9–10.

"La cultura popular en la narrativa latinoamericana", *Linden Lane Magazine*, Vol. 1, No. 1 (enero–marzo), pp 3–4. [Reproducido en *Literature and Popular Culture in the Hispanic World*, ed. Rose S. Minc. Gaithersburg, Md.: Hispamérica y Montclair State College, 1981, pp 15–18. Recogido en *Necesidad de libertad*, pp 132–139.]

"Visión de los suicidas. Cuba: Los casos de Calvert Casey y Haydée Santamaría", *Noticias de Arte*, Año 7, No. 2 (febrero), p 11.

"Carta abierta a Ediciones del Norte", *Noticias del Mundo* (New York), (1ro de marzo), p 4. También en *El Combate Sindicalista*, No. 1, 177 (17 de junio, 1982), p 4.

"Cuba: ¿futuro o supervivencia?", *El Miami Herald* (17 de marzo), p 11. [Recogido en *Necesidad de libertad*, pp 258–262.]

"Edmundo Desnoes no irrita la cólera del amo (primer artículo)", *El Diario-La Prensa* (New York), (10 de marzo), p 2.

"Carlos Franqui, nostalgia del futuro", *Noticias de Arte* (New York), Año 7, No. 3 (marzo), p 13–14.

"Los dispositivos hacia el Norte", *El Universal* (Caracas), (domingo 28 de marzo), 4to cuerpo, pp 1–2. [Reseña de *Los dispositivos en la flor*.]

"Los dispositivos hacia el Norte", *Escandalar*, Vol. 5, Nos. 1–2 (enero–junio), pp 197–219. [Versión completa de la reseña sobre Edmundo Desnoes, *Los dispositivos en la flor*. En *Necesidad de libertad*, pp 183–241.]

"La Cuba de Edmundo Desnoes. Un manjar inaceptable", *Noticias de Arte* (New York), Año 7, No. 4 (abril), pp 11–12. [El mismo trabajo anterior, versión abreviada.]

"Comunicado", *Mariel* (Miami), (Primavera) Año 1, No. 1, p 31. [Firmado por los editores, una denuncia contra Roger Raul Salas Pascual.]

"Labrador infatigable", *Linden Lane Magazine* (Princeton, N.J.), Vol. I, No. 2 (abril–junio), p 15. [Sobre Enrique Labrador Ruiz.]

"El sol racionado", *Linden Lane Magazine* Vol. I, No. 2 (abril–junio), pp 22–23. [Sobre *Plantado*, novela de Hilda Perera.]

"La réponse de Reinaldo Arenas", *Le Nouvel Observateur*, 912 (30 avril–7 mai), p 33. [Contrarréplica a la embajada cubana en París en reacción a entrevista de F. O. Giesbert. Ver Giesbert, Franz-Olivier bajo "Entrevistas" y García, Armando en la "Bibliografía crítica sobre Arenas".]

"El ángulo se ilumina", prólogo a *Desde un oscuro ángulo*, de Roberto Valero, Madrid: Editorial Playor, pp 7–9. [Antes en "Valero: *Desde un oscuro ángulo*," *The Dispatch*, N.J. (Sección *Ahora*, enero 20, 1981), p 3; "Poemas: el ángulo se ilumina", *Noticias de Arte* (New York), Año 6, No. 2 (Febrero, 1981), p 10; "Un poeta de la angustia existencial", *Ancora*, Suplemento literario de *La Nación*, (Costa Rica) (8 de marzo de 1981), p 3; y en "Roberto Valero, una voz nueva del exilio cubano", *El Universal* (Caracas), Venezuela (13 de septiembre de 1981), Año LXXII, pp 4–1 a 4–2.]

"Presentación", en *Noticias de Arte* (Número especial "Homenaje a Lydia Cabrera), New York: (mayo), p 2. [Con Florencio García Cisneros y Giulio V. Blanc.]

Con Giulio V. Blanc, Florencio García Cisneros y un grupo de escritores y artistas, "Carta abierta al Center for Interamerican Relations", *Última Hora* (New York), (Julio 17) [En protesta por el número de *Review* 30, (Nueva York), septiembre-diciembre de 1981 dedicado a literatura y exilio por no incluirse escritores cubanos.

"La verdad sobre Lezama", *Noticias de Arte* (New York), (septiembre), p 11. [También en *Necesidad de libertad*, pp 170–173.]

"Muerte de Lezama", *Noticias de Arte* (New York), (septiembre), p 12. [Recogido en *Necesidad de libertad*, pp 203–207.]

"Con documentos Reinaldo Arenas responde a Ángel Rama. Una rama entre la delincuencia y el cinismo", *Noticias de Arte* (Nueva York). Número especial (octubre), pp 3–8.

"Reinaldo Arenas responde a Ángel Rama", *El Miami Herald*, (31 de diciembre), p 5. [Versión abreviada de la entrada anterior.]

"Arturo Rodríguez", Texto para catálogo de exposición "Arturo Rodríguez—Tintas; Juan Abreu Felipe-Oleos", Fidelio Ponce Galería—Art Gallery (Hialeah, Fl.), 23 de abril-20 de mayo, 1982. [Una página sin numerar.]

"Sobre *El día que me quieras*", para el programa de la producción del Repertorio Español (New York), de la obra homónima de José Ignacio Cabrujas, estrenada en la ciudad de New York, el 30 de julio de 1982. [Una página sin numerar.]

"Cronología (irónica, pero cierta)", distribuída por Argos Vergara, Barcelona, en conjunto con publicación de *Otra vez el mar*.

1983

"Golpeado bárbaramente por una poetisa", *El Miami Herald*, (jueves, 21 de abril), p 6. [Polémica entre Arenas y Belkis Cuza Malé.]

"La generación del Mariel es un triunfo ideológico", *El Miami Herald*, (domingo, 29 de mayo), p 3.

"El Nóbel para Ubre Blanca", *Unveiling Cuba* (New York), Vol. 1, No. 2 (enero), p 3. [Sobre Gabriel García Márquez.]

"La isla en peso con todas sus cucarachas", *Mariel. Revista de Literatura y Arte* (Miami), Año 1, No. 2 (verano), pp 20–24. [Sobre Virgilio Piñera; Reproducido un fragmento como "Las seis muertes de Virgilio Piñera," *El Universal* (Caracas), Año LXXIV, No. 26, 778, 4to cuerpo, (domingo, 8 de enero de 1984), pp 1–2. Recogido en *Necesidad de libertad*, pp 115–131 con variantes.]

"Editorial", *Mariel* (Miami), (Primavera) Año 1, No. 1, p 2. [Firmado por los editores.]

"Elogio de las furias", *Mariel* (Miami), Año 1, No. 2 (verano), p 31. [Recogido en *Necesidad de libertad*, pp 253–255.]

"Cuba: Future or Survival?", *Unveiling Cuba*, No. 3 (April), pp 8–10. [Traducción al inglés de "Cuba: ¿futuro o supervivencia?"]

"Aclaración de Reinaldo Arenas", *Noticias del Mundo* (6 de abril), p 4.

"La esposa de Padilla ganará más medallas en boxeo que en literatura", *Última Hora*, (abril 17). Reproducido en *El Miami Herald*, (abril 21, 1983, p 6) en la sección "Correo", seguido de cartas de otros lectores.

"The Closest Attention: Gays in Cuba," tr. Richard Sinkoff, *New York Active* (October 10–23), pp 4–5.

"Presentación", del tabloide *Cuba: pintores y escritores en exilio*, Festival de las artes, Tercer Aniversario del Mariel, Miami. [Firmada con Pedro Damián y Enrique Labrador Ruiz.]

"El poema de Armando Valladares", *Mariel. Revista de Arte y Literatura*, (Miami/New York) Año 1, Vo. 3 (otoño), p 21. [Firmado en N.Y. en julio 30, 1983; recogido en *Necesidad de libertad*, pp 164–166.]

"Reto insular", Texto para catálogo de exhibición de Jorge Camacho en la galería E. Camilo Brent, Lima. [Una página sin numerar.]

"El Paraíso", *Término* (Cincinnati), Ohio, Vol. 1, núm. 4 (Summer), pp 9–10. [Cuadro segundo de la obra *Un extraño rurr, rurr*..., en preparación en aquellos momentos; ahora recogido en *Persecución*.]

1984

"Editorial", *Mariel* (Nueva York), Año II, No. 5 (Primavera), p 2. [Firmado por el Consejo de Editores.]

"Respuesta a Isel Rivero", *Mariel* (Nueva York), Año II, No. 5 (Primavera), p 28.

"Los Nóbel que no se dieron", *El Universal* (Caracas), (Septiembre 2), pp 4–1, 4–2.

"Los Nóbel que no se darán", *El Universal* (Caracas), (Septiembre 9), pp 4–1, 4–2.

"Palabras en contraportada", a *Alicia en las mil y una camas* de Ismael Lorenzo. Cincinnati, Ohio: *Término*, pp 5–6.

"Con el oleaje en la mirada", prólogo a *Al norte del infierno* de Miguel Correa. Miami: Ediciones SIBI, pp 11–13.

"Improper Context," *The Village Voice* (8 de mayo), p 3. [Contesta la reseña de J. Hoberman al film "Improper Conduct" de Néstor Alemendros y Orlando Jiménez, publicada en *The Village Voice*, (April 17, 1984); le sigue respuesta de J. Hoberman, pp 3, 33.]

"Desgarramiento y fatalidad en la poesía cubana", *Mariel* (New York), Año II, No. 6, (verano) pp 22–24. [Recogido en *Necesidad de libertad*, pp 91–100.]

"Carta abierta a Joseph Papp", *Mariel* (New York), Año II, No. 6, (verano), p 35. [Firmada por más de 80 escritores y artistas cubanos en el exilio motivados por la discriminación que sufrieron los cubanos exiliados en el Festival Latino de Nueva York.]

1985

"Martí ante el bosque encantado", *Mariel* (New York), Año 2, No. 8 (invierno), pp 4–5. [Firmado "New York, agosto de 1983", recogido en *Necesidad de libertad*, pp 56–61. Conferencia leída en el Congreso "El Caribe: Encuentro Cultural", marzo 1984, Universidad Interamericana de San Juan, Puerto Rico.]

"La última página", *Mariel* (Nueva York), Año 2, No. 8 (invierno), p 40. [Firmado por el Consejo de Editores.]

"Exhortaciones para leer a Juan Abreu", prólogo a *Libro de las exhortaciones al amor* de Juan Abreu. Madrid: Editorial Playor, pp 5–12. [Testimonio sobre vida en Cuba. También en la "Introducción" (p 17) Abreu menciona algunas obras de Arenas perdidas, otras salvadas, reescritas o memorizadas.]

"Escuchando a Enrique Labrador Ruiz", *Mariel* (Miami), Año 1, Vol. 2, p 23, sin fecha. [Reseña de *Laborador Ruiz . . . tal cual. Conversaciones con Reinaldo Sánchez*, Miami: Hispanoamerican Books, 1985.]

"Cortázar un año antes de su muerte", *Noticias de Arte*, Año X, No. 3 (marzo), p 9.

"Carta abierta a la opinión pública", *Noticias de Arte* (New York), (diciembre), p 9.

1986

"Carta abierta", *Mariel* (Miami), Año 1, Vol. 2, p 22. [Fechada "Octubre 21 de 1986". También en *La Razón* (22 de noviembre de 1986), p 5, bajo "Declaración del escritor Reynaldo (sic) Arenas".]

1987

"Meza, the Harbinger," *The Miami Reporter*, (June), Vol. 1, No 2, p 10. [Reproducido en *Noticias de Arte*, Nueva York (septiembre de 1987), p 13, como "Meza, el precursor". Breve artículo sobre Ramón Meza y en especial de su novela *Mi tío el empleado* (1887).]

"Did the Virgin Punish the Pope?," *The Miami Reporter,* Miami, (october), Vol. 1, No. 7, pp 8–9.

"Prólogo al canto de las arenas", *Noticias de Arte* (Nueva York), (septiembre), p 8. [Homenaje a Jorge Camacho, este texto aparecerá en un catálogo de Camacho para una exposición en París. Fechado en Lisboa, mayo de 1987.]

"Comentario", *Noticias de Arte* (Nueva York), (septiembre), p 16. [Breve comentario sobre *José Martí y la pintura española* de Florencio García Cisneros.]

Documentales

En sus propias palabras, documental sobre el éxodo del Mariel. Dirigido por Jorge Ulla, 1980.

Conducta impropia, documental dirigido por Néstor Almendros. Trata sobre todo de la persecución que sufren los homosexuales en Cuba, 1983.

L'altra Cuba, un film de Jorge Ulla (Carlos Franqui, Valerio Riva y Orlando Jiménez). Documental para la televisión italiana sobre Cuba, Sacis Spa R.A.I, Guede Films, 1983.

Manuscritos

Los manuscritos de Reinaldo Arenas están depositados en la Firestone Library de la Universidad de Princeton, New Jersey. La colección posee más de trescientos documentos de Arenas y sobre Arenas. Se divide en: I. Works, II. Correspondence, y III. Miscellaneous. La sección Works se subdivide en: A. Novels, B. Short Stories, C. Poetry, y D. Essays and Criticism. La siguiente es una lista parcial:

El central. Poema. (1970, mecanografiado y corregido.)

Otra vez el mar. (1966–1970), mecanografiado; falta Canto IV de 2a parte. [Primera versión de la novela.]

Otra vez el mar. (1980–81), mecanografiado; falta Canto IV de 2a parte. [Segunda versión de la novela.]

Otra vez el mar. (1980–81), mecanografiado. [Segunda versión de la novela.]

Otra vez el mar. [Tercera versión de la novela.]

Otra vez el mar. [Cuarta versión de la novela.]

Otra vez el mar. [Quinta y versión final de la novela.]

El palacio de las blanquísimas mofetas. [1966–69, primera versión de la novela.]

El palacio de las blanquísimas mofetas. [Versión publicada de la novela.]

"Comienza el desfile", copia fotostática.

"Bestial entre las flores", mecanografiado y copia fotostática.

"Con los ojos cerrados", copia fotostática.

"La vieja Rosa", copia fotostática.

"El reino de Alipio", mecanografiado.

"El hijo y la madre", mecanografiado.

"Terminó (sic) el desfile", mecanografiado.

"Traidor".

"El asalto".

"Iliada".

"Leprosorio".

"Morir en junio".

"Que trine Eva".

Arturo, la estrella más brillante, [escrito en La Habana en 1971.]

"Viaje a La Habana" (1983)

Necesidad de libertad

El portero (1984)

La loma del ángel (1984)

Entrevistas

Alomá, Orlando (1967) "Arenas antes del alba", *Cuba* (La Habana), (septiembre), Vol. 6, No. 6, p 37.

Barnet, Miguel (1967) "Celestino antes y después del alba", *La Gaceta de Cuba* (La Habana), (julio-agosto), Año 6, No. 60, p 21.

Braginsky, Florencia (1980) "Tuve que simular para sobrevivir", *Somos,* (mayo 23), pp 42-44.

Borges, Elena (1987) "Reinaldo Arenas", *Ibeamérica* (New Jersey), (junio), Año 1, No 1, pp 19-22.

Cazorla, Roberto (1987) "Reinaldo Arenas", *Heraldo,* (Colombia), (octubre 4), p 4.

Costa, Marithelm y Adelaida López (1986) "Entrevista a Reinaldo Arenas. Experimentación y tradición". *Studi de Letteratura Ispano-Americana,* Milán, 17.

Delgado, Lenolina (1983) "Las palabras son una maldición", *El Nacional* (Caracas), (julio 17), p 8.

Ette, Ottmar "entrevista con Reinaldo Arenas", *Lateinamerika-Studien,* t 22, München, Alemania, 1986.

Giesbert, Franz-Olivier (1981) "Pourquoi j'ai fui Fidel Castro," *Le Nouvel Observateur*, París, No. 880, (19–25 septiembre), pp 64–67. [Entrevista reproducida en portugués, *Jornal da Tarde* (São Paulo), (10 de marzo, 1981), pp 1–2; en español, *El Tiempo* (Bogotá), (4 de octubre, 1981), pp 1–B, última–B, y *El Universal* (Caracas), (17 de enero, 1982), pp 1, 3; en inglés, *Encounter* (Londres), Vol. 58, No. 1 (January 1982), pp 60–67; en alemán, *Der Monat*, No. 282 (enero–marzo, 1982), pp 31–41. A la versión original francesa respondió la embajada cubana en París. Ver García, Armando.]

Guzmán, Cristina (1979) "Entrevista", en *Diario de Caracas*, (sábado, 4 de agosto), pp 16–17. [Reproducida en "Apéndice", *La vieja Rosa*. Caracas: Editorial Cruz del Sur, 1980, pp 104–114.]

Mariel (1984) "Reinaldo Arenas azota a Europa", *Mariel. Revista de Literatura y Arte*, (Nueva York), Vol. 1, No. 4 (invierno), pp 7–9. [Sobre el primer viaje de Reinaldo Arenas a Europa, firmada "Nueva York, enero 20, 1984".]

McClanahan, Roger (1984) "Escape from Morro Castle," *New York Native*, 91 (June 4–17), pp 49–50.

Molinero, Rita M. (1982) "Donde no hay furia y desgarro no hay literatura", *Quimera*, 17 (marzo), pp 19–23.

Montenegro, Nivia y Jorge Olivares (1980) "Conversación con Reinaldo Arenas", *Taller literario* (University of Southern California, Los Angeles), Vol. 1, No. 2 (Fall), pp 53–67.

Morley, Mónica y Enrico Mario Santí (1983) "Reinaldo Arenas y su mundo alucinante: Una entrevista", *Hispania*, 66 (marzo), pp 114–118.

Olalquia, María Celeste (1980) "La imaginación es un juego nada más", *Papel Literario*, (Caracas), (13 de julio), p 6.

Orovio, Helio (1966) "Los desiertos y los premios", *El Caimán Barbudo*, 8 (1ro de noviembre), p 18. [Breves entrevistas con 5 ganadores de los Premios UNEAC, 1966: Nancy Morejón, José Yanes, Alberto Rocasolano, Nicolás Dorr y Reinaldo Arenas; la entrevista a Arenas la hizo Helio Orovio.]

Pina, Gérard (1984) "Reinaldo Arenas", *Magazine* (Francia, RFA, y Países Bajos), Nos. 6–7 (marzo), pp 27–29.

Roca, Ana (1981) "Charlemos con Reinaldo Arenas. Un escritor en el exilio", *Américas*, Vol. 33, No. 9 (septiembre), pp 36–38.

Rodríguez, Aleida Anselma (1981) "Reinaldo Arenas: entrevista en La Habana", *Prisma/Cabral*, Vol. 6, pp 50–59.

Rozencviag, Perla (1981) "Entrevista", *Hispamérica*, No. 28, pp 41–48.

San Agustín, Arturo (1985) "Si soy de la CIA, estoy trabajando gratis", *El periódico* (Barcelona), (viernes, 25 de enero), p 14.

Santí, Enrico Mario (1980) "Entrevista con Reinaldo Arenas", *Vuelta*, 47, pp 18–25. [Grabada en "Miami, Fl., agosto, 1980".]

Zervidón, Pedro (1981) "¿Mi profesión? . . . Prófugo", *El Repertorio* (San Juan, P.R.), (viernes, 28 de agosto), p 21.

Bibliografía crítica sobre Arenas

ABC, Sábado Cultural (1983) "Reseña de *Otra vez el mar*", (22 de enero), p VI.

Abreu, Juan (1983) "*El central.* Una aspiración suicida", *Mariel. Revista de Literatura y Arte,* año 1, No. 1, p 24.

Agosín, Marjorie (1987) "Lyrical novel by expatriated Cuban is more poetry than plot," *Christian Science Monitor,* (July 29), pp 18–19.

Aguirre, Mariano (1983) "Un tosco realismo antisocialista", *El País* (domingo, 13 de febrero), p 5. [Reseña de *Otra vez el mar.*]

Alazraki, Jaime (1985) "Muerte accidental o asesinato político?", *Texto Crítico,* Año X, 31/32 (Enero–Agosto), 110–111. [Menciona a Arenas en torno a la polémica con Ángel Rama; transcribe parte de una carta de Ángel Rama donde se queja de las acusaciones de Arenas.]

Álvarez Amell, Diana (1980) "Reinaldo Arenas, un escritor polémico", *El reportero* (San Juan, P.R.), (jueves, 20 de noviembre), p 16.

Álvarez García, Imeldo (1980) *La Novela cubana en el siglo XX.* La Habana: Editorial Letras cubanas, p 88.

Álvarez Bravo, Armando (1982) "Reseña de *El central*", *Cuadernos Hispanoamericanos,* No. 381 (marzo), pp 708–710.

Alvarez Gardeazábal, Gustavo (1985) *"Arturo, la estrella más brillante", El colombiano dominical* (12 de mayo), p 4.

Anadón, José (1983) "Entrevista a Carlos Fuentes (1980)", *Revista Iberoamericana,* Vol. 49, Nos. 123–124 (abril–septiembre), pp 621. [Referencia.]

Anhalt, Nedda G. de (1985) "Arturo", *Sábado* (unomásuno, México), (5 de octubre), p 12. [Sobre *Arturo, la estrella más brillante.*]

Arcocha, José M. (1970) "El mundo alucinante de Reynaldo (sic) Arenas", *AA,* 1, 1, 69.

Arroyo, Anita (1980) "*El mundo alucinante,* novela reveladora", en su *Narrativa hispanoamericana actual.* Río Piedras, P.R.: Editorial Universitaria (UPRED), pp 352–354.

Barral, Carlos (1983) "Presentación de *Otra vez el mar* en Madrid", (diciembre de 1982.) [Fragmento en *Unveiling Cuba* (New York), No. 3, (April), p 4.

Barreda, Pedro (1984) "Vestirse al desnudo, borrando escribirse: 'El Central' de Reinaldo Arenas, *Boletín de la Academia Puertorriqueña de la Lengua Española.* XII, 1984, pp 25–37.

Barrientos, Juan José (1985) "Nueva novela histórica hispanoamericana", *Rev. de la Univ. de México.* (septiembre), 40 (416): pp 16–24.

Beaupied, Aida M. (1984) "De lo anecdótico a lo conceptual en *El mundo alucinante* de R. Arenas", *REH-PR;* 11: 133–142.

Béjar, Eduardo C. (1985) "La textualidad de Reinaldo Arenas", DAI. Dec.; 46(6): 1641A.

Benjamin, Roger (1985) *"Farewell to the Sea," New York Native,* (December 9–15), p 36.

Borinsky, Alicia (1975) "Re-escribir y escribir: Arenas, Menard, Borges, Cervantes, Fray Servando", *Revista Iberoamericana,* Vol. XLI, Nos. 92–93, pp 605–616. Traducción inglesa en: *Diacritics* (Ithaca, New York), Vol. 4, No. 4 (1974), pp 22–28.

- (1978) "Lógicas y prelógicas. Un juego de niños", en *Ver/Ser Visto (Notas para la poética).* Barcelona: Antoni Bosch, pp 78–83.

Bovi-Guerra, Pedro (1978–79) *"El mundo alucinante:* ecos de Orlando y otros ecos", *Románica,* (New York), 15, pp 97–107.

Bruno, Eva (1983) "Helty absurda lagar pa Kuba," *Göteborgs Postem* (Lordagen, Suecia) (3 de diciembre), p 13.

Bush, Andrew (1988) "The Riddled Text: Borges and Arenas," *MLN,* Vol. 103, No 2, (March), pp 374–397.

Cabrera Infante, Guillermo (1974) *Cabrera Infante,* ed. Julián Ríos, Madrid: Editorial fragmentos.

- (1981) "What Happened in Cuba?" *London Review of Books,* Vol. 3, No. 10 (4–17 june), pp 2–8.

Camozzi, Rolando (1983) "Reseña de *El palacio de las blanquísimas mofetas", Sábado cultural de ABC* (14 de mayo), p IV.

- (1985) Reseña de *Arturo, la estrella más brillante, Sábado Cultural de ABC* (2 de marzo), p VIII.

Candelario, Andrés (1981) "Reseña de *Termina el desfile", El nuevo día,* (domingo, 25 de octubre), p 14.

Cantor, Jay (1985) "Fantasies of Escape and Love," *New York Times Book Review,* (November 24), p 31. [Sobre *Farewell to the Sea.*]

Cartano, Tony (1975) "Un réalisme investi de fantasmes." *La Quinzaine Littéraire,* París, (agosto), pp 6–8.

Casal, Lourdes (1969–1970) "La novela en Cuba 1959–1967: una introducción", *exilio,* (New York), pp 184–217.

Clavel, André (1983) "Le Baroque contre les bureaux," *Les Nouvelles,* (5–11 octobre), pp 28–29. [Entrevista a Heberto Padilla donde menciona a Arenas.]

Cobo Borda, Juan Gustavo (1982) "La literatura latinoamericana", *Lecturas dominicales de El Tiempo* (Bogotá, Colombia), (3 de enero), p 12. [Breve reseña de *Termina el desfile;* traducción inglesa: *Review,* 31, (1982), p 85.]

Coccioli, Carlo (1986) "Libertad de suicidarse", *Excelsior,* (septiembre 22), p 14. [Sobre *Necesidad de libertad.*]

Cooper, Richard A (1984) "Arthur Utters Strangled Cry of Oppressed in Cuba," *New York Tribune* (December 14), p 3.

- (1985) *"El central",* San Francisco Review of Books (May–June), p 6.

Córdova-Claure, Ted (1980) "Cuba exiliada: no todo es escoria", *El Miami Herald,* (21 de noviembre), p 7.

Correa, Miguel (1987) *Necesidad de libertad", Mariel* (Miami) (sin fecha), Año 1, Vol. 2, p 23. [Reseña de *Necesidad de libertad.*]

Costa, Margaret Jill, tr. (1984) "Reinaldo Arenas: A Poet in Cuba," *Granta,* No. 14 (Winter), pp 197–208.

Couffon, Claude (1969) "Reinaldo Arenas: un contestataire cubain," *Le Monde des Livres* (22 mars), p 6.

Chávez, José (1986) "Periodista mexicano enjuicia a Arenas", *Ahora,* (Union City, N.J.), (enero 21), p 13.

Chávez Vázquez, Gloria (1986) "Reinaldo Arenas: Salí de Cuba para poder seguir siendo humano", *Kanora. Arte y literatura.* No. 8 (abril), pp 7–11.

De Cortanze, Gérard (1985) "L'Horreur de la Prison," *Le Magazine Littéraire* (juin), p 47.

De Curtis, Anthony (1985) *"Farewell to the Sea" Saturday Review* (November/December), p 7.

Deredita, John (1975) "Vanguardia, ideología, mito: en torno a la novelística reciente en Cuba", *Revista Iberoamericana,* Vol. 41, Nos. 92–93, p 617–625.

Desnoes, Edmundo (1981) ed. *Los dispositivos en la flor. Cuba: Literatura desde la revolución.* Hanover, N.H.: Ediciones del Norte, p 192.

Diccionario de la literatura cubana (1980) Ed. Instituto de Literatura y Lingüística de Ciencias de Cuba. La Habana: Editorial Letras Cubanas, I, p 70.

Diego, Eliseo (1967) "Sobre *Celestino antes del alba", Revista Casa de las Américas,* (Año 7, No. 45, p 162–166.

Dlugos, Jim (1985) "The Collective Smile, the Solitary 'No'," *Poetry Project,* Issue 112 (March), s.p.

Domingo, Xavier (1982) "Cuba exporta terror", *Cambio 16,* No. 538 (22 de marzo), pp 96–97.

Donoso, José (1983) *Historia personal del boom.* 2a ed. Barcelona: Seix Barral, pp 145, 149, 150, 155.

Edwards, Jorge (1984) "Una historia de nuestra época". *Noticias de Arte,* Año X, Números 9–10, (septiembre–octubre), p 11.

Elorriaga, Elena (1985–86) "Escritura y repetición: *El mundo alucinante", Plaza,* 9–10 (Autumn–Spring), pp 48–56.

Ellis, Edwin E. (1984) "Reinaldo Arenas and his act of fury. A Writer in Exile Documents Repression in *El central", New York Advocate,* 398 (July 10), pp 38–40.

- (1986) "Reinaldo Arenas", en *Kritisches Lexikon zur fremdsprachigen Gegenwartsliteratur.* Ed. Heinz Ludwig Arnold, Munich: Edition text + kritik.

Fell, Claude (1978) "Un neobarroco del desequilibrio: *El mundo alucinante* de Reinaldo Arenas", En *XVII Congreso del Instituto Internacional de Literatura Iberoamericana*. Madrid: Ediciones Cultura Hispánica del Centro Iberoamericano de Cooperación, Universidad Complutense de Madrid, vol. I, pp 725-731.

Fernández Guerra, Ángel Luis (1971) "Recurrencias obsesivas y variantes alucinatorias en la obra de Reinaldo Arenas", *Caravelle. Cahiers du Monde Hispanique et Luso-Brésilien*, 16, pp 133-138.

Fernández Moreno, César (1982) ed. *América Latina en su literatura*. México: Siglo XXI Editores, pp 162, 415, 436. [Traducción inglesa en *Latin America in its Literature*, ed. CFM and Julio Ortega. New York: Holmes and Meier, 1980, pp 111, 315.]

Fix, Janet y Andrés Gyllenheal (1980) "Llegan 400 dementes y convictos en el América", *El Miami Herald* (lunes, 12 de mayo), pp 1, 8. [Nombre de Arenas aparece en lista de p 8, la columna.]

Fleites, Alex (1986) "¿Quiénes fabrican escritores?", *El Caimán Barbudo* (La Habana), (septiembre) pp 2-3 y 28.

Foster, David William (1985) "Critical Monographs, Dissertations and Critical Essays about Reinaldo Arenas", *Cuban Literature: A Research Guide*. New York: Garland Publishing, pp 89-91.

Freixas, Ramón (1985) "Homosexuales en Cuba en busca de la libertad", *La Gaceta del libro*, 18 (la quincena de marzo), p 1.

El nuevo día "Fustiga a García Márquez", (1982) (viernes, 26 de marzo), p 30.

García, Armando (1982) "Une lettre de l'ambassade de Cuba," *Le Nouvel Observateur*, 912 (30 de abril-7 de mayo), pp 27, 32. [Protesta entrevista de Arenas con F.-O. Giesbert, en *Le Nouvel Observateur*, seguido por contrarréplica de Arenas, p 33.]

García, María C. (1983) "Escritores del Mariel transitan del silencio a la notoriedad", *El Miami Herald* (domingo, 21 de agosto), p 1.

- (1983) "Writers Part those Veils of Silence," *The Miami Herald* (August 21), G-1, 6. [Versión inglesa de la entrada anterior.]

García Robles, Hugo (1980) "Reseña de *La vieja Rosa*", *Papel Literario* (Caracas), (6 de julio), p 6.

Gellerfelt, Mats (1983) "Vill Palme och Schori inte veta Sanningen?" *Svenska Dagbladet*, (Estocolmo) (4 de diciembre), p 12. [Reportaje de visita a Suecia.]

Giacoman, Helmy F., Pedro Yanes y José Ramón de la Torre, (1979) ed. *Perspectivas de nueva narrativa hispanoamericana*. Río Piedras, P.R.,: Ediciones Puente, passim.

Gnutzmann-Borris, Rita (1983) "Reseña de *El palacio de las blanquísimas mofetas*", *Mundáiz*, 25 (enero-junio), pp 119-120.

González, Eduardo G. (1975) "A razón de santo: Ultimos lances de Fray Servando", *Revista Iberoamericana*, Vol. XLI, Nos. 92-93, pp 593-603.

González Mandri, Flora María (1982) "An Antithetical Mode of Interpretation in Borges, Donoso and Arenas". Diss. Yale University. 255 pp.

- (1984) "Repetición y escritura en la obra de Reinaldo Arenas", en *Historia y ficción en la narrativa hispanoamericana. Coloquio de Yale,* ed. Roberto González Echevarría. Caracas: Monte Ávila, pp 395–408.

González, Magda (1983) "Realizado el domingo con gran éxito el Festival de las Artes", *Diario Las Américas* (23 de agosto), p B-1.

González Echevarría, Roberto (1983) "El reino de este mundo alucinante: era imaginaria de Fray Servando", En su *Isla a su vuelo fugitiva.* Madrid: José Porrúa Turanzas, pp 253–257.

Gordon, Ambrose Jr. (1973) "Rippling Ribaldry and Pouncing Puns: The Two Lives of Fray Servando," *Review,* 8 (Spring), pp 40–44.

Goytisolo, Juan (1985) "La libertad viva de hoy, la imaginaria de mañana", *El País. Libros,* (domingo 13 de enero) p 14. [También en *Noticias de Arte,* enero, 1985, p 6.]

Greenfield, Charles (1982) "First Victims," *Miami Magazine* (April) pp 66–67. [Traducción al español: *Miami mensual* (marzo 1983), pp 76–78, 80.]

Guángara libertaria (1988) *"La loma del ángel",* Vol. 9, No 33, (invierno), p 28.

Hagstrom, Suzy (1987) "One child's savage singing," *Orlando Sentinel,* (September 27), p 6.

"Hallucinations." (1973), *Review* 8 (Spring), p 39. [Reseña de la traducción inglesa de *El mundo alucinante* de Gordon Brotherston.]

Hernández-Miyares, Julio (1982) "Apuntes sobre *La vieja Rosa:* una noveleta de Reinaldo Arenas", *Círculo: Revista de Cultura,* 11, pp 7–14.

Jara, René (1979) "Aspectos de la intertextualidad en *El mundo alucinante",* *Texto crítico,* Año 5, No. 13 (abril–junio), pp 219–235.

Jaramillo, Diana (1986) *"Otra vez el mar",* *The North Hudson Reporter* (April 10), p 11.

- (1986) "Declaraciones de Reinaldo Arenas", *The North Hudson Reporter,* (Noviembre 16), p 10.

Jaramillo Agudelo, Diego (1981) *"El central",* *El Tiempo* (Bogotá), (18 de noviembre), p 10-D.

Jarik, Phyllis (1986) *"Farewell* takes poetic look at Cuba," *The Chicago Tribune,* (January 26).

Jiménez, Félix (1985) "El mar hecho Arenas", *El nuevo día* (24 de noviembre), p 10.

Jiménez, Maritza (1980) "Notas para un inventario (I)", *El Universal* (Caracas), (domingo, 7 de diciembre), pp 3–4.

Jiménez Emán, Gabriel (1981) "La transgresión imaginaria", *Quimera,* No. 9–10 (julio–agosto), pp 70–74.

Kapcia, Antoni (1979) "La novela Cubana a partir de 1959: ¿Revolución literaria o literatura revolucionaria?" *Cuadernos Americanos,* 225, pp 33–45.

Kerr, Roy A. (1986) " 'Farewell' is as troubled as the Cuba it condemns," *Orlando Sentinel*, (January 19), p V.

Kiadó, Akademira (1976) "*El mundo alucinante*, la historia como posibilidad", *Actas del Simposio Internacional de Estudios Hispánicos*, Budapest, Hungría, (18–19 de agosto), pp 501–504.

Koch, Dolores M. (1983–84) "Reseña de *Termina el desfile*", *Explicación de textos literarios*, Vol. XII, No. 1, pp 88–90.

L.L.S. (1980) "Reinaldo Arenas, al otro lado del mar", *El Diario de Caracas*, Año 2, No. 373 (jueves 17 de julio), p 32.

La Croix (1983) "*La Plantation:* Amour-haine," Québec, (domingo, 19 de junio), p 11.

La prensa literaria (1981) "Nueva dimensión del exilio cubano", (sábado, 19 de diciembre), p 7.

La región (1983) "Reseña de *Otra vez el mar*", Orense, (viernes, 18 de febrero), p 31.

La voz (1985) "Publican novela de Reinaldo Arenas en New York y Londres", New Jersey, (3 de abril), p 18.

Lacouture, Reginald (1970) Texto en la solapa de *El mundo alucinante*, Buenos Aires: Tiempo Contemporáneo.

Lane, Helen R. (1971) "*Hallucinations*," *New York Times Book Review*, (August 29), p 4.

Le Figaro (1975) "Arenas disparu", París, (abril), p 6. También en *Necesidad de libertad*, 149.

Ledezma, Enrique (1980) "La insoportable verdad de Reinaldo (sic) Arenas", *El Universal*, (domingo 27 de julio), p 1.

Levine, Barry (1981) "Taking Cuban Leave," *Of Human Rights*, (Washington, D.C.), Vol. 4, No. 1 (Winter), pp 15–16. [Reproduce artículo de *Worldview* (New York), Vol. 23, No. 91 (September 1980), pp 16–17.]

Lezama Lima, José (1978) décima "(Para Reinaldo Arenas)" en *Fragmentos a su imán*. Barcelona: Editorial Lumen, pp 46–47.

- (1979) *Cartas (1939–1976)*, ed. Eloísa Lezama Lima. Madrid: Editorial Orígenes, S.A., pp 224 y 231.

Libertella, Héctor (1977) "Reynaldo (sic) Arenas: *El mundo alucinante*," en *Nueva escritura en Latinoamérica*. Caracas: Monte Ávila, pp 89–93.

Lindon, Mathieu (1985) "*La Plantation*," *Le Nouvel Observateur* (22 de avril), p 6.

- (1985) "Arturo dans l'Arenas," *Libération* (jeudi, 13 juin), p 34.

Lire (1985) "Arturo", (juillet), pp 140–141.

Liscano, Juan (1980) "Bibliográficas", *Zona Franca* (Caracas), (agosto), p 67.

MacAdam, Alfred J. (1982) "La vocación literaria en Arenas", *Linden Lane Magazine*, Vol. 1, No. 4 (octubre–diciembre), pp 9–10.

Machover, Jacobo (1987) "La fureur du poéte emprisonné," *Magazine Littéraire*, (París), (octubre), pp 81–82. [Reseña de *Otra vez el mar*.]

Manrique, Jaime (1984) "Notes from the Earth," *New York Native*, 91 (June 4–17), p 49. [Reseña de la traducción de *El central* al inglés.]

Maratos, Daniel C. and Marnesba D. Hill (1986) *Escritores de la diáspora cubana. Manual Biobibliográfico. Cuban Exile Writers. A Biobibliographic Handbook*. Metuchen, N.J., & London: The Scarecrow Press, pp 4, 5, 7, 12, 45–47.

Marsh, Steven P. (1986) "A Farewell to Tyranny," *The Record*, (February 28), pp A–18, A–21.

Martínez, Guillermo (1981) "Refugee Writers Stage Own Revolution," *The Miami Herald* (viernes 6 de febrero), pp 1–C, 3–C. [Traducción española: "Nueva ola de autores cubanos", *El Miami Herald* (6 de febrero), pp 1, 3.]

Martínez Herrera, Alberto (1983) "La generación literaria del Mariel", *El Miami Herald*, (junio 15), p 6.

Martínez Márquez, Guillermo (1981) "Reinaldo Arenas en su nuevo mundo alucinante", *Diario Las Américas*, (14 de abril), p 3.

McCol, R. Bruce (1981) "Cuban Intellectual Dissidents," *Freedom at Issue*, 63 (noviembre–diciembre), pp 34–35.

McDowell, Edwin (1988) "Boom in U.S. for Latin Writers," *The New York Times*, (Monday, January 4), p C13.

Méndez Rodenas, Adriana (1983) *"El palacio de las blanquísimas mofetas:* ¿narración historiográfica o narración imaginaria?" *Revista de la Universidad de México*, Vol. 39, No. 27 (julio), pp 14–21.

Méndez y Soto, E (1977) *Panorama de la novela cubana (1959–70)*. Miami: Ediciones Universal, pp 205, 221–223, 240.

Menton, Seymour (1975) *Prose Fiction of the Cuban Revolution*. Austin y Londres: University of Texas Press, pp 43, 99–104, 173, 196, 274, 275. [Traducción española: *Narrativa de la revolución cubana*. México: Plaza y Janés, 1982.]

- (1984) "La crítica alucinante de *El mundo alucinante*", *El café literario*, 38, abril/junio.

Miaja de García, María Teresa (1977) "Lo verosímil y lo inverosímil en *El mundo alucinante*". Tesis. Centro de Estudios Lingüísticos y Literarios, El Colegio de México.

- (1977) "El discurso histórico y el literario en *El mundo alucinante* de Reinaldo Arenas". Blanca Elvia Mora Sánchez, et al. *Deslindes literarios*. México: El Colegio de México, pp 107–124.

- (1980) "Reynaldo (sic) Arenas en México," *Sábado* (México), (16 de agosto), p 22.

Miranda, Julio E. (1971) *Nueva literatura cubana*. Madrid: Taurus Ediciones, p 98.

Montané, Diana (1988) "Disappearing genius," *The Miami News*, Miami, (January 20), pp 1B–2B.

Montaner, Carlos Alberto (1983) "Respuesta a Mariano Aguirre", *El país*, Madrid, (febrero 27), p 6. [Ver Aguirre, Mariano "Un tosco realismo antisocialista".]

Muller, Helen G. (1984) "El homosexualismo en tres obras de Reinaldo Arenas". Tesis. Universidad de Utrecht, Holanda. [Sobre *Celestino antes del alba, El mundo alucinante* y *Termina el desfile*".]

Mutter, John (1983) "Cuban Emigré Writers Protest Anthology," *Publishers Weekly*, Vol. 223, No. 17 (April 29), p 15.

Navarro, Vítor M. (1981) "Cuba desde otro lado", *La Onda* (México), No 3 (Domingo 18 de octubre), p 3.

Nieves Colón, Myrna (1978) "Un acercamiento a *El mundo alucinante*", *Lugar sin límite*, 1, pp 40–45.

Niurka, Norma (1980) "Escritor Reinaldo Arenas llega por puente marítimo", *El Miami Herald* (10 de mayo), p 7.

- (1981) "Arenas va al rescate de los recuerdos", *El Miami Herald,* (13 de noviembre), pp 11–12.

Noticias de Arte (1985), New York, (abril) p 11. [Comentarios sobre *Arturo, la estrella más brillante* tomados de diarios españoles.]

Novedades (1981) "Cuba es una dictadura científica", (México) (Sábado, 19 de Septiembre), p 3.

Olivares, Jorge (1985) "Carnival and the Novel: Reinaldo Arenas *El palacio de las blanquísimas mofetas*", *HR.* (Autumn), 53 (4), pp 467–476.

Orgallez, Oscar R (1985) "Reinaldo Arenas, hasta los ciegos leen las obras de este joven escritor", *Hombre de mundo,* (Lima), Año 2, No. 8 (agosto), p 63.

Ortega, Julio (1973) "*El mundo alucinante* de Reinaldo Arenas", en su *Relato de la utopía: Notas sobre la narrativa cubana de la revolución*. Barcelona: La Gaya Ciencia, pp 217–226. [Traducción: "The Dazzling World of Fray Servando", tr. Tom J. Lewis, *Review*, Vol. 8, No. 73 (Spring, 1973), pp 45–48. También en *Imagen,* Caracas, (1971), Vol. 1, No. 18, 2do cuerpo, (octubre), pp 3, 16–23, y *Revista de la Universidad de México*, 26, 4 (1971), 25–27.]

Oviedo, José Miguel (1983) "Reinaldo Arenas, *Termina el desfile*", *Vuelta,* Vol 7, No. 74, (enero), pp 43–46.

- (1985) "Laughing is a Serious Matter," *Review: Latin American Literature and Arts*, 35 (July–December) pp 7–9.

Pagni, Andrea (1986) "Literatur und Revolution in der kubanischen Narrativik seit 1960: Alejo Carpentier und Reinaldo Arenas." En Wolfgang Binder ed., *Entwicklungen im karibischen Raum 1960–1985.* Erlangen: Universitätsverlag.

Parent, Ana María (1976) "El niño narrador en la literatura hispanoamericana del siglo XX". Tesis. University of Illinois, Urbana.

Philipson, Lorrin (1982) "Cuba's Literary Migration", *Worldview*, Vol. 25, No. 3 (March), pp 4–7.

- (1984) "Cuban Picaresque," *Marquee* (Miami), Vol. 4, No. 4 (April), pp 32–37.

Pizzi, Carlos (1981) "Amenazan de muerte a disidentes cubanos", *El Diario-La Prensa* (New York), (17 de noviembre), p 11.

Poirié, François (1985) "Arturo", *Art Press* (jullet-aôut), p 46.

Pont, Jaume (1986) Prólogo sin título a *Termina el desfile*, Barcelona: Plaza & Janés Editores, S.A.

Rama, Ángel (1980) "Reinaldo Arenas al ostracismo", *El Universal*, Caracas, (domingo, 20 de julio), 4to cuerpo, pp 1, 2. [Reproducido en *Vigencia* (Buenos Aires) (mayo, 1981), pp 84–87; y en *Eco* XXXVIII/3 (231) (Bogotá), No. 3 (enero 1981), pp 332–336.]

- (1981) ed. *Novísimos narradores hispanoamericanos en marcha 1964–1980*. México: Marcha Editores, pp 19, 155. [Reproducido en "Los contestatarios del poder", *Quimera*, Barcelona, No. 9 (julio–Agosto, 1981), pp 44–52; y No. 10 (septiembre–octubre, 1981.]

Rangel, Carlos (1980) "Arenas, Quevedo", *El Universal* (Caracas), (28 de julio), p 4–1.

Remos, Ariel (1983) "Testimonio contra Cuba roja", *Diario Las Américas* (26 de agosto), p 3–B.

Riccio, Alessandra (1981) "Il romanzo di Fray Servando nello specchio della storia." En *Storia di una iniquitá. Sulle tracce della letteratura ispanoamericana.* Ed. Pier Luigi Crovetto. Génova: Tilgher, pp 147–162.

Rinaldi, Angelo (1975) "Arenas: un pamphlet-oratorio", *L'Express*, No. 1252 (7–13 de julio), pp 53–54. [Reseña de *El palacio de las blanquísimas mofetas*.]

Ripoll, Carlos (1980) "La herejía de las palabras en Cuba", *El Universal* (Caracas), (sábado, 1ro de marzo), p 6.

Rivera, Carlos (1975) "Tres escrituras: *Cobra, El mundo alucinante,* y *Sebregondi retrocede*", *Romántica*, 12, pp 55–62.

Rivera, Francisco (1980) "Reinaldo Arenas, narrador alucinante", *El Universal* (Caracas), (20 de julio), pp 4–1, 2.

Rodríguez, Alicia (1987) "Literatura y sociedad: Tres novelas de Reinaldo Arenas, *Celestino antes del alba, El palacio de las blanquísimas mofetas* y *Otra vez el mar*". Diss., (Diciembre) University of Florida, Gainesville, Fl.

Rodríguez Monegal, Emir (1972) *El boom de la novela latinoamericana*. Caracas: Editorial Tiempo Nuevo, pp 85, 94, 99–100.

- (1974) *Narradores de esta América*. Buenos Aires: Editorial Alfa Argentina, II, passim.

- (1975) "La nueva novela vista desde Cuba", *Revista Iberoamericana*, 92–93, pp 647–662.

- (1977) con T. Colchie, ed. *The Borzoi Anthology of Latin American Literature.* New York: Alfred A. Knopf, II, pp 977–978.

- (1980) "The Labyrinthine World of Reinaldo Arenas," *Latin American Literary Review,* Vol. VIII, No. 16 (Spring–Summer), pp 126–131.

- (1981) "*Celestino antes del alba* de Reinaldo Arenas", *Vuelta,* 53, pp 33–34.

Rodríguez Ortiz, Oscar (1978) "*El mundo alucinante:* la leyenda negra como pretexto", *Tiempo Real* (Caracas), 8 (noviembre), pp 81–88.

- (1980) "Reinaldo Arenas: la textualidad del yo (a propósito de *El mundo alucinante*)". En *Sobre narradores y héroes. A propósito de Arenas, Scorza y Adoum.* Caracas: Monte Ávila Editores, pp 17–73.

- (1981) "Reinaldo Arenas después del alba", *Escandalar,* Vol. 4, No. 1 (enero–marzo), pp 74–75.

Rosete, Hada (1986) "Reinaldo Arenas recibe premio periodístico", *Noticias del mundo,* (octubre 28), p 6.

Rozencvaig, Perla (1982) "Reseña de *El palacio de las blanquísimas mofetas*", *Revista Iberoamericana,* Vol. 48, Nos. 118–119, pp 453–454.

- (1983) "The fictionalization of history in three novels of Reinaldo Arenas." Diss. Columbia University, New York. 190 pp. [DAI, 1986 Sept.; 47(3): 923A–924A. Sobre *El mundo alucinante; El palacio de las blanquísimas mofetas; Celestino antes del alba.*]

- (1986) *Reinaldo Arenas: Narrativa de transgresión.* México: Editorial Oasis.

Ruffinelli, Jorge (1985) "La carrera del crítico de fondo", *Texto Crítico,* Año X, Nos 31/32 (enero–agosto) p 21. [En torno a la polémica con Rama.]

Ruiz, Raúl (1985) "Un lugar habitado por elefantes regios", *El correo catalán* (17 enero), p 20. [Sobre *Arturo, la estrella más brillante.*]

Sánchez Boudy, José (1980) "Reinaldo Arenas, o la dignidad intelectual", *Diario Las Américas,* (11 de julio), p 5.

Sánchez-Grey Alba, Esther (1982) "Un acercamiento a *Celestino antes del alba*", *Círculo-Revista de Cultura,* 10, pp 15–24.

Santí, Enrico Mario (1983) "Otra vez sobre el mar", *Mariel* (Miami), (verano) Año 1, No. 2, p 29.

- (1984) "The Life and Times of Reinaldo Arenas," *Michigan Quarterly Review,* Vol. XXIII, No. 2 (Spring), pp 227–236.

Sarduy, Severo (1983) "Carta privada a Reinaldo Arenas", *Unveiling Cuba,* No 3, (April), p 4.

- (1985) "Escrito sobre Arenas", *Revista de la Universidad de México,* p 16. [También en *Noticias de Arte* (New York), (abril de 1985), p 11.]

- (1985, mai-juin) "Une étoile est née," 27, rue Jacob, No. 254, p 10. [Sobre *Arturo, la estrella más brillante.*]

Schickel, Richard (1984) "Enemies of the State," *Time Magazine* (August 6), p 64.

Schwartz, Alan (1971) "A Cuban Romance," *Book World*, (September 5), p 8. [Sobre *Hallucinations.*]

Schwartz, Kessel (1972) "Social and Aesthetic Concerns of the Twentieth Century Cuban Novel," *Revista de estudios hispánicos*, 6, pp 19–35.

- (1984) "Homosexuality and the Fiction of Reinaldo Arenas," *Journal of Evolutionary Psychology*, (marzo), 5 (1–2), pp 12–20.

Shaw, Donald L. (1981) "Reynaldo (sic) Arenas," en su *Nueva narrativa hispanoamericana*. Madrid: Ediciones Cátedra, pp 179–182.

Simmons, Marline (1980) "Letter from Cuba," *The Washington Post* (12 de mayo), p 15.

Sklodowska, Elzbieta (1984) "Historia y ficción: *El mundo alucinante* de Reinaldo Arenas", *El café literario*, 36, pp 5–8.

Soriano, Leonardo (1981) "El pescador de gorriones", *El nuevo día*, Vol. 1, No. 2 (domingo, 25 de octubre), pp 14–16.

Souza, Raymond D. (1986) "Exile in the Cuban Literary Experience," pp 4–5. Ver bajo Maratos, Daniel C. *Escritores de la diáspora cubana* . . .

Stewart, Janet Louise Becwith (1980) "The concept of 'lyrical novel' as seen in three Spanish American novels." *DAI*, 40, 4071A.

Tamargo, Maribel (1978) "*Celestino antes del alba:* el lenguaje infantil y la violencia". en *Hispanic Literatures*, ed. J. Cruz-Mendizábal. Indiana, Pa.: Indiana University of Pennsylvania, pp 89–96.

Tifft, Susan (1983) "Working Hard Against an Image," *Time Magazine* (September 12), pp 24–25. [Sobre Festival de las Artes, Miami, Agosto, 1983, mención de Arenas.]

Tobin, Patricia (1976) "The Author as Escape Artist," *Review*, 19, pp 86–87. [Reseña de *Hallucinations.*]

Valero, Roberto (1983) "Novelas de la tiranía", *Término* (Cincinnati, Ohio), Vol. 1, No. 3 (Primavera), p 18. [Fragmento de reseña sobre *Otra vez el mar.*]

- (1985) "Nélson, la estrella más brillante," *El Universal* (Caracas), (7 de julio), p 14.

- (1988) "Humor y desolación en la obra de Reinaldo Arenas". Tesis doctoral. Georgetown University, Washington D.C., (Mayo), 381 pp.

Velázquez, Jaime G. (1981) "Vida de muertos *[El palacio de las blanquísimas mofetas]*". *Revista de la Universidad de México*, 36, 4, pp 47–48.

Vesterman, William (1973) "Going No Place with Arenas," *Review*, 8 (Spring), pp 49–51. [Sobre *Hallucinations.*]

Victoria, Carlos (1986) "Arturo o el desquite de la imaginación", *Mariel*, Miami, Año 1, Vol. 1, p 23. [Reseña de *Arturo, la estrella más brillante*.]

Villaverde, Fernando (1981) "El furioso desfile de Reinaldo Arenas", *Miami Herald*, agosto 8. [Sobre *Termina el desfile*.]

- (1985) "Un relato que parece escrito de un solo aliento", *El Miami Herald* (domingo, 10 de marzo), p 17.

- (1983) "Pugna entre tres escritores en el exilio", *El Miami Herald*, (10 de abril), pp 1, 9. [Seguido de "¿Quiénes son los tres escritores?," p 9; incluye comentarios sobre Heberto Padilla y Belkis Cuza Malé.]

- (1983) "El deseo cumplido de Reinaldo Arenas", *El Miami Herald*, (Domingo, 1º de mayo), p 21.

- (1984) "Revistas bilingües y un *Central* en inglés", *El Miami Herald*, (8 de abril), p 15.

- (1985) "Editores de *Mariel* polemizan con colega", *El Miami Herald*, (3 de febrero), pp 1, 4.

- (1986) "Las sorpresas que trae abril", *El Miami Herald*, (13 de abril), p 21.

Volek, Emil (1985) "La carnavalización y la alegoría en *El mundo alucinante* de Reinaldo Arenas". *Revista Iberoamericana*, Vol 51, Números 130–131, (enero–junio), pp 125–148.

Waller, Claudia Joan (1972) "Reynaldo (sic) Arenas *El mundo alucinante*: Aesthetic and Thematic Focal Points," *Kentucky Romance Quarterly*, 19, pp 41–50.

Williams, Lorna V. (1978) "*El mundo alucinante*: la historia como posibilidad". En *Actas del simposio internacional de estudios hispánicos*, (18–19 agosto de 1976, Budapest), ed. Mátyas Horányi. Budapest: Akadémiai Kiad, pp 501–504.

Wood, Michael (1986) "Broken Blossoms," *The New York Review of Books, Vol. 33, No. 5 (March 27)*, pp 34, 37.

Zaldívar, Gladys (1977) "La metáfora de la historia en *El mundo alucinante*", en *Novelística cubana de los años 60*. Miami: Ediciones Universal, pp 41–71

Enrico Mario Santí
Georgetown University

Roberto Valero
The George Washington University

LOS AUTORES

Emir Rodríguez Monegal (1921–1985). Nació en Melo, Uruguay donde enseñó literatura inglesa en el Instituto de Profesores de Montevideo de 1952 a 1959. En 1965 ocupó el cargo de director de la revista literaria francesa *Mundo nuevo*. Fue profesor de literatura hispanoamericana en la Universidad de Yale (New Haven, Conn.) desde 1965 hasta 1985. Autor de innumerables estudios críticos y colaborador asiduo de dos importantes publicaciones uruguayas, *Marcha* y *Número* de la cual fue cofundador. Entre su extensa obra figuran: *Literatura uruguaya de medio siglo* (1966), *El desterrado, vida y obra de Horacio Quiroga* (1968), *Narradores de esta América* (1969), *El boom de la novela latinoamericana* (1972), *El arte de narrar* (1977) y *Pablo Neruda* (1980). [Rodríguez Monegal les entregó a los editores del presente volumen el trabajo que de él se incluye en 1985.]

Severo Sarduy nació en Camagüey, Cuba, en 1937. Desde 1970 reside en París. Su novelística se inserta dentro de lo que ha sido denominado por la crítica como el neobarroco hispanoamericano. Ha publicado las siguientes novelas: *Gestos* (1963), *De dónde son los cantantes* (1967), *Cobra* (1973), *Maitreya* (1978) y *Colibrí* (1984). También es poeta, ensayista, crítico de arte y trabaja como libretista para la radiotelevisión francesa.

Kessel Schwartz es actualmente profesor de literatura española e hispanoamericana de la Universidad de Miami (EE.UU.). Ha publicado artículos y ensayos sobre literatura contemporánea y entre sus libros se destacan *A New History of Spanish American Fiction* y *Studies on Twentieth Century Spanish and Spanish American Literature*.

Enrico Mario Santí nació en Santiago de Cuba. Es profesor de literatura hispanoamericana en la Universidad de Georgetown (Washington D.C., EE.UU.) Ha publicado artículos sobre literatura de Hispanoamérica y los siguientes libros: *Pablo Neruda: The Poetics of Prophecy* (1982), *The Emergence of Cuban Identity* (1987) y *Escritura y tradición: textos, crítica y poética en la literatura hispanoamericana* (1988). Actualmente prepara *Rights of poetry: An Intelectual Biography of Octavio Paz*.

Elio Alba Bufill nació en Cuba. Es profesor de literatura hispanoamericana en Kingsborough C. College, The City University of New York (EE.UU.) y editor de *Círculo: Revista de Cultura*. Es autor de *Enrique José Varona. Crítica y creación literaria* (1976), *Conciencia y Quimera* (1985), y *Enrique Labrador Ruiz: precursor marginado* (1987).

Myron I. Lichtblau nació en New York, EE.UU. Es profesor de literatura hispanoamericana en la Universidad de Syracuse, (EE.UU). Entre sus libros más importantes figuran *The Argentine Novel in the Nineteenth Century* y *El Arte estilístico de Eduardo Mallea y Manuel Gálvez*.

William L. Siemens nació en los Estados Unidos. Es profesor de literatura hispánica en la Universidad de Oklahoma (EE.UU.) Entre sus libros se encuentran *Los juglares de Tulúa*, y *The Hero in the Modern Spanish American Novel*. Actualmente prepara un libro sobre la obra de Guillermo Cabrera Infante.

Nivia Montenegro es profesora de español en Pomona College, California (EE.UU). Sus publicaciones versan sobre la narrativa contemporánea, en particular sobre Julio Cortázar, Juan Marsé, Gabriel Miró, Ernesto Sábato y Mario Vargas Llosa.

Adriana Méndez Rodenas nació en Cuba. Enseña literatura hispanoamericana en la Universidad de Iowa (EE.UU). Ha publicado artículos sobre la narrativa cubana de la revolución, teoría literaria y literatura femenina. Es autora de *Severo Sarduy: el neobarroco de la transgresión* (1983). Actualmente desarrolla una investigación sobre los relatos de viajeras en el siglo XIX.

Esther Mocega González nació en Las Villas, Cuba. Es profesora de literatura hispanoamericana en la Northern Illinois University (EE.UU). Ha publicado varios libros y ensayos sobre escritores hispanoamericanos, entre los que se destacan sus trabajos sobre Alejo Carpentier, Julio Cortázar y Juan Rulfo.

Flora González nació en Cuba. Es profesora de literatura hispanoamericana en Emerson College, Illinois (EE.UU.). Ha publicado ensayos sobre Reinaldo Arenas, Jorge Luis Borges y Carlos Fuentes. Tiene en preparación un extenso trabajo sobre la representación dramática en la obra de José Donoso.

Roberto Valero nació en Matanzas, Cuba. Poeta y narrador. Ha publicado los poemarios *Desde un oscuro ángulo* (1982), *En fin, la noche* (1984) y *Dharma* (1985). Ejerce la docencia en la Universidad de George Washington (Washington D.C., EE.UU.). Tiene en preparación un libro sobre el humor y la desolación en la obra de Reinaldo Arenas.

Jorge Olivares es profesor de español en Colby College, Maine (EE.UU.). Es autor de *La novela decadente en Venezuela* (1984) y de artículos sobre el modernismo y la narrativa contemporánea hispanoamericana. Tiene en preparación un libro sobre la prosa autoconsciente en Hispanoamérica.

Alberto Gutiérrez de la Solana nació en la Habana, Cuba. Es profesor de literatura hispanoamericana de New York University (EE.UU.). Ha publicado estudios críticos en revistas especializadas y es autor de los siguientes libros: *Maneras de narrar: Contraste de Lino Novás Calvo y Alfonso Hernández Catá* (1972), *Rubén Darío: Prosa y Poesía* (1978), *Investigación y crítica literaria y lingüística cubana* (1978), *Festschrift José Cid Pérez* (1981) (coautor), y *José Martí ante la crítica actual*, (coautor).

Dolores M. Koch nació en Cuba. Ha publicado artículos sobre literatura hispanoamericana entre los que se destacan sus ensayos sobre Jorge Luis Borges y José Lezama Lima, y sus trabajos sobre los micro-relatos de Juan José Arreola, Augusto Monterroso y Julio Torri. Además de enseñar literatura hispanoamericana en distintas universidades de los Estados Unidos, ha llevado a cabo una extensa y valiosa labor editorial.

Walter Rela nació en Montevideo, Uruguay. Es Director del Departamento de Investigación y Estudios Superiores de Letras Americanas, de la Universidad Católica del Uruguay. Ha sido conferenciante y profesor visitante en muchas de las más distinguidas universidades de EE.UU. Ha publicado extensamente sobre literatura gauchesca, teatro uruguayo, Florencio Sánchez y una extensa serie de trabajos bibliográficos.

Elzbieta Sklodowska nació en Polonia. Es profesora de literatura hispanoamericana en la Universidad de Varsovia. Obtuvo su Doctorado en Filosofía en Washington University (EE.UU.). Ha colaborado en muchas revistas especializadas de Europa, Hispanoamérica y los Estados Unidos con trabajos sobre la narrativa actual.

Raymond D. Souza nació en EE.UU. Es profesor de literatura hispanoamericana de la Universidad de Kansas, donde fue por muchos años Jefe del Departamento de Español y Portugués. Es autor de muchos estudios y artículos sobre narrativa y poesía hispanoamericana. Entre sus publicaciones más importantes se encuentran: *Major Cuban Novelists: Innovation and Tradition* (1976), *Lino Novás Calvo* (1981) y *The Poetic fiction of José Lezama Lima* (1983).

Oscar Fernández de la Vega nació en la Habana. Ha sido Profesor de literatura española e hispanoamericana en Hunter College hasta 1984, año en que se jubiló como Profesor Emérito de The City University of New York. Poeta, ensayista conferenciante y publicitario, produjo varios libros de texto y folletos de divulgación cultural. Entre sus antologías figuran: *Proyección de Martí* (1953) e *Iniciación de la poesía afro-americana* (1974).

Juan Goytisolo nació en Barcelona, España, en 1931. Su oposición abierta al régimen franquista lo llevó a un largo exilio en París, de ahí que gran parte de su obra refleje los conflictos del destierro y la transculturación. Entre sus libros se incluyen *Juegos de manos* (1954), *Señas de identidad* (1966), *Reivindicación del Conde Don Julián*, (1970), *Juan sin tierra* (1975), *Makbara* (1980), *Pasajes después de la batalla* (1982), y *Estela de fuego que se aleja* (1984).

Carlos R. Narváez nació en Ponce, Puerto Rico. Es profesor de literatura hispanoamericana y de cultura del Caribe en Rutgers University (EE.UU). Entre sus publicaciones figuran un extenso estudio sobre la cuentística de Virgilio Piñera y un ensayo sobre las voces narrativas en *Pedro Páramo* de Juan Rulfo. Tiene en preparación un libro sobre la narrativa de Cristina Peri Rossi y una colección de ensayos sobre literatura caribeña.

Alfred Mac Adam nació en New Jersey, EE.UU. Es profesor de literatura hispanoamericana en Barnard College, Columbia University (EE.UU). Ha publicado los libros *El individuo y el otro: crítica a los cuentos de Julio Cortázar*, *Modern Latin American Narrative: The Dreams of Reason y Textual Confrontaciones* (estudios comparados de textos latinoamericanos y anglo-americanos). Entre sus traducciones figuran *Graveyard of the Angel* (1987) (La loma del ángel, de Reinaldo Arenas).

LOS EDITORES

JULIO E. HERNÁNDEZ MIYARES nació en Santiago de Cuba (1931). Desde 1971 es Jefe del Departamento de Lenguas Extranjeras de Kingsborough C. College, The City University of New York. Poeta, ensayista y crítico, ha contribuido a revistas especializadas de Estados Unidos y Europa con artículos y estudios sobre temas relacionados con el Modernismo, la cuentística hispanoamericana y las letras cubanas contemporáneas. Ha publicado *Doce cartas desconocidas de Julián del Casal* (1972), el poemario *Antillana rotunda* (1974), *Narradores cubanos de hoy* (1975), *Julián del Casal: Estudios críticos sobre su obra* (1975) (coautor), *Memoria del Segundo Congreso de Intelectuales*

Cubanos Disidentes (1981) (coeditor), *Antología del cuento modernista hispanoamericano* (1988) (coautor), además de varios libros de texto.

PERLA ROZENCVAIG nació en La Habana, Cuba. Es profesora de literatura hispanoamericana en Barnard College, Columbia University (EE.UU.) Como investigadora se ha dedicado al estudio de la narrativa contemporánea. Entre sus ensayos críticos se incluyen trabajos sobre la obra de Juan Rulfo, Virgilio Piñera y Severo Sarduy. Es autora de *Reinaldo Arenas: narrativa de transgresión* (1986).